세계 프랑스어권
지역의 이해

김진식 · 정남모

UUP

세계프랑스어권 지역의 이해

2009년 10월 14일 초판 인쇄
2009년 10월 20일 초판 발행

지은이 | 김진식, 정남모
발행인 | 김도연
발행처 | UUP(울산대학교출판부)

출판등록 | 제 370-1996-000001호(1996.3.13)
홈페이지 | http://uup.ulsan.ac.kr
주소 | 680-749 울산광역시 남구 대학로 102(무거동)
울산대학교 출판부
전화 | (052) 259-2488
팩스 | (052) 277-3011
편집 · 표지 디자인 | 지미정 · 김수연

값 13,500원

ISBN 978-89-7868-194-0 93300

* 이 저서는 2001년도 학술진흥재단의 학술사업에 의해 지원되었음. (KRF-2001-A160299-A12002)
* 이 도서의 국립중앙도서관 출판시도서목록(CIP)은 e-CIP 홈페이지(http://www.nl.go.kr/ecip)에서 이용하실 수 있습니다.(CIP제어번호: CIP2009003131)

머리말

지구는 세계화라는 물결이 휩쓸고 있지만, 그 세계화의 과정은 지구촌 곳곳의 다양한 문화를 획일화 혹은 특정문화의 확대와 재생산이라는 불평등과 불균형이라는 병폐를 낳고 있다. 세계화란 미국을 위시한 일부 강대국과의 문호개방을 말하는 것이 아니며 또한 경제와 관련된 시스템의 변화만도 아니다. 진정한 세계화는 문화개방을 통한 다원적인 문화양상의 교류를 의미하며 이러한 교류는 각양의 문화를 차별이 아닌 차이로 그리고 혼종성이 아닌 다양성으로 인정하고 또한 지역문화의 전통성을 인정하는 가운데 교류 · 계승 · 발전하여질 수 있다.

이러한 시각에서 볼 때, 세계 프랑스어권의 연구는 다양한 문화에 대한 이해를 돕고 다원화된 문화의 교류가 보장되는 넓은 공간이다. 또한, 프랑스어권에 대한 심층적인 연구는 다양한 민족적 그리고 문화적 배경의 이해를 가능하게 하여 진정한 세계화의 길을 모색할 수 있는 주제가 될 것이다. 왜냐하면, 세계 프랑스어권 지역은 아메리카 대륙에서, 아프리카, 유럽, 태평양 그리고 아시아까지 전 세계에 퍼져 있으며, 다양한 자연환경과 수많은 인종 그리고 각양각색의 문화가 공존하는 공간이기 때문이다.

프랑스어권에 대한 연구는 해당 지역에 대한 학문적 공백을 메우는 동시에 사회, 외교, 경제 특히 최근 세계적으로 고조되고 있는 FTA나 지역경제협력체를 통한 국제통상의 관점에서도 대단히 필요한 작업이다. 프랑스어권 국가의 이해를 통하여 이들 국가들과의 유대를 강화할 수 있으며, 이러한 국가 간의 유대가 앞으로 국제무대에서 우리의 주요한 협력국가가 될 수 있는 가능성을 제고한다는 점에서도 필요하다. 이러한 필요성에도 우리가 이들 나라에 대해 알고 있는 것은 극히 미흡한 수준인 것이 사실이다. 그나마 다행스러운 점은 최근 수도권 중심의 대학을 중심으로 프랑스어권과 관련된 학회와 연구소가 설립되고 있어 늦은 감은 있지만, 그 중요성은 인식되고 있다. 프랑스어권 지역에 대한 국내의 이러한 인식수준을 이해와 공감으로 발전시키기 위해서는 문화와 학문적 영역에 대한 보다 구체적이고 체계적인 소개와 연구가 지속적으로 필요할 것이다.

본 연구는 세계 프랑스어권 지역의 형성과 각 지역에 대한 간략한 개관에 대한 연구로 프랑스어권에 대한 기본적인 소개 또는 정리의 수준에 머무를 수 있는 한계가 있지만, 아직 국내에서 연구가 활성화되지 않은 시점에 프랑스어권에 대한 이해를 일반인에게도 제공하고, 또한 전공자들이 차후 연구의 방향을 설정하는데도 조금의 도움이 되고자하는 바램에서 구상되었다. 본 연구의 구성은 크게 제1부와 제2부로 이루어지며, 세부적인 내용은 아래와 같다.

제1부의 "세계 프랑스어권의 개괄적 이해"는 3개의 장으로 구성

되어 있는데, 먼저 세계 프랑스어권 국가의 형성에 관련된 주제를 역사 및 언어를 중심으로 살펴볼 것이다. 첫 장에서는 전 세계에 분포되어 있는 프랑스어권 국가를 유럽, 아메리카, 아프리카 대륙으로 나누어 먼저, 프랑스어를 사용하게 된 역사적 배경을 살펴 볼 것이다. 그리고 각 대륙에서의 언어적 특성과 프랑스의 언어정책 그리고 오늘날 프랑스어의 사용현황을 고찰한다.

제2장에서는 프랑스 해외영토의 형성에 대한 역사적 배경과 오늘날 프랑스 해외영토의 정치 및 행정 구조에 대해 살펴 볼 것이다. 첫 주제에서는 프랑스 해외영토를 북 아메리카 대륙 및 북대서양(Amérique et Atlantique du Nord), 남아메리카 대륙 및 서인도제도 카리브(Amérique du Sud et Caraïbes Atlantique), 아프리카 및 인도양(Afrique et Océan Indien), 남태평양제도(Océan Pacifique) 그리고 남극대륙 및 남빙양(Terres Australes et Antarctiques)라는 5개 지역으로 구분하여 프랑스의 식민 · 제국주의적 영토 확장과 그 결과를 살펴 볼 것이다. 그리고 "프랑스 해외영토의 정치와 행정 구조"에서는 해외자치도(D.O.M.), 준해외자치도(C.D.O.M.), 해외자치영토(T.O.M.) 그리고 해외자치단체(C.T.O.M.)로의 지위로 구분된 프랑스 해외영토의 특징을 고찰할 것이다.

그리고 제3장에서는 프랑스어권 국가 간의 경제 교역 및 교류 그리고 그 규모를 살펴보기 위하여 프랑스어권연합OIF의 경제영역(EEF)과 세계 지역경제협력체에 대한 고찰을 통하여 프랑스어권 국가에 대한 한국의 진출 가능성 검토한다. 먼저, 세계의 경제공동체와 프랑스어권연합(OIF)의 프랑스어권경제영역(EEF)에 대해 살펴보고, 그 다음으로는 경제공동체 내에서 한국과 프랑스어권 국가의 관계 그리고 앞으로 발전 가능성에 대한 고찰을 할 것이다.

제2부의 "권역별 프랑스어권의 이해"는 4개의 장으로 구성되어 있으며, 대상 지역의 연구는 아시아, 태평양, 아메리카(카리브) 순이다.

프랑스어권 국가로는 프랑스 본국을 비롯한 유럽의 프랑스어권 지역이나 아프리카 국가를 들 수 있다. 이 지역의 중요성은 물론 지대하지만 유럽의 프랑스어권에 대한 연구는 특히 EU의 부상이후 많은 연구와 이해가 진행되어왔고, 아프리카에 대해서는 정치경제적인 관심으로 지금까지 많은 연구가 진행되어 왔다.[1] 그래서 우리는 그 잠재성이나 가능성에 비해 상대적으로 관심을 덜 받아왔던 지역에 대해 더 많은 관심을 기울이기로 하였다. 아시아와 태평양 지역과 카리브 지역의 프랑스어권을 조망해보기로 한 것은 이런 이유에서이다.

첫 장에서는 아시아 프랑스어권의 초기 형태인 프랑스령 인도차이나의 형성에서 아시아 프랑스어권 국가의 독립과 오늘날 경제를 둘러싼 자구책 모색까지를 살펴 볼 것이다. 대상 국가는 베트남, 캄보디아, 라오스이며, 첫 주제에서는 프랑스의 베트남과 캄보디아 그리고 라오스 진출에서 이들 국가의 대프랑스 저항, 민족운동 그리고 독립까지를 살펴볼 것이다. 그리고 두 번째 주제에서 오늘날 프랑스와 아시아 프랑스어권 국가 간의 관계 그리고 아시아 프랑스어권 국가의 자구책 모색까지를 고찰할 것이다.

제5장에서는 태평양 프랑스어권(뉴칼레도니아, 프랑스령 폴리네시아, 월리스-푸투나, 바누아투)의 형성에서 독립까지를 고찰한다. 먼저, 프랑스의 첫 태평양 진출에서 멜라네시아인들의 저항과 독립운동 그리고 월리스-푸투나와 바누아투의 독특한 상황과 정체성에 대해

---

1) 최근의 연구로는 김승민, 이복남, 한양환 공저 『세계 프랑스어권 지역연구』 (푸른길, 2003)을 들 수 있다.

살펴볼 것이다. 그리고 오늘날 태평양 프랑스어권의 산업 및 경제에 대해 살펴본다. 마지막으로 프랑스와 태평양 프랑스어권의 관계를 고찰하며, 이 지역에서 프랑스어의 현황과 프랑스의 영향력에 대해 살펴볼 것이다.

제6장 카리브의 정신세계에서는 카리브를 이해하기 위한 기초적인 단계로 이 지역의 언어와 함께 이들의 일상에 끊임없이 영향을 끼치고 있는 민담과 우화와 전설 등을 통해 이들의 문화와 정신세계를 살펴볼 것이다. 먼저, 중미 지역에서의 대표적 언어, 즉 크레올어의 현황과 특성에 주목하였다. 그리고 이 지역의 정신세계를 고찰하기 위하여 카리브의 전통인사, 속담, 민담 〈티 포캄 이야기〉와 〈세 형제 이야기〉 그리고 카리브의 종교와 신앙의 고찰을 통하여 이 들의 정신세계에 대한 이해를 높이고자 한다.

마지막 제7장에서는 프랑스어권의 반세계화 담론의 연구를 위하여 〈르몽드 디플로마티크Le Monde Diplomatique〉와 프랑스어권기구를 중심으로 프랑스 그리고 나아가서는 프랑스어권이 세계화를 바라보는 시각은 어떠한가를 고찰할 것이다. 이 주제를 통하여 우리나라와 같이 세계화를 겪고 있는 프랑스와 프랑스어권의 분위기를 고찰하며 오늘의 그들과 그들의 미래에 대한 방향을 전망하고자 한다. 먼저, '시민지원을 위한 금융거래과세추진협회(ATTAC) 운동과 또 이런 대안들을 널리 전파시키고 있는 대표적인 매체인 〈르몽드 디플로마티크〉지를 중심으로 살펴보며, 프랑스어권국가연합(OIF)의 입장 및 프랑스어권 반세계화 담론의 정신을 고찰할 것이다.

본 연구진이 연구를 진행할 초기에는 프랑스어문화권의 심층적 이해를 위한 기반작업이 되고자, 제법 선구자적인 자세로 연구를 진행했고, 연구가 마감될 즈음 세계 프랑스어권 지역에 대한 전반적이고 심층적인 연구가 가능하리라 예상했다. 하지만 프랑스어권이 갖는 지역적 광대함과 다양성으로 인해 계획의 일부만 실행되었다는 느낌을 버릴 수 없다. 지원된 연구가 끝나고 어언 몇 년이 지난 이 시점에 본서를 출판하기로 연구진들이 마음을 낸 이유는 최근 프랑스어권에 대한 학회 및 연구소의 창설 그리고 프랑스어권 국가에 대한 국가적 지원 사업 등 프랑스어권에 대한 국내의 관심이 날로 커지고 있기 때문이다. 이 시기에 모자람이 많지만, 그간의 연구를 정리한다는 의미와 차후 연구를 지속하려는 후학들에게 프랑스어권에 대한 이해를 돕는 데에 일조할 수 있기를 바라며 이 책을 출판하기로 했다.

세계 프랑스어권에 대한 본 연구는 2001년부터 다년간 학술진흥재단의 지원을 받았으며, 이 자리를 빌려 지원에 대한 감사를 표한다. 그리고 이 책의 출판을 위하여 애써주신 울산대학교 출판부의 박삼수 출판부장님과 편집부 여러분에게 감사의 말씀을 드린다.

2009년 9월

저자 일동

차례

제2부 권역별 프랑스어권의 이해

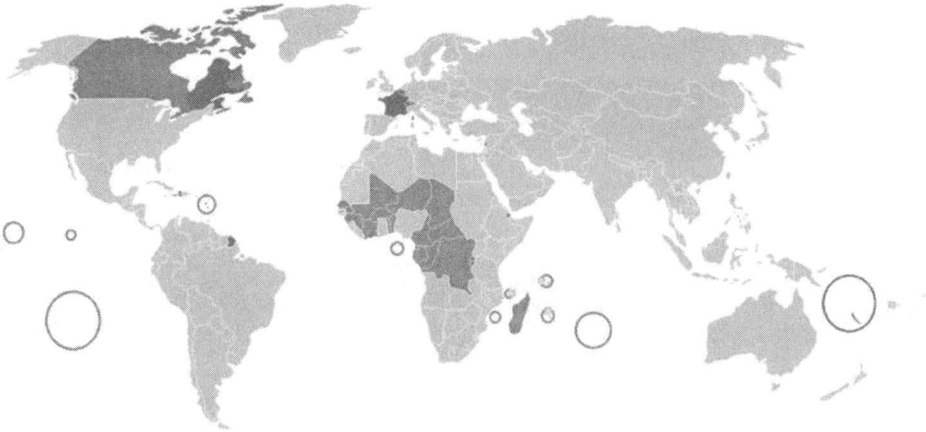

제1부

세계 프랑스어권의 개괄적 이해

제1장
프랑스어권의 형성

들어가며

'프랑스'와 '프랑스인' 이라는 개념은 중세 때부터 프랑스어 상용 지역인 루아르 강을 중심으로 프랑스인과 오를레앙 인을 지칭하면서 형성, 확산되어 왔다. 그러다가 현대에 들어와서는 이와 유사한 다른 개념으로 '프랑코폰(프랑스어사용자francophone)'이라는 다른 용어가 생겨나면서 프랑스어를 사용하는 사람 혹은 그 지역을 지칭하는 것으로 그 외연이 넓혀지다가, 급기야는 프랑스어를 사용하는 국가와 정부 협의체 등이 생겨나면서 '프랑스어권연합' 나아가서는 '프랑스어권 국가연합(Organisation Internationale de la Francophonie: OIF)'라는 국제기구까지 생겨나 있는 실정이다[1].

---

1) 프랑스어권 연합은 프랑스어를 상용어나 공용어로 사용하는 사람들과 그 나라의 집합체이며, 프랑스 식민지들이 독립하는 시기인 1960부터 연합이 구성되기 시작하여 현재 55개의 주정부 회원국이 있다. 오네짐 레클뤼(Onésime Reclus: 1837-1916)에 의해 처음 사용된 프랑스어권 국가를 뜻

이 지역이나 국가는 과연 어떤 과정을 거쳐서 프랑스어권에 편입되게 되었을까? 이 과정을 이해하는 것은 비교적 그 중요성에 비해 지금까지 우리에게 소홀히 다루어진 점이 없지 않으며, 이 주제는 프랑스어권에 대한 심층적인 이해에 도움을 줄 수 있는 기초 배경이라 할 수 있을 것이다. 본 장에서는 세계 전역에 퍼져 있는 프랑스어권을 크게 유럽, 아메리카, 아프리카라는 세 대륙으로 나누어서 이들 지역이 프랑스어권에 편입되던 역사적, 언어적 배경과 그 결과들을 살펴보기로 한다.

1. 프랑스어권의 범위

우선 여기서 우리는 어디까지를 프랑스어권에 넣어야 하는가하는 범위설정의 문제에 부딪힌다. 흔히 프랑스어권을 나누는 데에는 크게 두 가지 방법이 있을 수 있을 것이다. 첫째는 순수하게 사용언어를 중심으로 나누는 것이고, 둘째는 정치, 경제, 문화적인 관련성을 중심으로 나누는 것이다. 전자는 곧 프랑스어를 공용어로 사용하는 지역을 말하는데, 현재 프랑스의 해외영토나 과거 프랑스의 식민국가 지역이 여기에 해당될 것이다. 이에 비해 후자의 방법은 정치·경제·문화의 영향으로 프랑스어권이 되는 경우로서 유럽과 아시아 지역이 이 경우에 포함된다. 사용언어의 구분은 구체적이지만 소극적인 구분이 되기 쉽고, 정치·경제·문화적인 구분은

하는 "francophonie"란 단어는 세네갈의 시인 출신 대통령이었던 레오폴 세다 셍고르(Léopold Sédar Senghor)에 의해 실제적인 개념이 정립되었는데, 그는 정기간행물인 『라 네프(La Nef, 1956)』와 『에스프리(Esprit, 1962)』에서 프랑스어권의 개념을 정의했다.

관점에 따라 견해가 너무 다양해져 명확한 구분이 어려운 경우가 있다.

그래서 우리는 프랑스어권 국가의 구분을 일반적인 사용언어에 의한 구분을 기본으로 한 제1 프랑스어권과 정치 · 경제 · 문화의 관계를 고려한 제2 프랑스어권으로 구분해 보고자한다. 제1 프랑스어권 국가는 프랑스어를 유일 공용어로 사용하거나, 프랑스어와 또 다른 언어를 공통 공용어로 하거나 또는 공용어 없이 프랑스어를 상용어로 사용하며[2], 동시에 '프랑스어권 국가연합(La Francophonie)'[3]에 가입되어 있는 국가로 분류한다. 제2 프랑스어권 국가는 공용어가 따로 있지만, 프랑스어를 상용어로 또는 크레올 및 프랑스 방언을 상용어로 사용하는 국가이며, '프랑스어권 국가연합'에 꼭 가입되어 있어야 한다는 조건은 없다.

아시아 프랑스어권 국가의 경우 탈냉전 이후 지역경제협력체나 국제기구에 가입하며 다원화되는 세계에 대한 준비를 서둘렀다. 그 중의 하나가 프랑스어권 국가연합으로의 가입이라고 할 수 있는데, 이 기구는 프랑스와 역사적으로 가까운 관계를 맺었던 국가 또는 프랑스어를 모국어나 공용어 또는 상용어로 사용하고 있는

---

2) 제2장 "프랑스 해외영토의 어제와 오늘"의 서론 참조.

3) '프랑스어권 국가연합(La Francophonie)'의 정회원은 2009년 8월 현재 56개에 이르는 국가나 지역으로 구성되어 있으며, 준회원국은 위 국가들에서 "*"로 표시된 3개 국가(가나, 키프로스, 아르메니아) 그리고 "**"로 표시된 14개 입회국(그루지아, 라트비아, 리투아니아, 모잠비크, 세르비아, 슬로바키아, 슬로베니아, 오스트리아, 우크라이나, 체코, 폴란드, 크로아티아, 태국, 헝가리)으로 총 70개 국가 및 지역이 프랑스어권으로 등록되어 있다. 그 외에도 10개 지역의 프랑스 해외영토 그리고 제2 프랑스어권으로 알제리, 루이지애나, 발레 다오스트(Valée d'Aoste), 건지 섬(Guernsey), 저지 섬(Jersey) 등을 추가할 수 있다. http://www.francophonie.org 참조.

국가와의 결속을 다지는 모름지기 범세계적인 국제기구이다. 프랑스어권 국가연합(La Francophonie)'의 정회원은 2009년 8월 현재 56개에 이르는 국가나 지역으로 구성되어 있으며[4], 이 회원국들과 프랑스어 사용을 기본으로 하여 제1 프랑스어권 국가와 제2 프랑스어권 국가로 구분해 보면 [표1-1]와 같다.

[표1-1] 분류로 전 세계 대륙과 대양에 걸쳐있는 프랑스어권 국가와 프랑스어를 사용하는 인구를 추정할 수 있다.

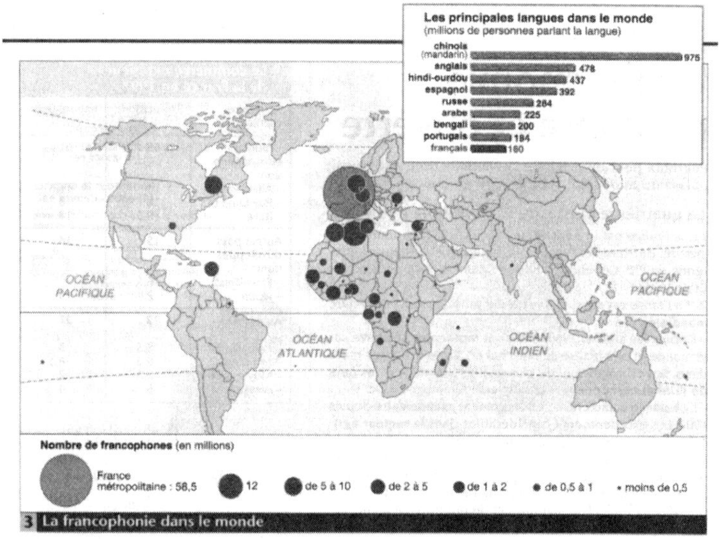

[그림 1-1] 지역별 프랑스어 사용인구(단위: 백만)[5]

---

4) 준회원국은 아래 표에서 "*"로 표시된 3개 국가(가나, 키프로스, 아르메니아) 그리고 "**"로 표시된 14개 입회국(그루지아, 라트비아, 리투아니아, 모잠비크, 세르비아, 슬로바키아, 슬로베니아, 오스트리아, 우크라이나, 체코, 폴란드, 크로아티아, 태국, 헝가리)으로 총 70개 국가 및 지역이 프랑스어권으로 등록되어 있다. 그 외에도 10개 지역의 프랑스 해외영토 그리고 제2 프랑스어권으로 알제리, 루이지애나, 발레 다오스트(Valée d'Aoste), 건지 섬(Guernsey), 저지 섬(Jersey) 등을 추가할 수 있다.

5) http://fr.wikipedia.org 참조.

[표 1-1] 대륙별 프랑스어권 국가 및 지역

	제1 프랑스어권 지역	제2 프랑스어권 지역	프랑스 해외영토 (DOM-TOM)
유럽	모나코(Monaco), 룩셈부르크(Luxembourg), 벨기에(Belgique), 스위스(Suisse), 프랑스(France) - 총 5개국.	그루지아(Géorgie**), 그리스(Grèce), 루마니아(Rou- manie), 불가리아(Bulgarie), 라트비아(Lettonie**), 리투아니아(Lituanie**), 마케도니아(Macédoine), 몰도바(Moldavie), 폴란드(Pologne**), 세르비아(Serbie**), 슬로바키아(Slovaquie**), 슬로베니아(Slovénie**), 아르메니아(Arménie*), 안도라(Andorre), 알바니아(Albanie), 오스트리아(Autriche**), 우크라이나(Ukraine**), 체코(Tchèque**), 키프로스(Chypre*), 크로아티아(Croatie**), 헝가리(Hongrie**) - 총 21개국.	
아메리카	아이티(Haïti), 캐나다(Canada), 캐나다 퀘벡(Canada Québec), 캐나다 뉴-브룬스윅(Canada Nouveau-Brunswick) - 4개 국가 및 지역.	도미니카(Dominique), 세인트 루시아(Sainte-Lucie) - 2개국.	생피에르미클롱, 과들루프, 마르티니크, 기아나 -4지역.
아프리카	가봉(Gabon), 기니(Guinée), 니제르(Niger), 말리(Mali), 모리타니(Mauritanie), 베냉(Bénin), 부르키나파소(Burkina Faso), 세네갈(Sénégal), 중앙아프리카(Centrafrique), 코트디부아르(Côte d'Ivoire), 콩고(Congo), 콩고민주(Congo RD), 토고(Togo), 르완다(Rwanda), 마다가스카르(Madagascar), 브룬디(Burundi), 적도기니(Guinée équatoriale), 지부티(Djibouti), 차드(Tchad), 카메룬(Cameroun), 코모르(Comores) - 아프리카(21개국).	가나(Ghana*), 기니-비사우(Guinée-Bissau), 레바논(Liban), 모로코(Maroc), 모리셔스(Maurice), 모잠비크(Mozambique**), 사오-토메-에-프랭시프(São Tomé et Principe), 세이셸(Seychelles), 카푸베르(Cap Vert), 이집트(Egypte), 튀니지(Tunisie) - 중동 및 아프리카 11개국.	마요트, 레위니옹 - 2지역.
아시아·태평양	바누아투 - 1개국.	라오스(Laos), 베트남(Vietnam), 캄보디아(Cambodge), 태국(Thaïlande**) - 4개국.	뉴칼레도니아, 프랑스령 폴리네시아, 왈리스퍼투나 - 3지역.
남극			프랑스령 테르-오스트랄-에-앙타르티크 (1지역)
계	31개국(29국가 + 2지역)	38개국	10지역

프랑스어를 공용어로 사용하는 협의의 프랑스어권 인구는 1억 3천 5백만 명(2003년 '프랑스어권 국가연합'에 가입된 국가의 프랑스어 사용자는 약 1억 7천 명으로[6])이며, 상용어 지역(법률, 행정, 비즈니스어로 사용하는 지역)까지 포함한다면 총 4억 5천 5백만 명(135백만 명+320백만 명)으로 전 세계 인구의 9%에 속한다. 이는 전 세계의 언어인구수로 볼 때, 프랑스어는 지도에서 보듯 중국어, 영어, 힌디어 등에 이어 아홉 번째의 인구수를 가진 언어이지만, 언어사용 국가 수는 약 75개국으로 영어 다음 순이다.

그리고 국가의 숫자로 볼 때 세계 전체 국가 숫자의 약 1/3에 해당한다. 또한, 면적으로 볼 때, 세계의 15.2%인데, 29.6%의 영어 다음 순이며, 프랑스어 다음으로는, 러시아어 13.1%, 스페인 어 8.9%, 그리고 7.2%의 중국 순이다[7]. 이 국가들 중 절반이 아프리카에 밀집되어 있으며, 아프리카 국가들 중 약 절반이 프랑스어를 사용하는 프랑스어권 국가인 셈이다.

이처럼 프랑스어권이 처해 있는 지역적 편중성이 세계 언어를 지향하는 프랑스어의 이상에 불리한 것은 사실이다. 국제적인 외교언어이자, 기타 여러 방면의 공식 언어로 오랫동안 지구촌에서 널리 사용되던 프랑스어의 특별한 명성과 위용이 최근 들어서 약화되는 경향을 보이고 있는 것도 이런 점과 무관하지 않을 것이다. 이것은 국제외교 영역에서 프랑스어의 위상 변화를 보아도 알 수 있다. 과거 국제기구인 UN 총회에서도 많은 나라의 대표들이 프

6) '프랑스어권 국가연합'의 정회원은 크게 변화가 없지만, 준회원국과 입회국의 경우 프랑스 또는 프랑스어권 국가와의 관계에 따라 탈퇴 또는 가입국이 수시로 생겨난다. 따라서 정확한 인구통계를 내기에 어려움이 있으며, 위의 통계는 2003년을 기준으로 했다.

7) '프랑스어권 국가연합(La Francophonie)' 공식 홈페이지http://www.francophonie.org 참조.

랑스어로 회의를 진행하였지만, 현재는 프랑스어를 사용하는 대표의 숫자가 1992년 31명에서 2002년에는 21명으로 줄어들고 있는 형편이다. 그리고 유럽연합(EU)에서도 프랑스어의 사용 빈도는 영어(35.5%)다음의 26.5%로 두 번째이지만(독일어 25.2%, 이탈리아어 19.3%, 스페인 어 13.6%), 이 빈도 역시 하향곡선을 긋고 있기는 마찬가지이다. 유럽연합 내부에서의 프랑스어로 작성된 문서의 비율을 보더라도, 1997년 40.4%에서 2001년에서 30%로, EU 평의회에서도 42%에서 28%로 줄어들고 있다.

하지만, 이러한 사실은 프랑스어의 효용성의 약화라기보다는 미국과 영국을 주축으로 한 영어의 확장에 따른 결과라고 볼 수 있을 것이다. 초강대국으로 가고 있는 미국의 영향으로 인한 유럽어의 약세에 프랑스어도 같은 길을 걷고 있는 것으로 볼 수 있기 때문이다. 그러나 여기에는 간과해서는 안 될 사실이 하나 있다. 그것은 비록 프랑스어의 영향력은 약화되었지만, 그 사용인구 자체가 그 만큼 감소한 것이 아니라는 것이다. 특히 공용어국가의 경우 프랑스어 사용 인구는 그대로이지만, 일시적인 국제 관계 변화에 기인하여 타 공용어를 많이 사용한 결과일 뿐이라는 것이다. 어쨌든 최근 들어서는 '프랑스어권 국가연합'이 프랑스어의 입지를 높이기 위해 구체적인 행동을 모색하고 있어 그 추이를 두고 볼 일이다[8].

---

8) 유로화가 제2의 기축통화 혹은 달러를 대신한 대안의 기축통화가 될 수 있는 가능성이 언제나 열려 있다는 점 또한, '프랑스어권 국가연합'이 꿈꾸고 있는, 미국 중심의 단일체제에서 다문화주의, 다언어주의로의 이행을 예고하는 조짐으로 해석될 수 있을 것이다. 이런 점에서 프랑스어권에게도 머지않은 장래에 낙관적인 전망을 제시할 수 있는 가능성이 있다는 조심스런 전망을 가질 수 있을 것이다.

우리는 제1, 제2 프랑스어권 국가 중에서, 프랑스해외영토를[9] 제외한 제1 프랑스어권 국가 31개국을 연구의 주 대상으로 삼을 것이다. 제1 프랑스어권 국가의 지역은 과거에도 언어, 정치, 경제, 문화적으로 프랑스와 밀접한 지역이었을 뿐 아니라, 현재에도 프랑스를 비롯한 다른 프랑스어권 국가와의 결속력도 강한 지역이라는 외형적인 이유도 있으며, 무엇보다도 프랑스어 문화권에 대한 심층적 이해를 위한 기반작업을 위해서라도 그 중요도가 한층 높은 지역들이기 때문이다. 더 자세히 말하면, 이 국가들이 프랑스어권에 편입되는 역사적인 과정과 함께 프랑스어를 사용하게 되는 정치, 경제적 배경 그리고 현재 프랑스어의 사용 현황 등을 살펴보는 것은 이 지역에 대한 심층적 이해의 토대가 될 것이기 때문이다.

II. 대륙별 프랑스어권 국가의 프랑스어권 편입과정

현재의 프랑스어권 국가들이 프랑스어와 관계를 맺는 계기와 배경 등은 대륙별로 뚜렷한 차이를 보여주고 있다. 그래서 우리는 이들 국가들이 프랑스어권에 편입되는 배경을 유럽, 아메리카, 아프리카라는 3개의 대륙을 중심으로 살펴보고자 한다[10].

---

9) 프랑스해외영토(10지역): 과들루프, 기아나, 뉴칼레도니아, 레위니옹, 마르티니크, 마요트, 생-피에르-에-미클롱, 프랑스령 폴리네시아, 왈리스퍼투나, 테르-오스트랄-에-앙타르티크-프랑세즈. 제2장 "프랑스 해외영토의 어제와 오늘"의 '프랑스 해외영토의 역사' 참조.

10) 각 대륙의 프랑스어권 지역은 해양 및 도서를 포함하는 광범위한 지역이다. 예를 들어, 유럽은 대륙의 나라들뿐 아니라 영불해협에 있는 저지 섬, 건지 섬이라는 조그만 도서도 포함하고 있다.

유럽의 프랑스어권은 가장 오래 전에 프랑스어와 관련을 맺은 자연적인 역사를 가지고 있으며, 아메리카의 프랑스어권은 식민주의의 정책의 결과인데 반해, 아프리카의 프랑스어권은 제국주의 정책의 결과로 프랑스어가 이식되었다는 뚜렷한 차이를 보이고 있다. 이를 다시 프랑스어가 전파된 역사적인 시기로 대별해보면, 아메리카대륙의 경우 유럽이 영토의 팽창으로 식민지국가를 만드는 16세기의 소산이며, 아프리카대륙의 프랑스어권은 제국주의 바람이 유럽을 휩쓰는 19세기의 잔재라는 특징이 있다. 이를 대륙별로 상세히 살펴보자.

1. 유럽: 프랑스, 모나코, 저지 섬, 건지 섬, 룩셈부르크, 벨기에, 스위스, 안도라(8개 지역 및 국가).

유럽은 약 490여만㎢(러시아 제외)의 면적에 거주 가능한 지구 지표면적 1/12 밖에 되지 않는 작은 지역인데도 세계 근대사에 정치, 경제, 문화적으로 큰 영향을 어떻게 주게 되었을까하는 의문부터 주는 대륙이다[11]. 이 의문에 대해서는 숱한 이유가 있겠지만, 부인하지 못할 사실이 있다면 그것은 유럽 국가의 식민지 확보와 그 식민지 국가를 통해 교역을 했다는 사실은 결코 빼놓을 수 없을 것이다. 특히 서부유럽과 지중해유럽은 지리적으로 육반구의 정

11) 메소포타미아인들의 언어로 에레브(Ereb), 즉 "서쪽" "해가 지는 곳"에서 유래한 유럽은 그 문명이 에게 해 주변에서 시작해서, B.C. 1200년경에는 지중해에서 발생된 그리스 문명으로, 그 후 B.C. 753년에는 대서양의 로마 문명으로 이동되며 발전한다. 베르덴조약(843년)과 메르센조약(879년)으로 프랑크 왕국은 3개국으로 분할되는 과정에서 프랑스가 탄생하게 된다. 프랑크왕국의 중부와 이탈리아는 로테르 1세(Lothair I, 795-855)가, 동부 프랑크(독일)는 루드비히 2세(Ludwig I, 804-876)가, 서 프랑크(프랑스)는 대머리 왕으로 불리는 샤를르 2세(Charles II, 827-877)가 통치한다.

중앙에 위치하고 있고 바다를 가까이 하고 있어서 일찍부터 그리스, 로마의 항해술을 이어 받았다. 부연하자면, 지리적으로 다른 지역에 쉽게 접근할 수 있는 유리한 해양교역의 중심지 역할을 하였던 것이다. 그런 이유로, 세계 곳곳을 탐험하고 신대륙을 발견한다. 그리고 식민지를 개척하여, 그 나라들과 교역으로 경제 발전을 이룩할 수 있었던 것인데, 여기서 프랑스도 예외는 아니었다.

여기서 프랑스가 갖는 지리적인 이점을 들 수 있을 것이다. 흔히 6각형이라 부르는 프랑스 지형의 3면이 해양과 면해 있어, 지중해와 대서양을 통해 항해술을 발달시켰다. 이처럼 지리적인 유리한 환경을 이용하여 프랑스는 식민주의와 제국주의의 중심에 있었다고 해도 지나친 말이 아닐 것인데, 왜냐하면 80여 개에 이르는 크고 작은 해외영토와 프랑스어권 국가의 많은 지역이 식민주의와 제국주의의 결과이기 때문에 더욱 그러하다 하겠다.

프랑스를 중심으로 해서 유럽에 있는 5개의 프랑스어권 국가들이 어디에 분포되어 있는가를 살펴보면, 대륙에 위치한 4개의 제1프랑스어권 국가는 프랑스와 국경을 접한 인접국이며, 그리고 2개의 섬인 저지 섬과 건지 섬도 영국과 프랑스해협에 있고, 발레다오스트는 이탈리아 국경 그리고 인도라는 스페인 국경에 있어, 결국 프랑스를 중심으로 동, 서, 남, 북으로 모두 모인 형상이 된다. 이처럼 유럽의 프랑스어권 국가는 프랑스와 국경을 같이 하거나 또는 바다를 같이하고 접하는 아주 근접한 거리에 위치해 있는 것이 특징이다. 프랑스 북쪽 국경에 있는 벨기에, 룩셈부르크 그리고 영국과 프랑스사이의 저지 섬, 건지 섬, 프랑스 동쪽 국경의 스위스, 남동쪽의 모나코, 남서쪽엔 안도라가 있다. 이처럼 지리적으로 가까운 것만큼이나 유럽의 프랑스어권 국가는 모두 유사한 문화와 역사와 종교를 갖고 있다. 유럽 대륙에서 종교는 언어를 중심으로 뚜렷이 구분되고 있는데, 프랑스어권 국가에서는 대체적으로 가톨릭이 절대적 강세를 보이고 있다. 이는 유럽대륙에만 국한되는 현상이 아닐 것이다. 캐나다의 퀘벡이나 아프리카의 일부 지역과 같은 유럽 밖의 지역에서도 이와 유사한 현상을 볼 수 있다. 이런 현상들은 우리로 하여금 종교의 전파에 수반된 프랑스어의 전파를 짐작할 수 있다[12]. 그렇다면 프랑스와 같은 대륙인 유럽 내의 프랑스어권이 형성되는 계기와 배경은 어떠할까?

1) 프랑스어의 형성 과정

유럽의 프랑스어권 인구는 약 7천 2백만 명에 이른다. 그 중 프랑스가 단연 가장 많아 약 5천 8백만이고, 그 다음으로 벨기에인데 프랑스어 사용자 7백만 명, 3번째는 스위스로서 3백만 명, 그리고 모나코, 룩셈부르크 등 기타 유럽 프랑스어권에서 약 4백만 명의 인구가 프랑스어를 사용하고 있다. 하지만, 이 인구는 공용어로 사용하는 국가의 인구이기에 상용어로 사용하는 나라를 포함하면, 이보다 훨씬 많은 사람들이 사용하고 있다. 그런데 프랑스를 제외한 유럽의 프랑스어권 국가는 언제 어떤 과정을 통해서 프랑스어권에 편입하게 되었을까?

---

12) 여기서 우리는 우리나라의 기독교 전파를 떠올리게 된다. 알다시피, 우리나라에 처음으로 전파된 기독교는 당시 실학파들에 의해 중국에서 도입된 천주교였는데, 당시 이것이 바로 파리외방전교회 북경지부에 와있던 프랑스인 신부들에 의해 전파된 결과이다. 이들 프랑스인 사제들의 필요에 의해 생겨난 결과가 우리나라의 첫 외국어사전이 '한불사전'이었다는 것은 많은 것을 떠올리게 한다.

유럽의 프랑스어권 국가는 물리적 또는 일시적 힘에 의한 변화가 아니라, 오랜 역사를 두고 계승, 발전된 자연적 문화인만큼, 정확히 언제부터 프랑스어를 사용하였는지는 결코 간단한 문제가 아니다. 왜냐하면, 먼저 현재의 국경이 성립되기 이전부터 언어가 먼저 사용되고 있었지, 그 언어의 영역에 따라 국경이 생겨난 것이 아니기 때문이다. 다시 말하면, 각 지역의 사람들이 그 지방의 언어 즉 방언을 사용하고 있었다고 보는 것이 더 정확한 표현이라 할 수 있는데, 지금까지도 이런 방언들은 비록 그 영향력은 축소되었지만 여전히 국내에서 사용되고 있다[13].

이렇게 보면, 결국 라틴어를 기원으로 했던 각 지역의 방언들이 유지되면서 프랑스어를 사용하는 유럽 프랑스어권 국가가 탄생된 것이라 볼 수 있다. 이때의 각 지방 방언은 때로는 단순한 프랑스어의 변형태가 아니라, 브르타뉴, 게르만 어, 바스크어처럼 프랑스어와 그 기원이 다른 방언도 있어 다른 지방의 사람들과 소통이 불가능한 경우도 있었다.

여기서 유럽 프랑스어권 국가의 발생을 알아보기 위해 먼저 프랑스어가 어떤 과정을 통해 국어로 정착할 수 있었는가하는 질문을 던져야 할 것인데, 중세 유럽의 프랑스어 분포와 그 배경이 이 질문에 대한 답을 제시 할 것이다. 왜냐하면, 프랑스어가 통용되었던 지역이 현재의 지리적 역사적 국경을 생겨나게 했고 또 프랑스어권 국가의 발생과 깊이 관련되기 때문이다.

---

13) 이 방언들은 18-19세기 기간 중 프랑스 동북의 알자스 지방 방언처럼 확장되는 경우는 드물고, 거의 급속하게 그 영역이 줄어들었다. 이런 현상은 파리 지방에서 사용되던 방언이 정책적으로 표준어가 되면서부터 가속화되었다. 프랑스어권 국가의 상황도 비슷한데, 오래전부터 사용하던 방언이 남아있지만, 결국 교양어인 현재의 프랑스어에 자리를 내주고 말았다.

유럽의 국경은 갈로-로망의 수많은 방언들 위에 서서히 생겨나기 시작했다. 프랑스를 중심으로 포진해있던 갈로-로망 언어권[14]은 크게 3개의 언어 군으로 나누어지는데, 북쪽의 오일 어군(Langages d'Oïl), 남쪽의 오크 어군(Langages d'Oc) 그리고 동쪽의 프랑코-프로방살 어군(Franco-Provençal)이 그것이다. 프랑스 영토 내에서도 전혀 다른 어군들이 있어, 근대국가로 성립하기 이전 수많은 인종과 민족이 섞여 있었다는 것을 알 수 있다. 예를 들면, 다른 로망어권에 속하는 카탈롱 어, 스페인 어, 이탈리아 어등이 현 스페인과 이탈리아에 위치해 있고 로망어권이 아닌 라틴어에서 독특한 변천을 통해 정착된 언어들이 있었는데 바로 바스크 어, 플랑드르 어, 알자스 어, 독일어 등이 그것이다. 이 중 브레타뉴 어는 현재로는 프랑스 국경 내부에 존재하고 있는 방언이지만, 켈트어로서 1532년 프랑스에 통합되기 전까지, 이 지역은 독립국가로 따로 존재하고 있었다. 프랑시앵, 피카르드, 노르망, 브르타뉴, 왈롱, 샹파뉴느, 플랑드르, 로렌, 알자스, 부르고뉴 등의 오일 어군과 30여 개

---

14) 갈로-로망어는 그 전신인 로망어로부터 나온다. 로망어는 인구어의 한 줄기인 라틴어(라틴어는 기원 전 7세기 "마니우스의 비녀"의 문자가 최초의 문자)인데, 기원 전 3세기 경 라틴 민족이 타민족을 점령시기 때부터 라틴어도 질적인 발전을 하게 된다. 로마제국에 의해 정복된 피식민 지역에서 토착어와 융화되어 새로운 어군을 탄생시키게 되는데, 이 변화된 라틴어가 바로 로망어이다. 이 로망어는 지역에 따라 아래와 같이 약 5개의 어군으로 분화된다. 1) 갈로-로망 어군(프랑시앵 어, 오일 어군), 2) 이베리아-로망 어군(포르투갈 어, 스페인 어), 3) 이탈로-로망 어군(이탈리아 어, 레트로방스 어, 사르데냐 어), 4) 발칸-로망 어군(루마니아 어, 달마티아 어), 5) 그 외 오크 어, 프랑코-프로방살 어 등이 있다. 갈로-로망 어의 탄생은 496년 프랑크족인 메로빙거 왕조를 설립한 후, 클로비스 왕이 게르만의 신앙과 언어를 버리고 가톨릭과 갈리아 라틴어를 사용하게 되면서이다. 그 이후 라틴어가 무역과 교섭을 통해 변화되어, 그 이전과 다른 언어가 되는데, 이때부터 갈로-로망 어라고 한다. 즉 갈리아 지방에서 쓰이던 로망 어인 셈이다.

의 방언이 있었던 오크 어군 그리고 프랑코-프로방살 어군 내의 방언들이 현재의 프랑스국경 근처에 존재하고 있다. 현재의 프랑스 국경 안의 방언들은 프랑스어로 되었고, 그 반면 국경 밖의 방언들을 쓰던 지역들이 현재 유럽 내의 프랑스어권 지역의 원형이 된 것이다.

그렇다면 그 이전에 갈로-로망 어가 어떻게 해서 그처럼 빨리 많은 방언을 파생시킬 수 있었었을까? 그 원인은 중세 시대의 정치적 구조에서 찾을 수 있을 것이다. 중세 때에는 지방 봉건 영주들이 지역적이지만 강력한 권한을 행사하고 있었고, 이때부터 하나의 지역 또는 지방단위의 공국이 생겨나게 된다. 이것은 결국 중앙정부의 통치자인 왕의 권한이 약하다는 뜻인데, 실제로 카롤링거 왕조 말기에 왕들 간의 다툼이 심해서 중앙집권적 권력은 거의 부재에 가까웠고 왕국도 세분화되어 있었다. 이러한 분열은 지역들 간의 관계를 약화시키고 또 같은 공동체 내의 국민들에게는 언어의 동질성이 점차 커져가고 강조된 것이었다. 그 결과 각 지역을 중심으로 발전된 언어들이 수많이 나타나게 되었는데, 이것들이 갈로-로망 방언들이다.

하지만, 갈로-로망 방언들은 13세기 왕권이 강화되는 시점으로부터 점차 약화된다. 왜냐하면, 행정관들이 그 지방으로 발령되면서 프랑시앵 어를 사용하게 되는데 실제로 1280년 이후의 자료에는 거의 지방방언의 사용을 볼 수 없게 된다. 방언이 사라지는 속도는 지리적 위치와 무관하지 않은데 파리와 가까운 오를레앙, 방돔 등의 지방어는 14세기 말 부터 그 특징이 사라지고, 멀리 위치한 남부 프랑스의 경우는 그후 약 2세기 동안 프랑스어와 프로방스 방언이 동시에 사용되었다. 프랑시앵이 프랑스의 국어가 되는 과정은 어떠했을까? 지금의 프랑스어는 이미 13세기에 행정어로 사용되고 있었지만 진정한 국어가 된 것은 약 600년이라는 세월이 지난 후인 19세기에 들어와서이다.

지금 프랑스어의 표준어인 파리와 일-드-프랑스 지역에서 사용되던 프랑시앵이라 불리던 언어는 그 역시 수많은 갈로-로망 방언의 하나일 뿐이었다. 하지만, 13세기부터 이 방언은 다른 지방어와는 다른 우월한 위치를 확립해 가고, 14세기에는 왕을 중심으로 정치, 행정의 용어로 사용되는 특권을 누리는 언어가 된다. 일찍이 1539년 8월 15일 프랑수아 1세가 공포한 빌레르-코트레(Villers-Cotterêts) 칙령에서 프랑시앵 지방어를 '법률용어'로 의무화한 바 있지만 그 때까지도 이 조치는 이 언어를 국어로 만들고자 하는 시도는 아니었다. 진정한 프랑스어의 국어화는 1789년 프랑스 대혁명 이후부터였다. 하지만, 초등학교 교육의 무상화와 의무화가 교회와 왕당파에 의해 번번이 좌절되어 실현되지 못하다가, 1879년 2월 4일 교육부 장관으로 취임해 1883년에서 1885년까지 수상을 맡았던 쥘 페리(Jules Ferry)에 의해서 프랑스어 국어화 정책이 비로소 완성된다. 이것은 대혁명 이후에 실패했던 초등학교 교육의 의무화, 무상화 법령을 통과시켰기에 가능한 것이었다. 지방언어들이 사라지는 데 직접적인 역할을 한 것이 정책적으로 프랑시앵을 행정용어로 사용한 것이었다면 간접적으로 큰 역할을 한 것은 인쇄술의 발달에 의한 문서 보급이라 할 수 있다. 예를 들면, 책이 수도에서 먼 지방의 구석구석까지 보급되면서 프랑스어의 표준어 확산이 급속히 이루어진 것이다.

2) 프랑스어권 국가의 발생

프랑스의 북쪽 국경은 아르덴의 그리 높지 않은 산악지대와 북유럽의 대평원을 가르고 있다. 이 국경지대야말로 유럽 역사에서 오랫동안 분쟁과 전투와 침략이 빈번했던 곳이다. 오늘날 릴, 벨기에, 룩셈부르크, 자르 지방 사이에는 국경을 초월한 여러 면에 있어서의 활발한 교류가 진행되고 있는 곳이기도 하다. 그런가 하면 유럽 내의 협약에 힘입어 국경지역인 라인 강 중류지역의 알자스, 발, 뮐루즈, 제네바, 니스, 카탈롱 지방, 바스크지역에도 활발한 교류가 진행되고 있다. 이런 지역의 국가는 과연 어떤 과정을 거쳐서 프랑스어와 관계를 맺게 되었을까, 다시 말해 유럽 프랑스어권 국가가 프랑스어권에 편입되는 과정과 역사적 배경은 무엇일까?

현재 프랑스어권 국가에 있던 과거의 방언(벨기에 + 왈롱 방언, 룩셈부르크 + 로렌 방언, 스위스+프랑코-프로방살 방언, 모나코 + 프로방살 방언, 안도라 + 카탈롱 방언, 저지 섬과 건지 섬 + 노르망 방언)이 어떤 과정을 거쳐서 프랑스어권으로 넘어오게 되었는지, 프랑스를 기준으로 시계방향 순서로 살펴보자.

먼저 프랑스의 북쪽 흔히 베네룩스 3국에 속해있는 벨기에의 경우를 보자. 벨기에는 프랑스어와 네덜란드어, 2개의 공용어를 사용하는 국가인데, 프랑스어를 사용하는 지역은 남쪽이고 북쪽은 플랑드르 어를 사용하는 지역이다. 843년 베르뎅 조약에 의해 프랑크 왕국이 세 국가로 나누어지는데, 그때 왈롱 지방만이 아니라 플랑드르 지역까지 프랑스에 편입된다[15]. 하지만, 이 지역이 네덜란드어를 사용하는 플랑드르인들과 인접해 있었기에 다툼은 끝이 없었

15) 그 이전, 벨기에에 처음 거주한 이들은 B.C. 5세기경 켈트족의 한 갈래인 벨게(Belgae) 족이었다.

고 또 2개 국어를 사용하는 사람들도 많았다[16]. 1384년 프랑스 왕의 형제인 부르고뉴 공작이 왈롱과 플랑드르 지방을 독립된 국가로 형성하고, 당시의 궁정언어인 프랑시앵을 사용하면서 프랑스어가 상부에서부터 정착되기 시작하였다. 그런데도 왈롱 지방은 지리적, 정치적으로 프랑스 중앙과 멀리 떨어져 있어, 옛 방언이 많이 남아 있었지만, 이 방언이 세련된 문학어로 발전될 기회는 없었다.

현대에 와서도 플랑드르 지방에서의 프랑스어의 영향은 아주 크다. 프랑스어를 사용하는 인구는 벨기에를 넘어 네덜란드의 플랑드르 지방까지 확장되어 있을 정도이다[17]. 이런 배경으로 현재 벨기에 전체 인구의 32%는 프랑스어를 사용하고 있다. 지금의 벨기에는 1815년 비엔나 협약에 의해 네덜란드에 편입된 후, 1830년에 탄생되었을 때부터 프랑스어가 공용어로 선포된 것이다. 하지만,

---

16) 벨기에와 네덜란드의 플랑드르는 언어적인 측면뿐만 아니라 경제적·정치적·문화적으로 매우 밀접한 관계에 있다. 원래 네덜란드라며 두 지역을 함께 부르던 명칭이었고, 도시 중심의 연방 개념으로 발달해 온 이 곳은 1831년 벨기에가 독립해 나오기까지 역사적으로 많은 것을 공유하고 있었다. 간단한 약사를 살펴보면, 13-14세기에 플랑드르 마을들이 대도시로 성장하게 되고, 그 이후 스페인 국왕의 탄압, 끝없는 유럽 강대국의 침입(스페인, 오스트리아, 프랑스 등)으로 오랫동안 전쟁터가 된다. 1793년에는 다시 프랑스가 침공하고, 1810-1813 동안 프랑스의 완전한 속국이 되었다. 1814년 나폴레옹이 브뤼셀 근처의 워털루 전투에서 패하자, 1815년 비엔나 협약에 의해 네덜란드 연방이 결성되어 벨기에와 룩셈부르크는 네덜란드로 통합되었다. 그러나 1830년에 가톨릭교도들의 혁명으로 남부 지역이 떨어져 나와 독립 국가로 세워진 것이 벨기에이다. 1898년 프랑스어와 네덜란드어가 공용어로 채택되고, 1970-1980년대에 개정된 법안에 따라 단일체제가 두 언어권을 경계로 연방체제가 확립되었다. 그리고 1993년부터 연방국가가 되었다.

17) 플랑드르가 프랑스에 속해있고 프랑스왕의 가신이었지만, 언어는 네덜란드어를 사용하고 있었다. 그러나 프랑스어가 문화적, 정치적, 경제적으로 영향력을 발휘하자 플랑드르 어 사용자들은 프랑스어를 배우고 네덜란드어를 버렸다.

왈롱과 플랑드르가 연합을 이루고, 또한 대립하는 과정이 반복되었다. 그래서 1898년 네덜란드계의 플랑드르운동(Mouvement flamand)으로 플랑드르 어가 공용어 지위를 얻어 공용어가 2개인 국가가 된다. 벨기에에서 프랑스어의 위치는 같은 공용어란 점에서는 동등하지만, 사용자가 늘고 있어 우세한 실정이다. 현재 벨기에의 수도이자 플랑드르 지방의 수도이기도 한 브뤼셀 인구의 87%는 프랑스어사용자인데, 유럽의 수도 중에서 세 번째로 이 언어를 많이 사용하는 수도이다. 프랑스어권 벨기에에서는 프랑스어 사용의 활성화를 위해 두 개의 기관이 노력하고 있으며, 그 중 하나는 〈벨기에주재 프랑스어 연합 총위원회(CGRI: Commissariat général aux Relations Internationales de la Communauté française de Belgique)〉이고, 다른 하나는 교육문화 영역의 연합체인 〈외국어 형성과 교육진흥 협의회(APEFE: Association pour la promotion de l'éducation et de la formation à l'étranger)〉이다.

베네룩스 3국 중에서 면적이나 인구 면에서 가장 적은 프랑스어권 국가는 룩셈부르크이다. 이 나라는 963년 룩셈부르크 가의 창시자인 지그프리트 백작이 아르덴 지방에서 이곳으로 건너와 성을 건설하면서부터 국가의 형태를 하게 되는데, 이 지역은 프랑스, 스페인, 오스트리아 프로이센 등으로부터 수많은 침입을 받을 정도로 전략적인 관점에서 중요한 요충지였다.

룩셈부르크 가는 신성로마제국에 4명의 황제, 보헤미아 왕, 헝가리 왕을 배출한 명문가였다. 이 지역의 토착어는 게르만 어에서 파생된 룩셈부르크 어인데, 14세기 부르고뉴 공작이 왈롱과 플랑드르 지방을 합병할 당시 룩셈부르크도 같이 그 영역에 속하게 된다. 이때가 룩셈부르크에 프랑스어가 접목된 시기이지만, 그 지역민들은 왈롱 방언이 아닌 인접한 로렌의 방언을 사용하고 있었다. 그런데 로렌 어는 왈롱 어처럼 게르만의 어휘를 많이 가지고 있는 언어였다. 룩셈부르크에서 프랑스어가 공용어로 채택된 것은 1946년이지만, 주민들은 계속해서 독일어의 방언인 룩셈부르크 어를 상용어로 사용하고 문어체로는 프랑스어와 독일어를 사용하고 있다. 최근 날로 증가하고 있는 룩셈부르크 유입 취업 외국인들은 비즈니스나 일반적인 통용어로 프랑스어를 사용하고 있어, 외국인 80%는 일상대화에서 프랑스어를 사용하고 있는 정도이다.

스위스의 경우, 프랑스어권 주민들이 사용하던 프랑코-프로방살(Franco-Provençal) 어는 리옹, 사부아, 쥐라 일부, 그리고 쥬네브 주변과 베른주 지역에서 사용되던 언어인데, 이 지역은 늦게 프랑스에 편입되거나 부분적으로 아직 독립해있다는 것이 그 특징이라 할 수 있다. 이 지역의 주민들이 프랑스어를 처음으로 사용하게 된 것은 5세기 경 서부지역에 정착한 프랑스계 부르군디 왕국이 정착하면서 시작되었다[18]. 스위스인들이 사용하던 프랑코-프로방살 방언은 음성학적으로 남쪽에 위치한 프로방상 방언과 동쪽의 이탈리아어와 많이 닮아있는데, 이것은 두 지역과의 교역 관계와 지리적 환경에서 기인한 것으로 보인다. 예를 들어, 프로방살 방언처럼 이 언어에서는 개음절에 강세 a가 주어지며, a가 단어 끝에 있고(ex:cantá= chanter), 단어 끝에 있는 제2강세 u는 o로 남아있다(ex. codo = coude). 그런데 이러한 특징은 스위스뿐만이 아니라, 현

---

18) 스위스 영토에서 최초의 정착민은 헬베티족 이었지만, 5세기에 부르군디, 알레망, 오도아크레 공국이 점차 확장되자, 기존의 헬베티족이 이들을 피해 산악 지대로 들어가게 되는데, 그 일파가 레에트족이다.

재까지 프랑스어를 상용어로 사용하고 있는 발레 다오스트(La Vallée d'Aoste)에서도 같은 현상을 볼 수 있다[19]. 그리고 스위스와 아오스타 계곡 두 지역에서 사용하는 토속어에서 자주 부르군트인들이 사용하던 단어가 그대로 사용되는 것을 볼 수 있는데, 그것은 469년 부르군트 왕국의 프랑코-프로방살 지역 지배의 흔적이라 할 수 있다. 이처럼 방언은 현재의 행정구역처럼 항구 불변적인 것이 아니라, 영역 다툼과 세력의 흥망성쇠 그리고 역사의 흐름을 통해 언어는 변화를 거듭했던 것이다.

현재 스위스의 공용어는 프랑스어, 독어, 이탈리아 어이지만 상용어로는 고대 로마 어의 잔재어인 레토로망 어도 쓰이고 있다. 전체 인구의 70%가 독일어를 사용하여 가장 많이 사용하고, 그 다음이 20%인 프랑스어이며, 그 나머지는 각각 9%와 1%로 이탈리아 어와 레토로망 어이다.

스위스의 프랑스어 단일 사용지역은 서부의 4지역으로 주네브(Genève), 보(Vaud), 뇌샤뗄(Neuchâtel), 쥐라(Jura)이다. 그리고 발레(Valais), 프라이부르그(Fribourg), 베른(Berne)의 3 개주는 프랑스어와 독일어를 공통으로 사용하는 지역이다. 주민들의 거주상황을 보면, 독어 사용자의 96%와 프랑스어 사용자 92%가 자신의 언어권인 지역 내에서 거주하고 있는데, 이것은 스위스인들이 대부분 자기가

---

19) 아오스타 계곡은 13세기부터 라틴어 대신 프랑코-프로방살 방언을 사용하였는데, 16세기부터 사부아(Savoie)공국에 속해 있으면서 프랑스어의 사용은 계속되었다. 1860년 이탈리아에 병합되었지만, 정체성을 확립하기 위한 항쟁으로 결국 자치권과 프랑스어를 이탈리아 어와 아울러 공용어로 사용할 수 있게 되었다. 이 지역 바로 아래에 있는 피에몽(Piémont)지역의 보드와즈 계곡(Vallées Vaudoises)도 아오스타 계곡과 유사한 역사를 가지고 있는데, 이 지역 역시 오늘날에도 프랑스어를 상용으로 사용하고 있는 특이한 지역이다. 발레 다오스트는 총면적 3,262㎢이며, 2006년 현재 인구는 123,978명 그리고 주도인 아오스트의 주민은 34,270명이다.

사용하는 언어권을 벗어나지 않는 특징을 보여주고 있다. 인구 면으로 볼 때, 프랑스어 사용자가 수적으로는 적지만 전통적으로 프랑스어권의 교육과 문화 수준이 높을 뿐만 아니라, 프랑스어권에 속하는 주네브가 국제적인 외교도시이며, 높은 생활수준을 유지하고 있는 등, 여러 가지 요인에 의해 프랑스어 사용자들이 특권을 누리고 있다고 말할 수 있을 것이다.

모나코는 전통적으로 문학의 꽃을 피웠던 프로방스 방언을 사용하던 지역이었다. 프로방스어로 기록된 최초의 문학 원전 보에치(Boeci)는 11세기경에 쓰여진 257행의 긴 단편이었고, 11-12세기초에는 최초의 음유시인 기엠-드-페이테이(Guihem de Peitei)가 출현하기도 했다. 그리고 남부 프랑스의 문화는 북부 프랑스의 날씨처럼 우울하고 염세적인 풍토보다 더 세련되고 보다 개방적이고 쾌활하였기에 북부 프랑스인에게는 하나의 이상처럼 작용했다.

이런 풍토 속에서 1297년 제노바(Gènes)의 명문가문인 그리말디(Grimaldie)가(家)가 프랑스의 비호를 받으며 현재의 모나코 지역에 진출하여 지금까지 그 명맥을 유지해오고 있다. 그 이전, 로마시대에는 해상진출에 용이한 지리적 조건에 의해 무역항으로 성황을 누렸고[20], 그 다음에는 롬바르디아, 사라센 제국 등의 지배도 받았다. 그 이후에도 약 120년간(1524-1641)동안 스페인의 지배를 받게 되는 기간과 1815년 빈 회의에서 사르데냐의 보호국(1815-1861)이 된 시기를 제외하면, 그리말디가의 입성에서 현재까지 프랑스와 뗄

---

20) 최초의 주민 정착은 페니키아인이 정착하던 BC 10세기경까지 거슬러 올라간다. 그 뒤로 그리스인·카르타고인·로마인 등에 의해 입지가 훌륭한 항구의 역할을 했다. 로마 시대에는 무역항으로 아주 번영하였지만, 민족의 대이동 때 도시와 함께 항구도 파괴되었다.

수 없는 깊은 관련을 맺고 있다. 예를 들면, 1641년 9월 14일 루이 13세는 모나코 공작과 페론느 조약(Traité de Peronne)을 체결하여 모나코를 프랑스 보호령에 두었으며, 1861년 2월 2일 샤를르 3세는 당시 모나코 영토였던 망통과 로끄브륀을 프랑스에 양도한다. 1918년 7월 17일에 프랑스와 모나코는 우호적인 보호조약(Traité d'amitié protectrice)을 체결하는데, 이 조약에는 그리말디 가의 혈통이 끊길 경우 모나코는 프랑스의 보호를 받는 자치국가가 된다는 조항이 첨부되어 있다.

모나코에서는 스페인 정복 기간에 스페인 어를 사용했고, 1641년부터는 이탈리아 어와 프랑스어가 쓰였다. 19세기 중반부터 이탈리아 어보다 프랑스어가 더 널리 쓰이는 언어가 되었는데, 그 배경에는 1902년 샤를르 3세가 프랑스어로 교육하는 고등학교를 설립하면서 이탈리아 어를 완전히 사라지게 했기 때문이다. 모나코에서 프랑스어의 사용은 프랑스와의 긴밀한 정치 및 외교 관계가 작용하며, 지금까지 굳건히 프랑스어가 공용어의 자리를 지키고 있다.

프랑스의 남서쪽에 위치한 안도라는 프랑스와 스페인 사이 위치한 조그만 섬과 같은 나라로서, 두 대국을 두고 특이한 정치균형에 의해 탄생되었고 또 유지되고 있다. 국가의 발생배경은 1278-88년 작성된 안도라의 첫 법률문서인 분배법령(Partages)에서 찾을 수 있는데, 이 법령은 프랑스의 프와(Foix)백작과 스페인의 우르헬(Urgell) 주교가 안도라의 상속을 두고 갈등을 겪은 끝에 둘이 같이 공동통치를 한다는 데에 합의한 것이 그 내용이다. 이 문서의 내용은 결국 안도라 정부의 기본형태가 되어, 지금까지도 그 효력을 발휘하고 있다[21]. 그리고 1993년 새로운 헌법이 만들어지기 전까지 안도라의 정치형태는 중세식 봉건국가였는데(유럽에서 가장 오래 봉건제도를 유지한 국가), 1992년 국민투표에서 71% 국민들의 찬성으로 의회가 구성되고 정부가 출범되어 근대국가의 모습을 갖추게 되었다. 그리고 이듬해 1993년 7월 UN의 184번째 회원국이 되었다.

영불해협에 위치한 저지(Jersey) 섬[22]과 건지(Guernesey) 섬[23]은 프랑스 북서부에 있는 도서로서, 현재 영국령이지만, 두 지역 다 영어와 프랑스어를 공용어로 사용하고 있는 지역이다. 이 두 섬 가까이에는 오리니(Aurigny), 세르크(Sercq) 등의 또 다른 작은 섬들이 있는데, 이 섬들도 대부분 프랑스어를 상용어로 사용한다. 역사 속에서 항상 프랑스와 대립관계에 있었던 영국의 도서들이 프랑스어를 상용어로 사용하고 있는 배경은, 1066년 노르망 지방의 기욤(Guillaume, 영국명: William)이 영국을 정복했을 때, 영국이 프랑스의 식민지 형태가 되어, 약 300년 가깝게 프랑스의 언어, 문화적 영향

---

21) 푸아 백작의 권한은 그 후에 프랑스 왕에게 넘어갔다가, 지금은 프랑스 대통령에게로 넘어와 있다. 그래서 프랑스가 19세기부터 안도라의 외교권을 대행하고 있다. 스페인의 우르헬 주교는 국제법상의 존재가 아닌 로마교황청에 속해 있었기 때문이다. 하지만, 주교령의 지사를 파견하고 각 교구가 두 통치자에게 세금을 내는 등 공동통치는 지속되고 있다.

22) 저지 섬은 서부유럽의 영국 해협에 있는 섬으로 프랑스의 북서쪽. 49.15 N, 2.10 W 지점에 위치하며, 면적 116㎢, 해안의 길이 70km에 이른다. 온대기후에 속하고 북부해안을 제외하면 완만한 평원과 구릉으로 이루어진 지형이라 농경에 적합한 토지이다. 인구는 1999년 기준으로 약 9만명, 인종은 영국과 노르만-프랑스인의 후손들이다. 언어는 영어와 프랑스어를 공용어로 사용하는데, 일부는 노르만-프랑스어를 상용어로 말한다. 영국의 연방에 속해있으며 수도는 성-헬리(Saint Helie)이다.

23) 건지 섬은 저지 섬의 이웃에 위치하며 면적 194㎢, 해안의 길이 50km이다. 기후 및 지형도 저지 섬과 유사하며 인구는 2000년 기준 64,080명이고, 인종과 언어도 저지 섬과 같다. 영국의 연방에 속해있으며 수도는 성-페테-포르(Saint Peter Port)이다.

권에 놓여있었기 때문이다. 이런 사실을 상기하면 프랑스와 영국 사이에서 징검다리처럼 놓인 작은 도서들이 프랑스어를 상용어 또는 공용어로 사용하고 있는 것은 아주 당연한 결과일 것이다[24].

저지 섬과 건지 섬 그리고 그 외의 영불해협 도서들은 911년 노르망인들이 프랑스에 정착할 시기부터 그들이 점유했으며, 인종은 영국과 노르망 후손들이고 프랑스어를 사용하는 사람들의 언어는 오일 어군의 노르망 방언의 영향을 받았다. 노르망 지방은 파리를 중심으로 북서부에 위치하며 해안을 따라 펼쳐져 있는데, 1050년의 종교문학 원전인 『성 알렉시스의 일생』이 이곳 방언으로 쓰여졌다. 그때부터 여기에서 수많은 문학 작품과 작가들이 탄생했고, 모름지기 파리의 언어 프렝시앙과 경쟁할 만큼 한때는 대단한 영향력을 가진 방언이었다. 이 언어는 다시 영국으로 건너가 영국의 궁중, 귀족에서 사용하게 되었고 점차 일반인에게도 퍼져나가, 영어에 많은 프랑스어 어휘를 남겨두는 계기가 되었다.

지금까지 유럽의 프랑스어권 국가들이 어떤 역사적 배경에 의하여 프랑스어를 사용하게 되었는가를 살펴보았다. 유럽의 프랑스어

24) 중세에 소국이나 공국의 형태는 제외하면, 영국을 제외하고는 프랑스어가 한 국가의 언어로 될 기회는 별로 없었다. 영국을 1066년에 정복한 기욤은 프랑스 왕의 신하로 맹세한 노르망 지방의 영주이자 프랑스에 100년 이상 살아온 노르망인들의 후손이기에 그의 지배 아래에 들어간 영국은 프랑스 언어와 프랑스 문화에 거의 동화되어 있었다고 볼 수 있을 것이다. 그리고 노르망 영토는 1204년에 프랑스가 실제적으로 합병하게 된다. 그래서 노르망인들의 영국 지배는 프랑스의 영국 지배나 별 다를 바 없고, 실제적으로 항상 프랑스의 직접 또는 간접적인 통치를 받고 있었다. 이런 점에서 당시 프랑스어는 영국의 언어였다고 해도 과언이 아니었다. 100년 전쟁의 시작을 알리는 1346년의 크레시전투를 전후로 프랑스어의 영향력은 영국에서 사라지기 시작한다.

권 국가의 특별한 점으로 꼽을 수 있는 것이 있다면, 이들 지역에는 간혹 중세 이전에 생겨난 공국이나 왕국의 형태를 지금까지 유지하고 있는 곳도 있다는 것이다. 일찍부터 중앙집권체제가 정착되었던 우리 동아시아의 시각에서는 쉽게 이해하지 못하는 대목이 바로 이런 것이다.

결론적으로 유럽 프랑스어권에 아주 작은 소국이 생겨나게 된 근원적인 원인에는 다음과 같은 두 가지 배경이 있는 것 같다. 그 첫 번째는 봉건적 영주 체제 아래에 있었던 중세유럽의 특수한 환경적 배경이다. 서유럽 국가 중 가장 일찍 근대적 의미의 주권과 영토를 가진 국가는 프랑스와 영국이었지만[25], 그 외의 지역은 대부분 국가라기보다는 봉건영주를 중심으로 영역과 권한이 주어진 지역적 개념의 자치국이었다. 외형상 국가 최고 통치자인 국왕은 중세 말까지 실제적 권한을 가지지 못했는데, 그 이유는 개별지역의 봉건 영주가 군사, 행정, 사법 등의 권한을 가지고 있었기 때문이다[26]. 결국 봉건영주의 영지와 권한이 막강하여 계속 유지되어

---

25) 국왕의 권한을 강화시켜 국민국가의 형성이 가장 먼저 시작된 곳이 영국과 프랑스인데, 987년 위그카페(987-1328)가 왕조개창과 필립2세(1180-1223)의 영국왕령의 토지를 회복하면서 프랑스가 왕권을 다져간다. 영국의 경우, 1066년 노르망디 공 윌리엄 1세가 대 귀족들에게 토지를 분봉하고, 그들이 국왕에 대한 충성을 서약하면서 국민국가의 틀을 잡아간다. 다른 유럽 국가도 이러한 노력은 있었지만, 영국과 프랑스가 국민국가로 앞서간 이유는 바로 두 국가 간에 있었던 백년전쟁(1339-1453)의 영향이다. 왜냐하면, 처음의 전쟁은 영국과 프랑스에 있는 두 왕가 사이의 싸움이었지만, 전쟁이 계속되면서 민족의식이 고양되고 결국 민족, 국가 간의 전쟁이 되었기 때문이다.

26) 영주들도 때로는 자신의 권한 및 영토도 확실히 모르는 경우도 있었다. 예를 들면, 지금은 독일의 연방주가 된 작센 공국이나 프랑스 툴루즈 지방에 있었던 툴루즈 백작령 국가의 봉건 영주들은 자신의 영지와 주권이 어디까지 미치는지 알지 못했다, 왜냐하면 영주들 간의 동맹, 전쟁 등으로 인해 세력을 확장하면서 영지가 확대 때로는 축소되는 가변성 때문이었다.

온 경우 그 지역은 공국으로 남아있게 된 것이다. 두 번째는 근대적 의미의 주권국가 탄생이 늦은 것이 그 배경인데, 불과 130년 전인 1870년대 이전만 하더라도 독일, 이탈리아와 같은 큰 나라들도 그 나라 안에 수많은 공국들이 존재하는 형태였다. 지금의 독일은 1870년 프로이센의 비스마르크가 독일건설이라는 정책을 통해 모든 공국을 통일했고, 이탈리아는 사르데냐 왕국에서 통일하여 근대국가가 시작된 것이다, 이는 서양의 영토가 아직 불변의 개념이 아닌 변화의 과정에 있다는 것을 의미한다.

2. 아메리카: 캐나다, 아이티(2개 지역 및 국가).

아메리카대륙의 캐나다 퀘벡 주에서 프랑스어를 사용하는 인구는 6백만 명이다. 하지만, 옛 프랑스어 형태의 퀘벡 토착 프랑스어는 교양어로 자리 잡지 못하고 대신 프랑스본토의 언어가 그 자리를 차지하고 있다. 그리고 라틴아메리카의 유일한 식민지였던 아이티에서는 공용어 및 교양어로 프랑스어가 사용되지만, 상용어로는 17세기 이후부터 사용된 크레올 어이다. 이 언어는 아프리카에서 이주한 흑인들의 언어와 옛 프랑스어가 혼합되어 만들어진 언어인데, 프랑스의 해외영토인 마르티니크와 모리스 섬에서도 상용어로 쓰인다.

위의 두 나라는 유럽의 프랑스어권 국가와는 달리 16세기 프랑스의 식민 영토 확장에 의해 프랑스어권 국가가 되었는데, 그 과정과 배경의 이해를 위해서는 아메리카의 식민사를 간단히 살펴볼 필요가 있다. 아메리카 대륙의 식민 진출은 유럽 경제 발전의 주요한 원동력이 될 지리상의 발견, 보통 콜럼버스가 대서양횡단을 위한 탐험과 바스코 다 가마의 인도방문이 있었던 1490년대 이후인데, 이때부터 유라시아의 구석에 위치하고 있던 서양 문명이 한 차원 도약하게 되는 기틀을 마련하게 된다. 유럽 밖의 수많은 자원과 교역에서 이루어지는 크나큰 이익은 대륙 전체에 긍정적 충격으로 작용하기에 충분했다. 포르투갈, 스페인, 네덜란드, 영국, 프랑스, 덴마크, 독일 등 유럽의 각국들은 차례로 탐험의 길에 올랐다. 그 결과 남아메리카에서 스페인인들은 인디언들의 노동력을 희생으로 귀금속을 채굴하고 영국인들은 벵갈에서 '불리한 교역', 즉 약탈에 가까운 무역으로 이익을 극대화해 나가는데, 프랑스도 이 대열에 가담하게 된다. 1508년 프랑스어선단은 처음으로 뉴펀랜드 앞 바다에 있는 세계 최대 어장의 하나인 그랜드 뱅크스를 향해 루앙에서 출항하고, 뒤를 이어 카르티에(Jacques Cartier, 1491-1557)를 통해 북 아메리카의 프랑스 식민주의가 열리게 된다.

1) 프랑스 식민주의와 북아메리카

아메리카 프랑스어권 국가는 캐나다의 퀘벡주와 아이티이다. 두 지역이 프랑스령 식민지가 되는 시점이 유사하다는 것을 제외한다면 지리적 위치나 식민과정, 인종의 구성 그리고 언어의 사용 또한 다르기 때문에 다양하고 특색 있는 프랑스 식민통치를 보여주는 한 단면이라고 할 수 있다.

캐나다의 선점권은 카르티에가가 세 차례에 걸친 북아메리카 북동연안의 탐험으로 획득하는데서 시작된다. 그는 처음 1534년 4월에서 9월 동안 세인트 로렌스 만 일대를 탐사하였지만, 항로를 찾는 데 실패하였다. 그 이듬해 1535년 9월에서 10월 사이 세인트 로렌스 강 중간에 자리 잡고 있는 섬에 근거지를 마련하여 이곳을 몽레알(Montréal)이라 이름 지으면서 본격적으로 식민지를 개발한다[27]. 북아메리카의 프랑스 탐험은 프랑스와 1세, 루이 14세 등 프랑스왕궁의 해양과 해외진출의 적극적인 관심과 지원에 의하여 가능했던 것이다. 캐나다의 프랑스 점령 후 프랑스인들의 통치가 시작되면서, 프랑스 본국으로부터 직접적인 이주가 시작되는데, 캐나다로의 초기 이주자들의 구성을 보면 다음과 같다.

[표 1-2] 초기 이민들의 출신지(프랑스 본토) 구성[28]

지방(프랑스)	17세기	18세기
노르망디(Normandie)	18.5%	10.9%
일드프랑스(Ile-de-France)	14.4%	12.2%
프와튀(Poitu)	10.9%	6%
오니, 일드레, 오를레앙(Aunis, Iles de R□, Orl□ans)	10.6%	5.6%
생통쥬(Saintonge)	5.8%	5.5%
페르슈(Perche)	3.9%	
브르타뉴(Bretagne)	3.5%	8.2%
앙주(Anjou)	3%	2.6%

위의 표에서 알 수 있듯이, 초기 이주자들은 프랑스 서북부와 수도권인 일-드-프랑스(Ile-de-France)의 이주자들이 대체로 많기는

---

27) 그 이후 지도 제작자였던 샹플렝(1567-1635)이 1608년 퀘벡시를 건설하고 1663년 뉴프랑스를 왕령으로 삼게되는데, 영토는 가스페 반도를 거쳐 지금의 퀘벡 시까지 그 지역이 확산되면서 프랑스령에 귀속된다. 그를 이어 라살르가(1643-1687)가 가장 광범위한 북 아메리카 지역을 탐사했는데, 그는 캐나다와 루이지애나를 연결하여 식민지를 건설하려는 원대한 꿈을 가졌으나, 탐험 중 동료에게 살해되어 그 뜻을 이루지 못하게 된다. 그런데, 루이지애나 지역 또한 프랑스어 상용 지역으로 프랑스 식민지가 된 1666년부터 프랑스어를 사용하고, 18세기 바스크 지방에 있던 아카디아인들이 이주해 오고, 서인도 제도에 흑인 노예들이 이주해 오면서 프랑스어 사용자가 급격히 늘어나게 되었다. 루이 왕의 이름을 따서 나온 루이지애나라는 지명에서 우리는 당시 프랑스의 이 지역 진출이 얼마나 왕성했는지를 능히 짐작할 수 있을 것이다.

28) 원윤수, 한명수, 이인성, 이해방, 「프랑스어권 캐나다 연구」, 『지역연구』, 제1권2호, 1992, p.184.

하지만, 한 두 지역에 편중되지 않고 골고루 분포해 있다는 특징이 있다. 특히 지방색이 짙은 랑그도크 지방의 이민자가 거의 없고 같은 언어권인 오일 어군(브르타뉴 제외) 사람들이라 표준어 사용이 용이했을 것이다. 초기 이민은 특정 집단의 유입이 아니라 다양한 직업과 방식으로 유입되었다. "모피매매업자나 삼림채벌업자, 군인들과 본토에서 파견된 행정가들은 퀘벡이나 몽레알 등 도시를 중심으로 정착한 반면 농민들, 즉 거류민들은 퀘벡 지역을 중심으로 광대한 농지에 정착하였으며, 우리는 이들을 현재의 캐나다 프랑스어권 지역 도서와 농촌 거주자들의 실제적인 조상을 파악할 수 있다."[29] 거류민은 농업에 종사하면서 완전히 캐나다에 정착한 사람들이었다. 이에 비해 본국인은 퀘벡이나 몬트리얼 등 수도나 도심에 머물며 상업, 무역을 위해 일시적으로 거주하는 사람들이었는데, 프랑스 본국으로부터 이들의 항구적인 유입은 프랑스 본국의 프랑스어 발달을 캐나다인들에게 전해주는 구실을 한다. 하지만, 프랑스와 영국 간의 7년 전쟁에서 프랑스군이 아브라함 평원에서 대패하자[30], 프랑스어는 그야말로 위기를 맞게 된다. 왜냐하면, 1763년 파리조약에 의해 캐나다가 영국에 양도되었기 때문이다[31].

---

29) *Ibid.*, p. 184.

30) 영국인의 캐나다 식민지 개발은 1628년 노바르코샤 식민지의 설립 시기에 본격화된다. 그 후 150년 간 뉴펀들랜드, 뉴-브룬스윅, 프린스에드워드 섬, 허드슨 만 등에 식민지를 구축한다. 하지만, 곧 프랑스와 충돌하게 되어, 프랑스와 영국의 식민지 쟁탈전은 그 양상이 유럽의 두 본국 간의 투쟁으로 확대되고, 1756에서 1763년까지 7년 전쟁이 벌어지는데, 이 전쟁에서 영국이 승리하게 된다.

31) 캐나다는 1535년 9월부터 프랑스령이 되지만, 18세기 국내의 정치의 불안으로 인해 프랑스가 소수의 탐험가와 이주민을 캐나다에 보낼 수밖에 없게 되자, 영국이 이 영토를 넘보게 된다. 이것이 원인이 되어 후에 캐나다에 대한 지배권을 송두리째 영국에 내주게 된다.

이때부터 영국의 관습법이 들어오고 정식 종교에서 가톨릭이 제외되자, 프랑스계 캐나다인들은 종교와 언어의 보호를 위해 투쟁을 시작한다. 영국도 이 거센 저항에 밀려 1964년 프랑스 민법을 다시 복원하고, 가톨릭도 정식 종교로 인정하고, 급기야 1774년 프랑스어권의 법적 지위를 보장받게 되면서 위기의 순간이 지나간다[32]. 그 후 1867년 오타와 및 퀘벡 의회와 법률에서 프랑스어를 공식 언어로 인정받는다. "조용한 혁명"이 일어난 이듬해인 1976년 프랑스 언어법의 선포 그리고 1980년 급기야 독립주권을 가지기 위한 첫 국민투표가 이루어진다. 이처럼 캐나다에서 프랑스계 국민의 역사는 영국의 식민통치 이후 200년 이상 영어 사용자에 의한 프랑스어 사용자에 대한 지배라는 대립과 갈등 속에서 진행되었으며, 퀘벡인들은 자신의 언어를 수호하기 위한 투쟁의 역사라 할 수 있을 것이다.

하지만, 미국에 의해 급물살을 탔던 영어의 확산이 캐나다에서도 예외가 아니어서, 1951년에서 1986년까지 프랑스어 사용자는 전체 인구의 29%에서 25%로 감소했다. 하지만, 퀘벡 지역에서는 프랑스어 사용자가 아직도 82.5%의 프랑스어 사용자가 유지되고 있다.

2) 서인도제도와 크레올 어

서인도제도에 위치한 아이티는 캐나다에 프랑스어가 전파되는 과정과는 다르게 프랑스어가 전파되었다. 아이티는 공용어가 프랑

32) 프랑스어권의 법적지위는 영국이 아메리카 식민지에서 일어난 독립운동에서 프랑스계 캐나다인들을 떼어놓기 위한 전술로 1774년의 퀘벡법을 이용한 것이다. 말하자면, 퀘벡 주에서 지주와 종교의 특권을 승인하는 대신 프랑스계 주민이 미국 독립운동에 참가하는 것을 막는데 그 목적이 있었다.

스어인데도, 국민들은 대부분 크레올(Créole)이라는 토속어를 사용하는데, 이런 현상은 아이티뿐만이 아니라 서인도제도(Antilles)의 프랑스 해외영토도 거의 대부분 아이티와 유사하게 공용어로는 프랑스어, 상용어로는 크레올 어를 사용하고 있다. 그 이유는 이 지역의 인종구성이 아프리카 식민지 개척과 깊은 관련이 있다.

아이티 공화국이 프랑스어권에 편입되는 과정을 간단히 살펴보면, 캐나다에 이민이 진행되던 17세기 초, 프랑스 해적들이 먼저 1626년에 섬의 북서부에 있는 토르튀(Tortue) 섬에 기지를 설치함으로서 첫 발을 내디딘다[33]. 1804년 1월 1일 성-도밍고 섬의 주민들이 봉기하여 혁명을 일으키고, 프랑스 정권을 몰아낸 후, 라틴 아메리카에서 최초로 독립하는 흑인 공화국이 된다. 하지만, 그 영광도 잠시 아이티는 현재까지도 극단적인 분열 상태에서 혼란스럽기만 하다. 뿐만 아니라, 경제 역시 식민시대와 거의 같은 상태로 남아있기에 서인도제도에서 가장 가난한 나라로, 주민의 80% 이상이 농업에 종사하고 있다. 1804년 독립하기 이전에는 50만 명 이상의 농업인구로 목화, 사탕수수, 커피 등의 농작물로 가장 번성한 프랑스의 식민지였으나, 독립 직후 남부와 북부에 두 개의 독립정부가 세워지고 1820년 재통합되면서, 1843년에서 1915년까지 22번이나 정권이 교체되는 극도의 혼란이 지속되었다. 그리고 1915년에서 1934년까지 미국에 의해 점령당하고, 미군 철수 이후 1956년까지 정치, 경제적 안정을 이루었으나, 다시 정치적 난국이 계속되는 상황이다. 하지만, 최근부터 경제적 위기 상황을 벗어나기 위해 기업의 사유화, 농지개혁, 지방분권 등 수많은 개혁이 진행 중인데 그

33) 그 이전에는, 1492년 먼저 콜롬버스(Columbus)에 의해 발견되어, 초기에는 스페인이 점령하였다.

추이를 두고 볼 일이다.

아이티인들이 사용하고 있는 언어인 크레올이란 말은 원래 스페인 식민지에서 식민지 태생의 사람들을 지칭했던 어휘였지만, 언어학에서는 집단끼리 통용어의 수단으로 생긴 혼성어가 시대와 세대를 거치면서 생긴 언어를 크레올이라고 부르고 있다[34]. 프랑스의 크레올은 17세기부터 사용하게 되는데, 주민 대부분이 식민시기에 농장의 노동력을 제공하기 위해 아프리카에서 이주된 흑인들에 의하여 시작되었다. 이 언어는 서인도제도의 흑인들과 지배계급에 속하는 프랑스인들 사이에서 필요에 의해 탄생한 단순 혼성언어가, 세대를 거쳐 발달되어 하나의 언어로 정착 된 것이다.

현재 크레올 사용자는 약 800만 명이나 되며[35], 세이셸과 아이티를 제외하고는 상용어로만 사용되는 언어이다. 아이티에서 크레올 어 사용자가 높은 분포를 보이는 것은 인구 분포와 깊은 관련이 있는데, 전 인구의 95%가 크레올을 사용하는 아프리카 흑인 후손이며, 뮬라토라 불리는 프랑스인과 흑인의 혼혈이 5%로 이들 소수가 의사나 변호사 등 전문 직종에 종사하고, 이들은 상용어 공용어로 프랑스어를 사용하고 있기 때문이다.

---

34) "앤틸리스 제도의 크레올 어는 1615년에서 1640년 사이에 세인트 크리스토프(saint-Christophe)에 머물던 일단의 해적, 산토 도밍고(saint-Domingue) 및 쿠바의 스페인인에게서 사거나 납치된 아프리카의 노예, 초기 학살에서 살아남은 카리브인들과의 만남에서 생겼다고 한다". 김승민·이복남·한양환, 『세계 프랑스어권 지역연구』, 푸른길출판사, 2003, p. 309.

35) "1980년경 서인도 제도 전체 인구의 19%가 프랑스어가 공식어인 섬들에서 살고 있으며, 단일 언어로 크레올을 말하는 사람 수는 마르티니크 섬에서는 인구의 15-20%를 차지하고, 구아델루프에서는 30-40%, 레위니옹 섬에서는 거의 70%가 단일어로 크레올을 말하고 있다". 이창순, 『프랑스어사 개요』, 신아사, 2000, p. 133.

3. 아프리카: 가봉, 기니, 니제르, 말리, 모리타니, 베넹, 부르키나파소, 세네갈, 중앙아프리카, 코트디부아르, 콩고, 콩고민주, 토코, 르완다, 마다가스카르, 브룬디, 적도기니, 지부티, 챠드, 카메룬, 코모로(21개국)[36].

아프리카는 거대한 대륙이며 언어는 특정지역의 부족언어로 된 천 수 백 개의 토착 언어가 사용되고 있는 지역이다. 아프리카 토착어는 다시 부족 간의 교류, 교육의 영향 등에 의하여 공통어로 되어 왔다. 하지만, 아프리카의 토착어가 현재의 공용어로 거의 사용되지 못하고 있는데, 여기에는 프랑스, 영국, 포르투갈 등 아프리카를 지배해온 식민지 언어가 정착되어졌기 때문이다. 그러나 예외적으로 탄자니아에서는 스와힐리어어가 국어로 되어 있고, 우간다와 케냐도 영어가 공식어이지만 스와힐리어어가 국어로 사용되고 있는 등, 예외적인 지역이 있기도 한다[37].

아프리카의 프랑스어권 국가의 프랑스어 사용실태는 나라마다 다르다. 가령 프랑스어가 유일 공용어이며 상용어인 국가가 1개국이며[38], 유일 공용어국가 7개국[39], 공용어 2개 이상의 국가가 5개국[40],

---

36) 북 아프리카 대륙의 마그레브, 즉 알제리, 튀니지 그리고 모로코는 각각 1830, 1881, 1912년 프랑스 식민지가 되어, 많은 프랑스어 사용자가 있지만, 공용어로 사용하는 국가가 아니기에 사하라 이남의 흑아프리카만 다루기로 한다. 그리고 옛 식민지들 중 현재 프랑스 해외영토로 남아있는 마요트(Mayotte), 레위니옹(Réunion) 지역도 아프리카에서 제외하기로 한다.

37) "스와힐리어는 동아프리카에서 주로 사용하지만, 또한 영국, 이집트, 미국, 독일 일본, 중국, 수단 남아공화국 등의 국가의 라디오 국제방송에서도 이 언어를 사용한다. 스와힐리어는 기실 아프리카 최대의 언어이자 세계 10대 언어 중 하나이다". 김의락, 『떠오르는 대륙, 아프리카 문화』, PUFS(부산외국어대학교출판부), 2002, p. 45.

38) 마다가스카르: 587,041㎢, 1,635만 명(1998년).

39) 해당국가와 인구를 소개하면 다음과 같다. 가봉: 130만 명(2000년), 니제르: 1100만(2001년), 모리타니: 280만(2002년), 말리: 1,020만 명(2000년), 베

프랑스어를 공용어로 하면서 국어가 따로 있는 8개국[41] 등이 있다.

아프리카 프랑스어권 국가라고 해서 반드시 프랑스어와 직접적으로 관련이 있는 것은 아니다. 예를 들면, 콩고민주공화국(콩고는 옛 프랑스령 식민지), 르완다, 브룬디는 과거 벨기에 식민지였고, 적도기니는 스페인 식민지였지만, 스페인 어와 프랑스어 둘 다가 공용어인 특이한 경우이다. 이들 아프리카의 프랑스어권 국가들이 프랑스어와 관련을 맺게 된 배경에서 우리는 서구열강의 제국주의를 뺄 수가 없을 것이다. 그 과정을 살펴보자.

1) 프랑스 제국주의와 아프리카

아프리카 영토를 찢어놓은 제국주의의 시작은 지금의 남아프리카 공화국 땅에서 1870년대에 귀금속이 발견되지 않았더라면 시작되지 않았을 수도 있었을 것이다. 서구의 제국주의는 물질적인 이해의 소산이란 말이다. 19세기 중반까지만 해도 가령 영국은 아프리카에 종교나 연구 목적의 민간차원의 진출은 하고 있었지만, 영

넹: 570만 명(1997), 부르키나파소: 1180만(2001), 지부티: 44만 명(1999년)

40) 해당국가와 인구 및 사용언어 실태는 다음과 같다, 르완다: 830만(2000년), 프랑스어 및 아프리카 어(Kinyanwarda어, 공용어). 브룬디: 653만(2000년), 프랑스어 및 키룬디어(공용어). 적도기니: 약 54만 명, 스페인 어(공용어), 프랑스어(98.2월이후 공용어). 챠드: 약 810만 명(2001년), 프랑스어(공용어) 및 아랍어(공용어). 카메룬: 15,45만 명(1999년), 프랑스어(공용어) 및 영어(공용어).

41) 해당국가와 인구 및 사용언어 실태는 다음과 같다. 기네: 670만 명(2000년), 프랑스어(공용어) 및 토착어(국어). 세네갈: 966만 명(2000년), 프랑스어(공용어) 및 Wolof어(국어) 등. 중앙아프리카: 약 350만 명(2000년), 프랑스어(공용어) 및 토착어(국어). 코트디부아르: 1,640만 명(2000년), 프랑스어(공용어) 및 30여 개의 토착어(국어). 콩고: 약 290만 명(2000년), 프랑스어(공용어) 및 토착어(국어). 콩고민주: 5,400만 명(2000년), 프랑스어(공용어) 및 링갈리어(국어). 토고: 515만 명(2001년), 프랑스어(공용어) 및 토착어(국어). 코모로: 56만 명(1999년), 프랑스어(공용어) 및 아랍어(국어).

토 확장의 욕심을 가진 진출은 꿈꾸고 있지 않았다. 그러나 17세기부터 종교분쟁을 피해 남아프리카로 온 보어인[42]이 살던 케이프에서 금과 다이아몬드가 발견되자, 이를 계기로 영국이 1880년에 침공을 시작하고, 1902년 결국 이곳을 점령하면서 제국주의가 본격적으로 시작된다. 이때 케이프 식민지의 수상은 "가능하기만 하다면, 나는 다른 행성까지도 합병하고 싶다"라고 말했고[43], 이에 못지않게 1880년대 프랑스 수상 쥘르 페리도 "식민지는 가장 유리한 투자"[44]라고 하면서 식민지 영토 확장의 집착을 드러냈다. 영국의 아프리카 진출에 고무된 프랑스는 1830년 지중해의 해적과 대항하고 지중해 무역을 활성화시킬 단순한 목적으로 점령했던 알제리를 본격적으로 영토 확장의 발판으로 삼기 시작한다. 아프리카에서의 영국과 프랑스의 대립은 16세기 북아프리카대륙에서와 같이 다른 어느 열강보다 치열했는데, 아프리카대륙을 남북으로 연결하려는 영국과 서쪽 사하라 사막에서 동쪽으로 진출하려는 프랑스가 나일 강 상류에서 1898년 마주치게 된 파쇼다 사건이 발생한다. 이 사건으로 양국이 전쟁의 소용돌이로 빠질 위험이 있었지만, 프랑스의 마르샹 대위를 본국으로 소환하면서 위기에서 벗어났고 양국은 서로 이런 위기를 피하기 위해 애썼다.

19세기에 와서야 유럽의 강대국이 아프리카로 진출하게 된 이유는 그 이전에는 아프리카에 대한 실제적인 효용성을 간과했기 때문이다. 16세기와 17세기에 수많은 항해와 탐험의 목적이 신대륙 발견과 금, 은, 향료 등의 무역에 중점을 두었는데, 이러한 목적에 아프리카는 부응하지 않았다. 단, 노예매매라는 이점에 의해 소규

---

42) 박해를 피해온 네덜란드 신교도인을 일컫던 말.

43) 권달천, 『현대 서양사 강의』, 도서출판늘함께, 1993, p. 104.

44) *Ibid.*, p. 105.

모적인 착취가 있었으며 대규모의 식민세력 침투나 영토침탈은 19세기말에 본격적으로 행해진다. 프랑스도 역시 "흥미 있는" 사업, 즉, 노예매매를 위해 1639년 서부 아프리카 세네갈의 북부에 성-루이 시를 만들면서 흑인들을 사냥하기 위한 발판을 구축했다. 또한, 비단 및 향료 등의 무역을 위해 동방진출의 중간 기착지로 마다가스카르 섬에 포르-도펭 시를 건설한다. 하지만, 그 이후 아프리카에 대한 지속적인 진출은 없었지만 북미, 대서양과 인도양의 신도서 등에서 새로운 대륙의 발견과 관리에 열을 올렸다.

여기서 우리는 프랑스에 의해 아프리카가 식민 지배를 당했던 시기를 알아볼 필요가 있다. 왜냐하면, 이 시기가 프랑스어를 공용어로 사용하는 시기와 일치할 것이기 때문이다.

[표 1-3] 아프리카 프랑스어권 국가의 식민 및 독립 시기45)

세기별	국명	식민시기	독립시기
17세기	세네갈	1638	1963
	마다가스카르	1643	1960
18세기	세이셸	1742	1975
19세기	기니	1837	1960
	코모로	1841	1974
	콩고	1880	1960
	베넹	1883	1960
	중앙아프리카	1889	1960
	가봉	1889	1960
	코트디부아르	1893	1960
	말리	1895	1960
	부르키나파소	1896	1960
20세기	니제르	1900	1960
	챠드	1900	1960
	카메룬	1911	1960
	토고	1919	1960

45) 이 외에 벨기에령 이었던 르완다와 브룬디는 1923과 1919에 각각 식민지가 되고 1962년 동시에 독립하였다. 그리고 스페인령이었던 적도기니는 1778년에 식민지가 되고 1964년에 독립하였다.

위 표에서 보듯, 아프리카에 대한 프랑스의 식민정책은 19세기에 본격적으로 시작된다. 프랑스는 1830년 알제리의 몇 항구를 장악하고 곧이어 전 국토를 장악하면서 식민지배가 본격적으로 시작되었다. 다년간 훈련된 군사력, 경제력으로 사하라 사막을 정복하고 나서, 프랑스는 1881년 튀니지를 보호령으로 만들고, 1881년 적도 아프리카와 서 아프리카를 연결하며 영국보다 더 한층 성공적으로 아프리카를 점령했다. 그리하여 1896년에는 마다가스카르를 다시 식민지로 만들며, 영국보다 더 넓은 식민지를 소유하게 되었다[46].

프랑스어권의 국가가 프랑스어권에 편입되는 계기는 이와 같이 다른 대륙의 프랑스어권과 뚜렷한 차이를 보이고 있다. 유럽의 프랑스어권은 자연발생적인 과정을 거치면서 오랜 시간을 두고 편입되었고, 아메리카의 프랑스어권은 식민과정에서 본국 이민자들의 직접적인 프랑스어에 의해 전파되었다면, 아프리카의 프랑스어권은 유럽제국주의 진출과정에서 지배를 위한 언어정책의 일환으로 프랑스어가 이식된 것이 큰 차이일 것이다. 아프리카에 진출한 프랑스의 언어정책은 어떠했을까?

2) 아프리카에 대한 프랑스의 언어정책

프랑스가 점령한 아프리카 프랑스어권 지역은 대부분 서아프리카로서 사하라 이남의 대서양 연안에서 차드호까지의 남쪽, 기네아만의 연안까지이다. 아프리카 식민지 국가들에 대한 프랑스의 언

46) 아프리카의 본격적인 식민 확장이 시작되는 19세기 말 이전인, 19세기 중반의 식민정책은 대체로 아시아에 영향을 두는 방향이었다. 프랑스의 경우 17세기에 영국, 네델란드와 함께 동인도회사를 세우고 선교사 살인(1858년)을 이유로 코친차이나에 군대를 파견하여 보호령을 만든다. 그 이후 20세기 초까지 식민전쟁으로 안남, 통칭, 캄보디아의 일부를 장악하여 프랑스는 아시아에서만 본국인구의 반이나 되는 인구를 지배하게 된다.

어정책을 살펴보기에 앞서, 식민지 통치를 위해 프랑스가 취한 정책을 알아보아야 할 것이다. 왜냐하면, 통치 정책이 곧 식민지의 언어정책과 거의 동일하기 때문이다. 프랑스의 아프리카 진출을 위한 공식적인 기구는 1904년 프랑스령 서아프리카연합(AOF)과 1910년 프랑스령 적도아프리카연합(AEF)의 설립이고, 프랑스인들이 처음 시도한 식민정책은 동화 정책이었다. 하지만, 1920년 연합주의 정책으로 바뀌면서 친 프랑스 엘리트 양성과 아프리카인들의 생활, 전통, 종교를 존중하고 더 나아가 보존한다는 "부자적 관계"(l'aspect patriarcal)가 2차 대전 직전까지의 식민정책이 된다.

식민통치의 유형을 통치 강도에 따라 〈종속주의, 동화주의, 자치주의, 연합주의〉라는 4가지로 분류할 수 있다면, 프랑스가 처음 시도했던 '동화주의' 정책은 자국의 우월한 문명을 피식민지국가에 이식하여 일정수준까지 끌어올리고 동화시켜 궁극적으로 자국과 피식민 국가가 동등한 민족이 되는 것을 이상으로 하고 있다. 이에 따르는 동화주의적 언어정책은 당연히 피식민 국가의 언어를 말살하고 자국의 언어를 장려하며 궁극적으로 프랑스어를 국어나 공용어로 만든다는 뜻이다. 이렇게 시작한 언어정책은 당시 프랑스 제국주의자들이 생각했던 것보다 더 효과적인 결실을 맺게 되는데, 왜냐하면, 대부분 아프리카 국가가 뚜렷한 국어나 문자를 갖지 않았기 때문에 대부분의 아프리카 국가에서는 토착어와의 갈등이 거의 없이 프랑스어가 받아들여졌기 때문이다. 또 대부분의 아프리카인들은 서구문명과 동떨어진 그야말로 "원시적인 생활"을 유지하고 있었기 때문에 소수의 엘리트 계층만을 상대로 언어정책이 시행되었기 때문이다[47]. 프랑스의 극소수 엘리트를 위한 교육이

47) 프랑스식 교육을 이수한 엘리트 계층들은 일정한 자격을 가진 후 프랑스

단적으로 잘 드러나는 것이 당시 프랑스 학교에 아동들을 받아들였던 취학연령을 보면 알 수 있다. 당시 프랑스령 식민지였던 1910년의 서아프리카 전 지역에서는 전체 취학연령인구의 약 2%에 불과한 1만 5천 명만이 학교 교육을 받았다. 그리고 26년이 지난 1936-37년에도 학생들의 수는 크게 늘지 않는다[48]. 이는 프랑스가 서아프리카를 지배한 후, 서구 산업화를 위한 원료생산지 확보 정책에 의해 공장설립, 원료집산과 운송을 위한 철도, 항구 건설 등으로 도시가 급격하게 성장하고 또 그 만큼 인구가 팽창했다는 것을 감안한다면 더욱더 형편없는 취학인구라 할 수 있다. 이처럼 프랑스는 토착인들에게 엘리트 교육을 주고 특권을 주는 대신, 교육을 통한 인원의 통제로 극소수에게만 혜택을 누리게 한 것이다. 아프리카에서 프랑스 교육 그리고 언어정책을 토착민들의 문명, 문화의 질적 개선이라기보다는 프랑스 자국의 이익을 극대화하기 위한 통치 수단에 불과했다(이에 반해 벨기에령 프랑스어권 지역은 일반적으로 프랑스어 교육이 심도 있게 진행되어 프랑스령 국가보다 취학률이 높다).

이렇게 10년 이상을 지속한 동화주의 정책은 토착어를 몰아내고 또 피식민국가의 문명을 인위적으로 변경함으로서 토착문명을 파괴하게 되자 프랑스 본국인들로부터도 비난을 사기에 이른다. 그래서 프랑스 제3공화국은 제2차 세계대전이 끝난 1920년에 '연합

시민권을 획득했다.

48) 아프리카 프랑스어권들 모두 일률적인 프랑스어 교육이 적용된 것은 아니었다. 그 식민지의 가치에 따라 그리고 그 국가의 환경에 따라 차별화되어 실시되었는데, 예를 들면 토착어와 공용어의 영향이 약했던 세네갈에서는 프랑스어의 교육이 일반화된 반면, 적도 아프리카, 카메룬 등에서는 교육의 혜택이 적었다. 이성연, 『열강의 식민지 언어정책에 관한 연구』, 박사학위논문(전남대학교 대학원 국어국문학과), 1988, p. 36.

주의' 정책으로 전환하게 된다. 이 정책은 피식민국가의 문명을 인정하고 정치적, 경제적 향상을 위해 지원하는 것이다. 하지만, 프랑스는 일부 종교나 관습 그리고 일부 엘리트 피식민국민을 양성하였지만, 동화주의 정책과 유사한 정치나 행정체제를 유지하였기 때문에 근본적인 변화는 없었다고 할 수 있다. 연합주의 언어정책은 피식민국가의 언어가 존중되고 지배국가의 언어는 강요가 아닌 선택에 의해 배우도록 했지만, 이미 뿌리내린 프랑스어는 독립 후에도 공용어가 되었고, 토착어는 제2언어의 지위로 전락하고 말았다. 제국주의 시대가 끝나고 대부분의 나라들이 독립했지만, 프랑스의 이런 언어정책의 결과와 원조 등으로 아프리카의 프랑스어권 국가는 프랑스와 긴밀한 관계를 계속 유지하고 있는 것이 그 특징이라 할 수 있다.

프랑스가 이렇게 뿌리 깊게 아프리카 프랑스어권 국가에 정착된 것이 위에 언급한 아프리카 자체의 특성에도 기인하지만, 앞서 본 프랑스의 특별한 언어정책도 한 몫을 했다고 말할 수 있을 것이다. 프랑스는 일반적인 교육만이 아니라 국가적 차원에서 언어정책을 실시한 점과 피식민 국가에 본국과 동일한 교육기관인 학교를 세워 고도로 집중된 정책으로 프랑스어를 전파했기 때문일 것이다.

3) 독립 이후 아프리카 프랑스어권 국가의 언어현상

아프리카는 1960년대에 대부분의 나라들이 독립을 맞이한다. 하지만, 거의 모든 프랑스어권 국가들이 식민지로 있을 당시는 물론이거니와 독립을 하고 난 이후에도 지배국가의 언어사용은 계속될 뿐만이 아니라, 더 확대되어 가는 경향마저 보인다. 언어만이 아니라 정치, 경제, 외교 분야에서도 여전히 옛 식민지배자에게 의존하고 있는 현상의 이유를 살펴보자. 먼저 언어영역에 있어 아프리카의 신생독립국가들은 국민들 간의 의사소통을 위해 정치적으로 언어, 특히 문자가 필요했기 때문일 것이다. 서아프리카 만데어 족의 몇몇 부족들이 음절을 기초로 한 고유문자를 사용하는 경우도 없진 않지만, 1,000여 개가 넘는 아프리카 부족들마다 각기 다른 언어를 사용하고, 대부분은 문자가 없기 때문에 옛 식민지배 국가의 언어를 버릴 수가 없었던 것이다. 그리고 이제까지 교육이나 학문 습득을 프랑스어로 받았기 때문에 학문적인 분야에서 보편성을 가지고 있는 프랑스어를 버리지 못하는 것도 한 이유였을 것이다[49].

또한, 정치, 경제, 외교의 영역에서 독립 후에 원수지간이 될 수도 있는 식민지배 국가 프랑스와 피지배국인 아프리카 국가들이 독립 후에도 프랑스의 영향권에 남아있고, 프랑스 역시 그들의 지지를 등에 업고 국제적인 위신을 유지하며 새로운 유형의 관계를 지속하고 있는 것은 왜일까? 그것은 역사적 관련성, 프랑스어를 통한 언어와 문화의 동질성, 지중해를 같이 접하고 있는 프랑스와 아프리카라는 지리적 근접성과 그리고 무엇보다 정치적, 경제적 이익의 극대화를 위한 이유 때문이다. 그것은 정치적으로 대외원조라는 형태로 옛 식민지 국가에게 지금까지도 큰 변화 없이 도움이 지속되고 있고 또 그 특권적 관계로 힘을 얻는 프랑스는 프랑스어

49) 하지만, 언어를 비롯한 교육은 프랑스로부터 독립을 하고 법적으로 프랑스와 대등한 관계를 가지게 됨으로서 아프리카에서 교육이 활발히 진행되고 있는데, 초등학교 학생 비율을 각 국가별로 보면 다음과 같다. 가봉과 콩고; 약 100%, 카메룬; 85%, 코트디부아르; 80%, 중앙아프리카공화국, 베넹, 토고; 각 65%, 세네갈; 40%, 말리; 35%, 기니; 33%, 니제르; 20%, 부르키나파소; 13%로 약 2천 200만 학생이 프랑스어로 초등교육을 받고 있다. 지금과 같은 교육인구의 상승은 단순한 의사 표현을 위한 언어를 배우는 차원이 아니라, 문화 더 나아가 문명을 바꿀 수 있는 발판이 되기에 아프리카의 미래가 과거와 같지만은 결코 않을 것이다.

권의 확대를 공고히 하며, 거대한 프랑스를 지향하며 정치, 경제, 군사에 걸쳐 막대한 예산을 투입하고 있는 것이다. 이제 '프랑스어권 국가연합(OIF)'이라는 이름 아래 프랑스의 주도 아래에 진행되고 있는 관계를 지속, 발전시켜나가는 그 과정은 프랑스 국내의 효용성이라는 문제제기에도 불구하고 국제사회에 새로운 파장을 예고하고 있다고 볼 수 있다.

우리는 흔히 아프리카의 후진성에 대한 이유로 고유문자나 과학과 산업혁명의 부재 그리고 혹독한 자연환경(극한의 우기와 건기 그리고 사막 등)을 들지만 무엇보다 유럽열강에 의한 침탈이 큰 이유일 것이다. 16세기부터 행해진 노예무역으로(중세의 몇몇 아프리카 제국 아산티, 다오메이, 베닌 등은 타 부족을 사냥하여 노예로 판 중간 도매업으로 이익을 취하고 번영했겠지만) 19세기까지 미국이나 유럽으로 팔려나간 노예수가 약 1500만 명이고, 아프리카를 떠난 사람이 6000만 명에 이른다고 한다[50]. 이것으로 야기된 인간성의 파괴와 기존 가치체계의 붕괴가 아프리카를 후진이란 늪으로 던져 넣은 것이 아닐까.

나오며

지금까지 우리는 현재 프랑스어권 국가들이 프랑스어권에 편입되는 과정을 각 대륙을 중심으로 살펴보고, 또 대륙별 프랑스어의 전파 양상, 그리고 특히 프랑스어권 아프리카에 대한 프랑스 언어정책 등을 살펴보았다[51].

---

50) 권명식, 『아프리카학 입문』, 명지출판사, 1988. P. 45.

51) 그 과정을 "국제적 관점"으로 간추려 보면, 프랑스어가 국제어로 사용되기 시작한 것이 17세기 루이 14세까지 거슬러 올라가고, 유럽 상류계층

유럽에서는 중세의 프랑시앵이 다른 여러 방언을 지배하며 현재의 프랑스 표준어로 정착되는 과정과 프랑스 국경 부근에 산재해 있던 갈로-로망 방언 사용지방이 국가로 형성되면서 현재의 프랑스어권 국가가 되었다. 그리고 북아메리카는 16세기 식민주의의 산물로 프랑스인들의 직접적인 이민에 의해 사회와 문화가 형성되어 지금의 퀘벡 중심의 프랑스어권 지역이 생겨났다. 하지만, 영어권과의 끊임없는 갈등으로 현대에 와서도 분리 독립하여 별개의 국가가 될 수 있는 가능성은 높다. 그 이유는 캐나다의 현 정치 형태가 연방주의이기 때문이다. 다민족, 다문화, 이중 언어, 연방주의로 대표되었던 캐나다가 지금까지는 표출된 문제들을 원만하게 해결해 왔지만, 이 위기는 결코 쉽게 사라지지는 않을 것이다. 아프리카의 경우는 각 프랑스어권 각 국가마다 정도의 차이는 있지만, 프랑스의 언어 정책은 하급관리들을 만들기 위한 기반작업이었다. 결과적으로 제국주의 정책은 아프리카인들의 프랑스어 사용에 대한 반감에도, 프랑스어의 사용지역과 프랑스어의 국제적 위상을 회복시켜주는 역할을 했다. 그리고 프랑스에 있어 아프리카의 중요성은 비단 식민, 제국주의시대 뿐만이 아니라 프랑스어권 국가의 독립 이후에도 중요한 위치를 차지하고 있는데, 그 이유는 먼저 아

에서 교양언어로 인식되었다. 제정 러시아에서 20세기 초인 1914년까지 귀족, 부르주아 계층의 상용어였다. 하지만, 제1차 세계대전이 끝나면서, 영어에게 그 이전까지 누려왔던 프랑스어의 위상을 내주고 국제어로 거의 막을 내리게 된다. 그러다가 1960년이 되면서 그때까지 식민지로 남아있던 아프리카 국가가 독립하고, 신생독립국은 다시 프랑스어를 매개로 한 국가연합을 제안하여, 그해 프랑스 사용국들이 국립 교육부 장관회의(CONFEMEN)를 개최한다. 신생국들이 UN에 가입함으로서 프랑스어의 영역이 확산된다. 그리고 1986년 미테랑대통령 주재 아래에 프랑스어권 국가들의 첫 정상회담을 계기로 세계에서 프랑스어가 다시 한 번 영향력 있는 국제어가 될 발판을 마련한다.

프리카 프랑스어권 국가가 지지하는 정치적 성원이다. 그 다음으로는 경제의 기반이 되는 원료공급, 상품판매, 투자 등의 경제적 이유이며, 마지막으로는 프랑스가 주창한 '프랑스어권 국가연합(OIF)'의 회원국 절대다수가 아프리카 국가라는 데에서도 잘 드러나고 있듯이, 동일한 언어 공동체를 바탕으로 프랑스 문화의 확산을 위한 주요 대상이 되는 대륙이기도 하기 때문이다.

식민지들이 독립을 한지도 거의 반세기가 되는 이때 프랑스어권의 편입이니 식민주의니 제국주의니 하는 논의는 어쩌면 과거에 연연하는 때늦은 것으로 보일지도 모른다. 하지만, 요즈음 들어서 전 지구가 다각화되고 또 지역별로 블록화 되는 요즈음의 추세를 감안해 보면, 그리고 유엔을 제외하고는 최고 회원국을 가진 '프랑스어권 국가연합'의 종주국과 회원국 간의 관계를 감안해 본다면, 이러한 논의는 오히려 새로운 국면을 맞고 있다고 말할 수 있을 것이다.

이들 지역의 관계를 이해하면서 21세기의 새로운 시장으로 떠오르는 아프리카 및 프랑스어권 국가로 한국 기업이 진출하고 또 한국과 동반자적 관계를 구축하기 위해서는 우리에게 잘 알려진 일부의 국가뿐만이 아니라, 대부분의 프랑스어권 국가와 같이 생소한 국가에게도 이해의 폭을 넓혀야할 것이다. 21세기에 들어오면서 세계는 더욱 작아지고 국가 간의 관계는 점점 더 가까워지고 있기에, 지금까지 우리에게 관심을 주지 않았던 오지의 아프리카 국가라도 정치적이든 경제적이든 어떤 유용한 관계를 가질 수가 있을 것이기 때문이다. 이런 점에서 그물망처럼 얽혀있는 약 60개국들이 연합하여 문화적, 사회적 영역뿐만이 아닌 정치적, 경제적, 군사적 관계를 모색하는 '프랑스어권 국가연합(OIF)' 국가에 관한 연구는 중요한 의의를 지닌다 하겠다.

참고문헌

권달천, 『현대 서양사 강의』, 늘함께, 1993.

권명식, 『아프리카학 입문』, 명지, 1988.

김승민 · 이복남 · 한양환, 『세계 프랑스어권 지역연구』, 푸른길, 2003.

김의락, 『떠오르는대륙, 아프리카 문화』, PUFS(부산외국어대학교출판부), 2002.

김현권, 『프랑스어 발달사』, 한국문화사, 2000.

마르셀 꼬멩, 『프랑스어사』, 어문학사, 1996.

이성연, 『열강의 식민지 언어정책에 관한 연구』, 박사학위논문(전남대학교), 1988.

이창순, 『프랑스어사 개요』, 신아사, 2000.

원윤수, 『프랑스어 문화권의 이해』, 서울대학교출판부, 1994.

원윤수, 『진정한 세계화의 모색: 프랑스어권의 경우』, 서울대학교출판부, 2000.

전동진, 「아프리카 프랑화지역(zone franc) 국가들에 있어서 프랑스의 정치·경제적 영향력에 관한 연구」, 『21세기 정보학회보』, 제11집 1호, 2001.

한양환, 「프랑스어권 지역연구와 프랑스어교육의 활성화」,『한국프랑스학논집』, 제29집, 2000.

Agence de la francophonie, Quelle francophonie pour le XXIe siècle?, ed. Agence de la francophonie : Karthala, 1997.

Barrat J. Géopolitique de la francophonie, ed. Presses Universitaires de France, 1997.

Blancpain M. et Reboullet A., Une langue: le français aujourd'hui dans le monde, Hachette, 1976.

Cohen M., Histoire d'une langue, le français, D'hier et d'aujourd'hui, 1947.

Epinette F., La question national au Québec, Que Sais Je?, P.U.F, 1998.

HAUT CONSEIL DE LA FRANCOPHONIE, État de la francophonie dans le monde: données 1999-2000 et 6 études inédites, ed. La documentation française, 2001.

Jean-Louis M., Histoires d'Outre-Mer. Mélanges en l'honneur, Pu Provence, 2000.

Picoche J. et Marchello-Nizia C., Histoire de la langue française, Nathan, 1989.

Pierre P., Histoire de la colonisation française, Fayard, 1991.

Prignitz B., Francophonies africaines, ed. Presses Universitaires de Rouen, 1998.

Abou S. et Haddad K., Une francophonie différentielle, ed. L'Harmattan, 1994.

Teulières A., Outre-mer français et exploitation des océans, Orstom, 2000.

Walter H., Le Français dans tous les sens, Robert Laffont, 1998.

인터넷 참고사이트

http://www.lemonde.fr/recherche_resultats/1,9687,,00.html

http://www.monde-diplomatique.fr/

http://www.mofat.go.kr/

제2장
프랑스 해외영토의 어제와 오늘

들어가며

프랑스 해외영토의 연구는 과거 제국주의의 전신인 식민주의의 이해 그리고 더 나아가 현재의 프랑스어 문화권 국가를 체계적으로 이해하기 위한 기반작업이 된다. 프랑스 해외영토는 프랑스와 프랑스어권 국가 사이에서 프랑스 본토가 아니면서 프랑스와는 떨어질 수 없고, 그렇다고 프랑스어권 국가라고 하기에는 너무 밀접한, 특별한 위치에 있다.

현재, 총 면적 559,071㎢ 인구 170만 명에 이르고 해상경제수역 10,802,125㎢를 제공해 주고 있는 프랑스 해외영토는 프랑스로 하여금 세계 제3위의 해양세력을 가질 수 있게 해주었다. 그러나 프랑스에서 해외영토의 중요성은 해양뿐만 아니라 정치, 경제, 사회 및 문화를 비롯하여 과거와 현재 프랑스의 여러 국면에 걸쳐 밀접하게 관련되어 있다. 프랑스와 60여 개에 이르는 프랑스어권 국가

(La Francophonie) 사이의 가교처럼 존재하는 프랑스 해외영토는 그 중요성에 비해, 우리에게는 프랑스의 한 변방이거나, 아니면 여러 프랑스어권 국가에 속하는 하나의 국가로만 취급되어온 감이 없지 않았다.

프랑스 해외영토의 과거 역사와 현재의 정치, 행정을 다루는 본 장에서는, 역사적인 기록이나 객관적인 사실에 의존할 수밖에 없는 한계가 있어, 단순한 역사의 나열과 해외영토의 개괄적 소개 정도에 머무를 수도 있다. 하지만, 앞에서 언급한 프랑스 해외영토에 대한 연구의 중요성과 필요성에 근거하여, 과거 프랑스 식민시대와 현재 영토별 지위와 현황 등을 살펴보면서 비교적 생소하게 느껴지던 프랑스 해외영토에 대한 정확한 이해에 한 걸음 더 다가가고자 한다.

프랑스 해외영토의 이해는 프랑스에서 프랑스어권 연구로 그 범위를 확대시켜 주는 가교 역할을 하는데, 지금까지 프랑스어권에 대한 국내연구는 초보적 단계라고 할 수 있다[1]. 먼저 프랑스, 프

---

1) 서울대 불어문화권연구소에서 나오고 있는 『불어문화권연구』가 프랑스어권에 대한 연구교류 활동 및 이 지역에 대한 연구를 활발히 진행하고 있으며, 연구논문으로는 한양환의 「불어권 지역연구와 불어교육의 활성화」 『프랑스학논집』 및 「佛語圈 흑아프리카 : 對佛 종속관계의 현황과 전망」 『한국프랑스학논집』, 최병대의 「프랑코포니(francophonie) 프랑스어 사용국가들의 특성」(성균관 대학교 인문과학연구소), 진형준의 「프랑코폰 연구; 모로코의 정치상황」 등을 들 수 있다. 프랑스의 해외영토의 역사와 법적지위 등에 관한 연구는 아직은 미흡한 단계인 것이 사실이다. 하지만, 프랑스문화를 소개하는 책자에서는 간간이 이 지역을 다루고 있기는 하다. 이창순, 『프랑스 문화의 이해』(학문사, 2002)가 그 좋은 예이지만, 해외영토가 생겨나게 된 배경이나 이들 영토의 자주권을 비롯한 법적 지위의 차이에 대한 논의는 미흡하다. 또 최호열의 『프랑스와 프랑스인』(어문학사, 2000)은 프랑스 해외영토에 대한 개략적인 안내를 하고 있다. 우리가 이 주제에 관심을 갖게 된 데에는 이런 선행 연구의 도움이 결코 적지 않았다.

랑스 해외영토 그리고 프랑스어권 국가에 대한 각각의 정의에 관하여 간략한 고찰을 하고자 한다. 이 세 영역에서 가장 상위 개념이자 포괄적인 개념은 프랑스어권이며, 이는 프랑스 및 프랑스 해외영토를 포함한다. 각각의 세부적인 개념 정의는 아래와 같다.

프랑스란 새삼 언급할 필요가 없을 만큼 명확하다. 일찍이 시민혁명으로 정치적 자유를 확립했고, 예술에서 첨단과학까지를 선도해 나가는 나라이며, 지리적으로 볼 때 서유럽에서 영국과 영국해협을 사이로 마주한 나라로 면적은 547,030 ㎢인, 그야말로 '프랑스 본토'이다.

프랑스 해외영토란 다분히 정치, 행정적 관점으로 프랑스에 귀속된 영토이며, 세계 전역에 걸쳐 10개나 되는 해외영토의 민족과 인종은 극도로 다양하다[2]. 이들 프랑스 해외영토의 위치는 아래의 지도[3]와 같으며, 이를 대륙 및 대양으로 구분해보면 다음과 같다[4].

1) 북아메리카 대륙 및 북대서양(Amérique et Atlantique du Nord): 생-피에르-에-미클롱 섬(St-Pierre-et-Miquelon).
2) 남아메리카 대륙 및 서인도제도 카리브(Amérique du Sud et Caraïbes Atlantique): 과들루프(Guadeloupe), 마르티니크(Martinique), 기아나(Guyane).
3) 아프리카 및 인도양(Afrique et Océan Indien): 마요트(Mayotte),

2) 10개의 해외영토 이외에도 약 10개의 무인도들이 프랑스 해외영토에 편입되어 있다.
3) 위키페디아의 지역정보 참조, http://fr.wikipedia.org.
4) 위의 다섯 대륙과 대양의 지리적 구분은 프랑스 식민주의 정책과 해외영토의 역사적 관련성에 대한 조망을 용이하게 하는데, 위 순서에 의거하여 해외영토에 대한 프랑스의 점령 시기와 식민 동기 등을 차례로 고찰할 것이다.

레위니옹(Réunion).

4) 남태평양제도(Océan Pacifique): 뉴칼레도니아(Nouvelle-Calédonie), 프렌치 폴리네시아(Polynésie Française), 왈리스퍼투나(Wallis-et-Futuna).

5) 남극대륙 및 남빙양(Terres Australes et Antarctiques): 테르-오스트랄-에-앙타르티크-프랑세즈(Terres Australes et Antarctiques Françaises).

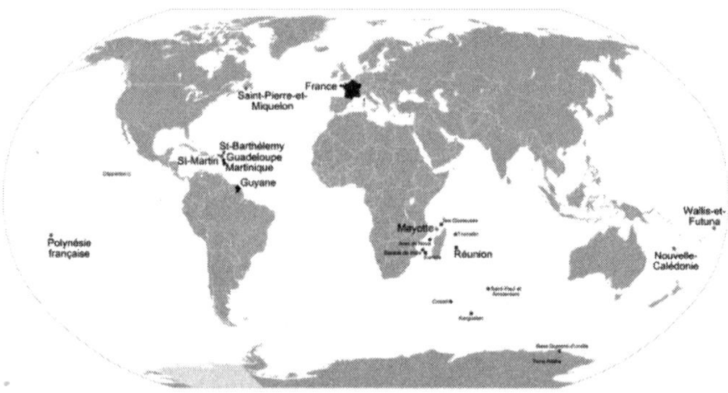

[그림 2-1] 프랑스 해외영토의 위치[5]

프랑스나 프랑스 해외영토보다 개념정리가 어려운 것이 프랑스어권 국가(La Francophonie)이다. 이것의 사전적 의미는 "프랑스어 문화권 국가 사람들의 총체(Ensemble des peuples francophones)"[6]이다. 보다 더 정확한 의미와 범위를 알기 위해서 Francophone이란 어휘를 보자.

---

5) http://fr.images.search.yahoo.com 참조.

5) Paul Robert, *Petit Robert: Dictionnaires Le Robert*, P. 824

"Qui parle habituellement le français, au moins dans certaines circonstances de la communication, soit comme langue maternelle, soit comme langue seconde. *Les Africains francophones.* (En parlant d'un groupe, d'une région). Dans lequel le français est pratiqué en tant que langue maternelle, officielle ou véhiculaire (même si les individus ne parlent pas tous le français). *Le Maghreb francophone. La partie francophone de Montréal. Subst. (Surtout au plur.). Personne appartenant à une telle communauté".*

"프랑스어를 일상적으로 말 하든가, 적어도 대화중의 적절한 상황에서, 모국어나 또는 제2 외국어처럼 말하는 사람. *아프리카 프랑스어 문화권.* (집단이나 지역을 말할 때). 그 곳에서 프랑스어가 모국어, 공용어 또는 매개 언어로 사용될 때이다 (그곳의 모두가 프랑스어로 말하지 않는다 할지라도). *북 아프리카 프랑스어 문화권.* (마그레브: 모로코, 튀니지, 알제리를 포함하는 북 아프리카 영역). 몬트리올(캐나다) 프랑스어 문화권 지역. 명사로 쓰일 때 (특히 복수형). 그러한 단체에 소속된 사람"[7].

이상의 사전적 의미를 종합해 보면 La Francophonie는 "프랑스어를 사용하는 국가"라고 간단히 규정지을 수 있을 것 같지만, 그렇지만은 않다. 왜냐하면, 프랑스어를 제2 외국어처럼 말하는 나라는 세계 거의 대부분 나라들이 속하기 때문이다. 일반적으로 대문자 Francophonie를 프랑스어를 공용 또는 상용어로 사용하는 나라, 소문자 francophonie는 프랑스어를 일상생활에서 사용하는 프랑스어권인들이라 하는 데는 의문의 여지가 없다. 하지만, 구체적으로 이에 속하는 나라의 수는 기존 연구자들마다 그 범위를 달리하고 있다. 어쩌면 정확한 범위를 정하는 것이 불가능할지도 모른다. 2000년의 경우[8], 프랑스어권국가연합(La Francophonie)은 46개

---

7) *Ibid.* p. 824.

회원국[9](35개 프랑스어 공용어 국가)로 규정했다. 그리고 2002년에는 총 54개국을 회원국으로 규정하면서도 회원국(Membre), 준회원국(Associé) 그리고 입회국(Observateur)으로 구분하고, 또한 캐나다와 퀘벡 주를 두개의 회원국으로 분리하고 있다.

프랑스어권의 범위를 보다 구체적으로 살펴보기 위해 국가별 언어사용을 기준으로 5개의 카테고리로 구분한다. 2003년 프랑스어권 국가를 기준으로 살펴보면 먼저, 프랑스어 유일 공용어 국가(26개국)와 프랑스어 공용어 국가(2개 언어 이상, 13개국), 프랑스어 상용 국가(공용어 없음, 5개국), 프랑스어 상용 국가(공용어 있음, 15개국), 크레올 및 프랑스 방언 상용 국가(5개국)로 분류된다[10].

---

8) 2009년 8월의 최근 자료는 1장의 "세계 프랑스어권 국가의 형성에 관한 연구: 역사 및 언어를 중심으로"를 참조.

9) 한양환, 「불어권 지역연구와 불어교육의 활성화」, 『한국프랑스학논집』, 제29집, 2000, p. 6.

10) 2003년 프랑스어 문화권 국가의 사용언어를 국가별로 살펴보면 다음과 같다.

(1) 프랑스어 유일 공용어 국가 및 지역(26개국)
유럽: 프랑스, 모나코. 아메리카: 과들루프(프랑스령), 기아나(프랑스령), 뉴칼레도니아(프랑스 령), 테르-오스트랄-에-앙타르티크-프랑세즈(프랑스 령), 마르티니크(프랑스 령), 생-피에르-에-미클롱(프랑스 령), 아이티, 왈리스퍼투나(프랑스 령), 폴리네시아(프랑스 령). 아프리카: 가봉, 기니, 니제르, 레위니옹(프랑스령), 말리, 마요트(프랑스 령), 베넹, 부르키나파소, 세네갈, 중앙아프리카, 코트디부아르, 콩고, 콩고민주, 자이레 공화국, 토코.

(2) 프랑스어 공용어 국가 및 지역(2개 언어 이상, 13개국)
유럽: 룩셈부르크(룩셈부르크어, 독일어, 프랑스어, 영어), 벨기에(플라망어, 프랑스어, 독일어), 스위스(독일어, 프랑스어, 이탈리아어), 아메리카: 캐나다(프랑스어, 영어). 아프리카: 르완다(킨야르완다, 프랑스어, 영어), 마다가스카르(프랑스어, 말라가시), 브룬디(키룬디, 프랑스어), 세이셸(영어, 프랑스어), 적도기니(스페인 어, 프랑스어), 지부티(프랑스어, 아랍어), 챠드(프랑스어, 아랍어), 카메룬(영어, 프랑스어), 코모로(아랍어, 프랑스어).

(3) 프랑스어 상용 국가 및 지역(공용어 없음, 3개국)

이처럼 프랑스어는 각 국가의 사회언어학적 환경에 따라 다양한 사용 형태를 취하고 있다. 이를테면, 프랑스어가 널리 쓰이는 프랑스, 모나코, 퀘벡 등이 있는 반면, 중앙아프리카공화국, 말리는 인구의 10%만 사용하고, 심지어 몇 개의 다른 상용 언어와 프랑스어가 함께 쓰이는 나라도 있다. 프랑스 해외영토에는 프랑스어가 공용어로 되어 있어도 마요트처럼 정치적 언어로만 사용되기도 하는 등 이들의 사회언어학적 환경은 그야말로 다양하다.

프랑스 해외영토에 대한 연구는 해당 지역에 대한 이해뿐만이 아니라, 프랑스나 프랑스어권을 명확히 이해하기 위해서라도 반드시 병행되어야 할 것이다. 이런 문제의식에서 우리는 프랑스의 해외영토는 어떻게 생겨났으며, 또 이 해외영토에는 어떤 종류가 있고, 그 각각의 해외영토들은 어떤 법적, 행정적인 차이를 갖고 있는지를 살펴보고자 한다. 이는 프랑스와 이 지역 간의 상호연관성을 이해하는 기반 연구가 될 것이다. 이에 본 장에서는 프랑스란 나라에도 속하고, 프랑스어권 국가의 일원이기도 한 이중적 성격을 띠고 있는 프랑스 해외영토에 대한 나름대로의 규정을 시도해 보고자 한다.

유럽: 구에른시(영어, 프랑스어, 노르만-프렌치 방언), 안도라(카탈로니아어, 프랑스어, 카스티야어), 져지(프랑스어, 영어).

(4) 프랑스어 상용 국가(공용어 있음, 15개국)
유럽: 그리스(그리스어). 아메리카: 그레나다(영어), 도미니카(영어), 트리니다드 토바고(영어), 브라질(포르투갈어), 아르헨티나(스페인어). 아프리카: 모로코(아랍어), 모리셔스(영어), 모리타니(하사니야 아랍어, 월로프), 알제리(아랍어), 이집트(아랍어), 튀니지(아랍어). 아시아: 베트남(베트남어), 라오스(라오어), 캄보디아(크메르어).

(5) 크리올 및 프랑스 방언 상용 국가(5개국)
아메리카: 바하마, 버진 아일랜드, 세인트 루시아, 세인트 빈센트 & 그레나딘스, 자마이카.

Ⅰ. 프랑스 해외영토의 역사

식민지 보유 측면에서 영국 다음으로 세계 2위를 자랑했던 프랑스는 아직도 외교적 차원에서 강한 힘을 발휘하고 있다. 예를 들면, 프랑스는 옛 식민지 국가인 중앙아메리카·콩고·가봉·세네갈·차드 등이 독립한 후에도 이들 국가와 함께 공동체를 구성하면서, 이들 나라에서는 맹주로, 유럽에서는 유럽연합(EU)을 주도하는 리더로서, 국제연합(UN)에서는 상임이사국으로서 중요한 위치를 차지하고 있다. 이러한 역사적 배경에는 프랑스의 식민주의 및 제국주의가 있다.

프랑스 식민주의 역사를 특히 종교적 이유로 세계를 정복하고자 했던 11세기부터 그 기원을 두는 역사학자도[11] 있지만, 일반적으로는 15세기 지리상의 발견[12] 이후로 보아야할 것이다. 앞서 언급된 프랑스의 옛 식민지 국가(현 프랑스어권 국가)는 대부분 제국주의의 산물인데 반해, 프랑스 해외영토는 더 오래된 식민주의의 결과라고 할 수 있고, 그 역사를 간단히 살펴보면 다음과 같다.

유럽에서 가장 먼저 팽창을 했던 포르투갈은 15-16세기에 인도, 동 인도로 진출하여 상업과 무역에 주력하였지만, 16세기 초반에서 중반까지 스페인은 주로 라틴아메리카의 영토 확장과 기독교

---

11) Pluchon Pierre, *Histoire de la colonisation française*, Fayard, 1991, p. 17.

12) 15세기 항해왕자라 불리는 헨리(Henry 1394-1460)가 보야도르에 도달하면서 새로운 항해의 문이 열린다. 이어 이탈리아 제노바 출신의 콜럼버스(Christopher Columbus 1446-1506)가 아메리카 대륙을 발견하고, 포르투갈 출신의 마젤란(Ferdinand Magellan 1480-1531)이 태평양을 건너 세계 일주를 한 16세기 초엽까지는 대륙과 해상에 대한 탐험의 기간이었다. 하지만, 그 몇 년 이후부터는 사정이 달라졌다. 바로 식민의 시기가 도래했던 것이다.

선교를 하면서 유럽의 식민의 역사가 시작된다고 할 수 있다. 이 두 나라의 영토 확장에 고무된 유럽나라들 중 하나인 프랑스는 17세기에 와서 영국, 네덜란드와 함께 북 아메리카와 서인도제도에 관심을 두면서 실제적 식민정책이 펼쳤는데, 이처럼 늦게 관심을 둔 프랑스와 영국 두 나라가 18세기에 와서는 유럽 식민주의의 실세가 되어, 서부 동인도제도와 인도를 포함하는 여러 지역에 광대한 식민지를 가지게 된다. 하지만, 프랑스는 결국 영국과의 7년 전쟁(1756-1763)에 패함으로서 많은 개척지와 식민지를 잃게 된다[13]. 19세기 제국주의[14] 시대에 들어와 프랑스는 다시 식민정책을 시도하는데, 19세기에서 20세기 초에 이르는 기간 동안 921만㎢에 달하는 광대한 영토를 정복하게 된다. 이 전성기에는 식민지의 면적에 있어 영국을 능가하게 된다.

이 제국주의의 시기에 프랑스의 지배를 받았던 아시아, 특히 아프리카 대륙에 분포해 있는 수많은 국가를 프랑스어권 국가(La Francophonie)[15]라고 하는데, 이들 대부분의 나라들은 현재 프랑스

---

13) 18세기 식민지 패권다툼으로 야기된 프랑스와 영국 간의 전쟁인 7년 전쟁은 신대륙에 있던 프랑스인과 영국인 사이의 갈등에서 시작되었다. 이후, 이 충돌은 아시아, 아프리카로 확대되고, 급기야 다른 유럽의 국가까지 가세하여 7년 동안의 전쟁이 벌어지게 되었다. 이 전쟁에서 패한 프랑스는 1763년 파리조약으로 미시시피 강과 5대호 연안에 있던 광대한 영토와 인도의 일부분, 서아프리카의 세네갈과 캐나다까지 영국에 양도하게 된다.

14) 유럽의 국가들이 해외영토를 확장하던 시기를 크게 식민주의시대와 제국주의시대로 대별될 수 있다. 16세기에 시작된 지리상의 발견으로 인한 프랑스 및 유럽의 해외팽창주의가 식민주의이고, 제2차 산업혁명, 즉 1870년대 시장과 원료자원의 확보를 위해 새로운 영토 경쟁이 야기되는 시기를 제국주의라고 구분할 수 있다.

15) 현 프랑스어권 국가에 가입한 아프리카 국가는 인도양 도서를 포함하여 총 25개 국가이며 인구는 1억 7천이나 된다. 한양환, 「불어권 흑아프리카: 대불 종속관계의 현황과 전망」, 『한국프랑스학논집』, 제23집, 1997.

로부터 독립되었다. 하지만, 지금까지 프랑스령 해외영토로 남아있는 대부분의 영토는 17-18세기, 프랑스의 초기 식민주의의 흔적으로 제국주의와의 관련성은 적은데, 각 영토의 발견에서 식민 배경을 대륙과 대양별로 구분하여 살펴보자.

1. 프랑스 식민주의의 요람: 북 아메리카 대륙 및 북대서양(Amérique et Atlantique du Nord)의 생-피에르-에-미클롱 섬(St-Pierre-et-Miquelon)

프랑스 식민주의의 실제 시작이 포르투갈이나 스페인보다 뒤진다고 앞서 말한 바 있다. 하지만, 그것이 프랑스의 식민욕구가 적었다든가 또는 없었다는 뜻은 아니다. 1524년 피렌체 출신의 조반니 다 베라차노가 프랑스의 의뢰를 받아 북서쪽 항로를 탐사한 것이나, 1534-1541년에 걸쳐 작크 카르티에(Jaques Cartier 1491-1557)가 세인트 로렌스 만에 이르고 급기야 캐나다를 발견한 사실은 프랑스가 해외영토에 대한 꾸준한 관심을 보여준 증거라 할 수 있다.

북대서양에 유일하게 남아있는 프랑스 해외영토 생-피에르-에-미클롱(St-Pierre-et-Miquelon) 섬은 왕성했던 초기 프랑스 식민주의의 흔적이라 할 수 있다. 1535년 6월 쟈크 카르티에가 캐나다에 두 번째 원정 이후 귀환하면서 이 섬을 발견하고 프랑스와 1세란 이름을 지어주었다.

작크 카르티에의 발견이 있고도 약 한 세기가 지나서야 이 섬에 사람들의 거주가 시작되는데, 1660년 경 프랑스의 브레타뉴, 노르망디 그리고 바스크 지방의 사람들이 고래사냥을 위해 이곳에 왔을 때부터이다. 이 섬도 다른 해외영토들처럼, 영국과의 분쟁 그리

---

p. 9.

고 뺏고 뺏기는 여러 번의 분쟁이 있은 후, 1814년의 파리조약에 의해 정식으로 프랑스령이 된다.

생-피에르-에-미클롱 섬보다, 이 곳 북 대서양 근해에서 가장 주요한 영토는 대륙의 누벨 프랑스(캐나다)와 마농레스코[16]의 강제 유배지로 유명한 루이지애나(미국)로서, 프랑스 식민에 있어 가장 뼈아픈 역사가 있었던 곳이다[17].

프랑스인들에게 캐나다는 단순한 식민지 이상이었다. 1642년 빌-메르(Ville-Maire, 몬트리얼)을 축성하고 1663년 루이 14세가 왕실정부를 설치하였으며, 또한 프랑스의 자치지방과 같은 체제를 확립하였고, 18세기말에는 북미대륙의 절반까지 영토를 확장시켰다. 캐나다

16) 아베 프레보 데그질(Abbé Prévost d'Exiles, 1697-1763)의 소설 "마농레스코(Manon Lescaut, 1731)"의 무대가 되었던 루이지애나, 그는 이 작품을 통하여 마농레스코를 향한 남자 주인공 데그리외(Des Grieux)의 엄청난 열정과 숙명적인 사랑을 보여준다. 이 소설에서 루이지애나는 당시 부랑배와 범죄자들의 유배지로 그려지고 있다.

17) 1534년 작크 카르티에가 캐나다를 발견하고 그는 모피장사, 어로 및 목재로 이득을 취한다. 그 이후 1608년 지도제작자이자 항해사인 샹플랭(Samuel de Champlain 1567-1635)이 북 아메리카를 탐험하여 퀘벡시를 건설하고, 그 곳에 상업과 무역을 위한 기지를 건설함으로서 캐나다의 본격적 식민지가 시작되었다. 또한, 1682년 2월 프랑스의 카벨리에 드 라 살(Rene Robert Cavelier de La Salle 1643-1687)이 미시시피 강 유역의 루이지애나에 식민지를 건설하게 된다. 이 시기는 북 대서양에 프랑스 식민주의가 개화하는 시기로 북에서 남으로 그 영향력은 확대되어 급기야 앤틸리스 해까지 뻗친다. 이에 영국도 프랑스 못지않은 세력으로 영토 확장에 열 올려 종전까지 스페인, 포르투갈인들에게 독점적으로 지배되었던 영토들이 점차 이 후발주자들에게 그들의 영토들을 내주게 된다. 일부 역사가들은 유럽 17세기 탐험가들이 그 이전과는 다르게 학술적인 관심이 더욱 컸다라고 평하고 있다. 하지만, 프랑스의 아메리카회사, 영국의 동인도회사, 네덜란드의 서인도회사 등 많은 식민지 독점회사들의 출현으로 모든 종류의 상품을 거래하게 되는 그 상황으로 보아, 역시 17세기에도 상업과 무역이 탐험과 식민주의의 주요한 관심사였다는 것을 부정할 수 없다.

는 프랑스인들에게 자국과 거의 동일한 그야말로 “새로운 프랑스” 였던 것이다.

하지만, 프랑스 세력의 경쟁자이자 숙적인 영국이 1754년 7월부터 7년 간 계속된(1760년까지) 식민지 전쟁(7년전쟁)에서 승리함으로서 프랑스는 1534년부터 200년도 더 넘게 지배해온 캐나다를 넘겨주어야 했다(파리조약). 이 두 나라의 식민주의 쟁탈전이 그토록 활발히 진행될 수 있었던 것은 리셜리외(Armand Jean du Plessis Richelieu 1585-1642)와 찰스 1세 간의 경쟁심과 후원자들이 원인이 된다. 특히, 프랑스는 정부가 식민주의를 직접적으로 후원하고 또 주도하여 관리임명과 식민지 전투에서 프랑스 정규군을 투입하였다. 그럼에도 그 영토를 다른 나라도 아닌 숙적 영국에 넘겨주어야 했을 뿐만 아니라, 17세기 라살(La Salle)이 축성했던 루이지애나의 광대한 영토[18]를 나폴레옹 전쟁시기인 1803년 4월 3일 미국에 1500만 불로 양도하게 됨으로서, 가장 광대했던 프랑스 식민지 영토는 사라지게 된다.

북대서양과 북아메리카 대륙의 찬란했던 프랑스 식민주의의 흔적처럼 남아 그때의 추억을 일깨워주는 영토가 바로 생-피에르-에-미클롱 섬이다. 이 제도는 생-피에르와 미클롱이란 두 섬으로 이루어져 있고, 1816년부터 영구적으로 프랑스령이 되었다. 이 섬에 많은 명사들이 찾아와 명성을 드높였는데, 그 중 “기독교의 정수”로 잘 알려진 프랑스 작가 샤토브리앙(1768-1848)이 1791년 방문해 이 섬에서 영감을 받아 작품을 쓰기도 했다.

---

18) 당시는 현재의 미 북부 다코다, 네브라스카, 오클라호마, 아이오와, 미네소타, 칸서스, 미조리 등을 포괄하였음.

2. 비옥한 농지, 노예, 분쟁의 역사: 남 아메리카 대륙 및 서인도제도 카리브(Amérique du Sud et Caraïbes Atlantique)의 과들루프(Guadeloupe), 마르티니크(Martinique), 기아나(Guyane)

서인도제도의 카리브 해는 프랑스인들에게 앤틸리스 제도(Les Antilles)로 더욱 잘 알려져 있으며, 과들루프, 마르티니크제도들은[19] 프랑스가 북대서양 영토를 점유한 직후인 1635년에 점령되었다. 기아나는 영국, 프랑스, 네덜란드 세 나라가 기아나 지역에 식민지를 세우는 17세기 중반부터 통치가 시작되었다. 앤틸리스 제도의 프랑스 영토들은 무엇보다 비옥한 농지로 인하여 농산물과 그에 따른 노예제 등으로 수많은 분쟁이 있었던 곳인데, 역사적 배경을 살펴보면 다음과 같다.

프랑스 정부가 후원하는 식민지 독점회사인 아메리카제도 회사에 의해 이 두 섬이 프랑스령으로 귀속되었다. 두 도서는 먼저 담배와 설탕을 생산하였지만, 풍토에 맞지 않아 열대기후에 알맞은 작물을 재배하게 된다. 농작물 재배가 활성화되면서 부족한 노동력을 보충하기 위해 1650년 아프리카로부터 노예가 들어오고, 아울러 백인 등 수많은 사람들이 섬에 몰리게 된다. 17세기말 과들루프의 인구분포를 보면 40,000명의 주민들 중 26,000명이 노예, 9,000명이 백인, 1,100명이 혼혈 그리고 76명이 카리브인들이었다[20].

농업의 지속적 성장은 인구증가를 불러 1788년경 과들루프의 인

---

19) 카리브 해의 이 두 도서의 발견은 콜럼부스에 의해서인데 과들루프는 1493년 11월 4일, 마르티니크는 1502년 생-마르텡(Saint-Martin)의 날에 공식적으로 역사에 올랐다. 그 훨씬 이전엔 카리브 인디언들이 살고 있었는데, 그들은 과들루프를 "Karukera" 또는 "물 좋은 섬(l'île des bonnes eaux)"라고 했고 마르티니크를 마디니나 "꽃의 섬(Madinina)"이라 불렀다.

20) http://www.cr-guadeloupe.fr/html/guadeloupe.htm, p. 3.

구는 101,971명, 마르티니크도 88,870명으로 불어났다, 세부적인 인구 분포를 보면, 과들루프의 경우 총 인구의 101,971명 중 84%가 노예, 13%가 백인, 3%가 혼혈 또는 자유 노예였다. 그리고 마르티니크는 88,870명 중 83%가 노예, 12%가 백인, 5%가 혼혈 또는 자유 노예들이었다[21].

경작지 또한 각각 51,279 ha와 38,702 ha에 이르게 되어, 사탕수수, 인디고, 면직물 등의 농산물들이 프랑스 본토로 유입되었으며, 농산물을 둘러싼 원주민과 타 유럽인들의 갈등은 심화된다. 과들루프에서 1685년에 일어난 노예들의 폭동도, 그 때문이었다. 영국도 마르티니크에 지대한 관심을 갖고 있었기에, 1794년에서 1815년 사이에 여러 번 섬을 침략하여 점거하기도 했다.

프랑스가 혼란했던 시기에 마르티니크는 영국의 통치 아래에 있었으므로, 유혈 폭동과 프랑스 혁명을 피할 수 있었고, 이주민과 공장주들은 그 혼란한 시기에 재배한 사탕수수를 프랑스보다 영국 시장에 내다 팔았다. 그 후 영국이 1815년 이 섬을 프랑스에 넘겨줄 때는 나폴레옹 전쟁이 끝나고 프랑스가 다시 안정기에 들어가게 된다. 하지만, 조금 후 사탕수수가 과잉 공급되면서 이 제도들의 소유주들은 정치적인 영향력을 잃게 된다. 그 후 과들루프와 마르티니크의 하원 의원인 빅토르 쇨세르(Victor Schoelcher 1804-1893)가 주도하는 노예폐지 운동이 힘을 얻게 된다. 따라서 그가 1848년 노예해방 선언서에 서명하고 효력을 발휘하여 프랑스령 서인도제도에서 노예제도가 끝나게 된다.

오늘날, 앤틸리스제도에 있는 국가의 경제문제는 매우 심각하다. 수출용 농산품 가격이 불안정하고 천연 자원의 절대부족 그리고

---

21) Pluchon Pierre, *Histoire de la colonisation française*, Fayard, 1991, p. 1015.

공업도 발달하지 못했다, 하지만, 프랑스령 과들루프와 마르티니크는 트리니다드나, 바하마, 푸에토리코 보다는 생활이 떨어지지만, 인접한 다른 제도의 주민들보다는 윤택한 생활을 한다. 그것은 프랑스의 도(Département)로 프랑스 정부의 사회복지 혜택 그리고 유럽공동체 EC의 부분으로 간주되어 각종사업과 산업에 대한 다국적 기업의 투자가 높기 때문이다. 그래서 다른 제도에서 이곳으로 오는 불법이주자 또한 많다.

앤틸리스 제도 가장 가까이 접해있는 대륙의 기아나 역시 과들루프, 마르티니크와 유사한 식민 지배를 받게 된다. 남아메리카의 북 동쪽, 수리남과 브라질 사이에 있는 이 영토는 90,000㎢이나 되는 넓은 영토이지만, 열대성 적도기후이고 9/10가 산림으로 덮여있다. 1817년부터 프랑스가 통치하게 된 이곳은 설탕과 열대우림의 목재가 경제의 주축이지만, 과들루프나 마르티니크와는 달리 아프리카에서 데리고 온 노예들이 열대질병과 현지의 인디언 때문에 크게 성공을 거두지는 못한 곳이다.

기아나의 열악했던 농산물 상황을 알아보기 위해 1789년의 앤틸리스제도에서 프랑스 본국으로 수출된 농산물의 양[22]을 비교해보면 다음과 같다.

[표 2-1] 식민영토에서 프랑스 본토에 수출된 농산물 및 물량

식민영토	조당	커피	카카오	목화	인디고
마르티니크	18,795	68,161	9,821	11,550	10
과들루프	11,194	37,300	559	7,411	7
기아나		20	210	925	50
합계	29,989	105,481	10,590	19,886	67

22) 수량은 100파운더 단위의 퀸달(100㎏)로 표기되어있음. *Ibid.*, p. 1025.

위에서 보는바와 같이 기아나 농장에서의 생산량은 카리브 해에 있는 프랑스의 다른 식민지 생산량에 미치지 못했으며 1848년 노예제가 폐지된 후로 지역산업은 사실상 붕괴된다.

그 이후 1850년 금이 발견되며 실질적인 식민지배가 시작되었고, 나폴레옹 3세가 형무소를 지은 1852년부터 약 7만 명의 죄수가 도착하지만, 90%의 유형자들이 말라리아나 황열로 죽었다. 1939년 교도시설은 완전히 사라지는데, 그것은 가스통 모네르빌(Gaston Monnerville)의 열정적인 행위에 의해 가능하게 되었다. 그 이후 원주민들이 자치권을 점차 강하게 요구하고 있지만, 프랑스로부터 단지 약 5%의 독립원조를 받고 있을 뿐이다. 지금은 구 교도소가 있던 쿠루(Kourou)에 유럽 우주국, 프랑스 국립 우주국, 아리안 스페이스가 들어서 1968년 처음 발사가 이루어졌고, 현재는 기아나 경제규모의 약 16%를 차지하고 있다.

3. 프랑스 식민지 노동력의 요람: 아프리카 및 인도양(Afrique et Océan Indien)의 마요트(Mayotte), 레위니옹(Réunion)

인도양의 두 프랑스 해외영토 레위니옹과 마요트[23]는 지리적으로 같은 곳에 존재하지만, 식민의 시기와 상황은 상이하다. 전자는 17세기 중반, 후자는 19세기 중반에 각각 프랑스가 점령하고 식민화가 진행되었다.

---

23) 마요트에 처음 사람들이 살기 시작한 때는 5-8세기 경 이며, 그 당시 섬의 북쪽에 자리를 잡았다. 이 초기 종족에 대한 정확한 자료는 없지만, 반투족(남아프리카의 흑인종)으로 예상되며, 그들은 반 유목민의 생활을 했고, 도기를 제조했으며 마다가스카르, 아라비아, 골프만 그리고 인도와 소규모의 농산물과 수산물을 교역했다. 그 이후엔, 아랍계 회교도가 북쪽에 일부 정착하게 된다.

앞서 말한바와 같이 인도양 혹은 아프리카의 프랑스 식민화는 1871년 제2차 산업혁명이 시작되는 시기에서 1914년까지 제국주의[24]가 전개되는 시기였고, 이때 유럽 열강들의 진출은 말 그대로 광적이었다.

하지만, 두 제도는 시기적으로 제국주의 이 전에 식민지가 되고, 특히 마요트는 20세기에 독립의 기회가 왔지만 스스로 프랑스령으로 남길 원했던 독특한 배경을 가지고 있는데, 그 역사를[25] 살펴보면 다음과 같다.

18세기 말에서 19세기 초는 마다가스카르인들의 약탈, 노략질 그리고 전쟁으로 극도의 혼란 상태가 되는데, 1841년에 와서는 마침내 유지할 수 없는 상태가 된다. 마다가스카르 출신의 안드레안슐리(Andriantsouli)군주가 지방 경쟁자들에게 항복하기를 거부하고 또 마요트를 오래 지배할 수 없게 되자, 그는 프랑스 특별지휘관 파소(Passot)의 제안을 받아들인다. 그래서 이 섬은 1841년 4월 25일 프랑스에 양도되어져 프랑스령 식민지가 된다.

1958년 9월 28일 국민투표에서 프랑스 해외자치영토의 신분으로 프랑스 공화국에 속하게 된다. 1974년에 코모로 군도의 4개의 섬 중

24) 과학과 기술의 비약적인 발전으로 공장과 공업이 활발해지고 자본가와 노동자들의 갈등도 심해져 유럽 열강의 대외진출을 부추기고 원자재 및 시장개척을 위한 산업제국주의가 아시아 특히 아프리카에 대해 대대적으로 감행되었기 때문이었다.

25) "향기의 섬(île aux parfums)"이라 불리는 마요트는 4개의 섬으로 이루어진 코모로 군도의 가장 남쪽에 위치한 섬이다. 마요트에 포르투갈과 프랑스인들이 15세기 말 경 처음 도착한다. 유럽인들에게 코모로제도가 관심을 끈 것은 지정학적인 이유인데, 아프리카 그리고 인도양의 끝 부분에 위치해있어, 인도로 가는 길의 발판으로 여겨졌기 때문이다. 그때부터 유럽의 수많은 선박회사들이 경쟁하여 방문했고 아울러 제도들의 항구 그리고 도시는 발달하게 된다.

3개다 독립하게 되는데, 다른 섬들과는 달리 마요트는 자체 투표결과 63.8%의 마요트 주민이 해외영토의 신분으로 프랑스에 남고자 했다. 1976년 재투표에서 다시 99.4%가 프랑스에 다시 남길 희망했고, 그 해 12월 20일 프랑스 해외자치단체의 지위를 갖게 된다.

마요트가 유럽인들에게 처음 관심을 끈 것이나 현재 프랑스 해외영토로 남게 된 이유는 여타 해외영토와는 다른 아주 특별한 역사를 가지고 있음을 보았다. 결과적으로 본다면, 현대에 와서 경제적, 전략적 이유로 마요트는 프랑스에 남아있는 것이다. 그래서 프랑스는 1억 6천만 유로를 해마다 마요트에 쏟아 붓고 있어 코모로 군도에서 가장 이 섬은 부유한 제도가 되었다.

프랑스의 경제적 재정과 관광수입 등으로 현재 경제적 안정을 이룩한 점에 있어 마요트나 이웃한 레위니옹[26]의 공통점은 같으나, 앞서 보았듯 해외영토가 되는 과정은 상이하다. 부연하자면 레위니옹의 점령 시기는 1643년으로 마요트의 19세기와는 명백한 차이가 있다.

그 이유는 프랑스가 다른 나라들보다 먼저 인도양에 관심을 두었다는데서 찾을 수 있다. 프랑스는 일드프랑스 섬(île de France는 현재의 모리셔스 섬)와 부르봉 섬(Bourbon은 현재의 레위니옹 섬)을 이미 1642년에 점령하여 기지까지 세웠으며, 프랑스 본국의 국민들의 이주 및 정착에 힘쓰고 있었다. 그 결과 1793년의 협정에서 마르세유 사람들과 국민군이 파리에서 만난 것을 기념하기 위해 레위니옹이라는 다른 이름을 붙이게 되었을 때, 이 섬의 인구는 벌써 6

---

26) 과학과 기술의 비약적인 발전으로 공장과 공업이 활발해지자, 자본가와 노동자들의 갈등도 심해져 유럽 열강의 대외진출을 부추겼다. 따라서 원자재 및 시장개척을 위한 산업제국주의가 아시아 특히 아프리카에 대해 대대적으로 감행되었다.

만 명이었다. 인구 통계학과 경제학상의 비약적 발전을 가져 온 18세기 초의 레위니옹을 주목해 보자.

1715년부터 시작된 모카커피의 재배는 엄청난 발전을 가져다주었고, 따라서 아프리카인 노예를 수입하게 된다. 1735년 총 인구 8,509명 중 백인 1,720명 그리고 6,789명의 흑인이었던 것이, 1746년엔 총 인구 13,876명으로 불어나 백인 2,588명 그리고 흑인이 11,288명이 되었다. 특히 흑인 인구가 급속히 늘어난 것은 노예무역이 활발해지기 시작했다는 뜻이 되는데, 이것은 서인도제도 보다 훨씬 이른 시기에 노예를 이용한 식민 농업경제가 착수되었다는 뜻이다.

그리고 1770년대 프랑스 선원 모리스(Morice)가 칼와(Kilwa)와 잔지바르의 정부 간에 프랑스가 노예무역을 할 수 있는 조약을 맺고, 흑인 노예들을 서인도와 동인도 제도로 옮기게 된다. 모리스가 가졌던 한 사람의 장부에서만 연간 3,000-10,000명의 노예가 매매되었다고 기록되어있으니, 인도양, 특히 레위니옹 섬은 프랑스 식민지 개척에 필요한 노동력을 창출하기 위한 발판 또는 교두보의 역할을 톡톡히 해낸 곳이라 할 수 있겠다. 하지만, 1848년 노예제의 폐지로 인해 아프리카, 인도, 코모로제도, 마다가스카르 등으로부터 많은 노동자들이 오게 되었다. 끊임없는 이민의 물결은 20세기 내내 이어져 현재의 레위니옹 주민이 되었다. 문화나 인종들의 다양함이 극도에 이르는 곳이라 할 수 있다.

4. 상처 난 천국: 남태평양제도(Océan Pacifique)의 뉴칼레도니아(Nouvelle-Calédonie), 프렌치 폴리네시아(Polynésie Française), 왈리스퍼투나(Wallis-et-Futuna)

남태평양제도를 떠올릴 때, 아름다우면서 박력 있는 훌라 댄스와 타히티안 댄스 그리고 자연과 원시가 함께 하는 문명 이전 "원형적" 인간을 표현한 화가 고갱(Paul Gaugin)의 작품을 떠올릴 것이다. 하지만, 그 아름다운 세계에 걸맞지 않는 상처와 고통의 역사가 다른 해외영토보다 더 크게 남아 있는 곳이다. 특히, 뉴칼레도니아는 흑인노예매매와 말레이시안의 대학살이라는 아픔을 지니고 있다.

먼저, 태평양제도에 있는 프랑스 해외영토들의 외형적 공통점을 먼저 찾아본다면, 뉴칼레도니아, 프렌치 폴리네시아나 왈리스퍼투나, 이들 섬 모두 남태평양제도란 지리적 동일성이 있다. 그리고 프랑스 공화국에서의 지위가 오랫동안 "해외자치영토(T.O.M.)"였고, 시기적으로 19세기에 와서야 프랑스령이 되었다는 공통점들도 있다.

그 시기를 보면 각각 1853, 1842 그리고 1886로, 뉴칼레도니아와 프렌치 폴리네시아는 엄격히 말해 식민주의 말기, 왈리스퍼투나는 제국주의의 시기에 프랑스령이 된다. 프랑스의 전략적인 군사지역의 설치가 남태평양제도들을 침범하는 계기가 되었고 지금까지 그 역할을 해내고 있다. 해군은 물론 육군, 공군, 해병대, 낙하산부대, 수중특수부대 등 전군이 골고루 이 지역에 배치되어있으며 대규모 해군 기지 누메아, 샤렉스, 브레일에 있다.

뉴칼레도니아의 가장 오래된 흔적은 고고학적으로 기원전 1300년(코네 Koné 시대)경까지 거슬러 올라가고, 이 지역의 수많은 방언 즉, 언어학적 방법에 의존한다면 그 시대보다 더 일찍 문명이 존재했다. 하지만, 유럽인들에게 발견[27]되고 특히 1853에 나폴레옹3세

27) 이 섬이 유럽인들에게 발견된 것은 1774년 영국의 항해사 제임스 쿡(James Cook)에 의해서이다. 두 번째 태평양 항해에서 발견하고, 그의 고향인 스코틀랜드 고 지방과 유사하다고 하여 로마어로 고 지대를 나타내는 "칼레도니"에서 따와 "새로운 칼레도니"로 명명했다. 이곳도 역시 프랑스와 영국의 식민지 정책이 치열했던 곳으로서 제임스 쿡의 발견 4년 후, 1778년 프랑스 라페루즈 탐험대가 내도한다. 이후 영국·프랑스 양국의 목재

가 전략적 군사지역으로 결정된 후, 그의 부름을 받은 장성 페브브리에(Febvrier-Despointes)가 들어와 이곳을 점령한다. 그리고 곧 그는 프랑스령으로 공식 선포하게 된다. 이때부터는 문명이 파괴되고 자유도 빼앗긴다. 칼레도니아 원주민인 말레이시안들은 빼앗긴 영토와 자주권을 되찾기 위해 수없이 봉기했지만 거의 대부분 실패로 끝이 났다. 자유를 위한 항쟁 중 가장 심각했던 때는 1878년과 1917년으로서 수많은 희생자를 냈다.

1878년 첫 반란[28]은 프랑스인들이 원주민들의 땅을 빼앗아 백인 식민자들에게 분배하고, 원주민들을 특정구역 밖으로 나오지 못하게 했기 때문이었다. 그 반란의 결과로 원주민들 중 젊은 남자 1,000명이 거의 몰살당하고 살아남은 원주민들도 섬 전체 면적의 6.7%밖에 되지 않는 척박한 땅에 수용자들처럼 내몰렸다. 그 당시 카낙인들이 2만 명이었는데, 천 명이란 학살은 인구 비례로 보아 전대미문의 대학살이 있었고, 특히 생식력이 왕성한 젊은이들이 몰살되었다. 39년이 지난 1917년 두 번째 반란에서도 주동이었던 원주민 추장이 죽게 되자 희생자만 내고 허무하게 진압되어져 버렸다. 이때도 원주민 200명과 프랑스인 11명이 사망했다. 그 당시 프랑스 지휘관이었던 테스타르(Testard)의 악의에 찬 감정을 보면 다음과 같다.

"칼레도니아인들은 명석하다, 하지만, 사악한 악마다. 만약 그

상인이 다투어 찾아왔으며, 1840년대에는 영국의 런던선교협회(프로테스탄트), 프랑스의 마리스트형제회(가톨릭)가 잇따라 전도를 개시하는 등 양국의 식민정책이 쟁점화 되었다.

28) 원주민 중 대 부족인 카낙 족(Kanak)이 반발했고 그 뒤엔 대 추장 아타이가 있었다. 분개한 카낙 족들이 백인을 습격하여 100여명의 프랑스 인 사상자를 내자, 다른 중, 소 부족들도 반란에 합세하여 약 1년간 200여명의 백인이 사망했다.

나라에서 편안하게 살기를 원한다면 그 종족을 먼저 몰살시켜야 한다"[29].

이런 역사를 가진 뉴칼레도니아에서 원주민들이 반 프랑스 감정을 가진다는 건 어쩌면 당연한 일이다. 니켈광의 발견[30]과 그에 따른 경제 성장에도 원주민들은 큰 혜택을 보지 못하고, 해방을 위한 분쟁과 운동은 계속되는데, 최근도 역시 말레이시안의 독립요구에 대한 프랑스인들의 반대 때문에 일어난다. 카낙(말레이시안)정당은 1984년에 창당된 NKSLF(National Kanak Socialist Liberation Front)에 의해 지지를 받고 있으며, 프랑스 이주민들은 RPCR 정당으로서 독립에 대한 비협조적인 태도를 취하고 있다.

폴리네시아인은 기원전 10세기경부터 고대 동남아시아에서 이주해 온 해양 민족[31]을 근간으로 한다. 1842년 프랑스의 보호령에 놓

29) Moutoussamy Ernest, *Les DOM-TOM*, L'Harmattan, 1988, p. 77.

30) 1863년에 프랑스 기사 가르니에가 니켈광을 발견하고서부터 이 섬의 역사가 바뀌었다. 니켈, 코발트, 구리광산업은 뉴칼레도니아의 경제의 원천이 되었고, 주변의 멜라네시아·폴리네시아 각지는 물론, 유럽·아시아 각지에서도 노동자를 모집하게 되었다. 대부분의 이 이주자들은 새로운 광산을 찾기 위해서 열심히 일했고, 뉴칼레도니아는 대기업이 현저히 증가하면서 이주민들이 정착하였다. 하지만, 그것도 먼저 프랑스인들 그리고 타 이민족들의 몫이지 원주민들에겐 큰 도움이 없었다.

31) 그들이 사모아, 말퀴세스, 투아모투를 지나서 소사이어티 군도에 정착하기 시작한 것은 기원 후 3-4세기 사이이며, 14세기 무렵까지 멀리 하와이와 뉴질랜드로 이주하여 폴리네시아 문화권을 만들게 된다. 유럽인들이 처음 이 제도를 발견한 때는 1595년 포르투갈인들이었고 18세기가 되어서야 상인, 전도사 등 많은 유럽인들이 방문하게 된다. 타히티 섬은 영국의 사무엘 월리스 함장이 1767년에 최초로 발견하였다. 1768년에는 프랑스의 부갱빌(Louis de Bougainville)이, 1769년에는 영국의 제임스 쿡이 타히티를 발견하였으며, 1788년에는 영화화된 '바운티호의 반란'으로 유명한 윌리엄 블라이 선장에 의해 발견되었다. 이후 1842년 프랑스인들에게 점령되기까지 타히티는 오랜 기간 동안 자체 세력인 포마레 왕조의 지배를 받았다.

이고, 1880년에 프랑스의 식민지가 되었다. 주위의 감비(Gambier), 투아모투(Tuamotu), 오스트랄(Australes), 마르퀴즈(Marquises) 그리고 수르방(Sous-le-vent)제도들은 점진적으로 프랑스에 병합되었고, 1957년에 이 지역은 프랑스령 폴리네시아(French Polynesia)라고 명명되게 되었다.

이처럼 유구한 역사를 가진 아름다운 폴리네시아도 뉴칼레도니아처럼 프랑스의 "전략적인" 점령에 의해 멍들고 상처받고 있다. "영원한 봄의 섬(L'île de l'éternel printepmps)" 또는 "천국에서 가장 가까운 섬(L'île la plus proche du paradis)"[32]이란 이름을 가진 이 군도는 알제리가 독립하며 사하라의 핵 실험장을 잃자, 드골 대통령이 폴리네시아 투아모투 군도(Tuamotu)의 무루로아 섬(Mururoa)으로 실험장을 옮겨오게 된다, 이때부터 이 섬은 "지옥에 가까운 섬"으로 변해가기 시작한다.

1966년 7월 2일 첫 원자폭탄 실험을 시작으로 하여 1974년까지 무려 41번 실험(5번의 메가톤급 수폭 시험과 36번의 원폭)으로 섬이 파괴되어가고 있고, 주민들은 방사능 낙진과 사고[33]에 불안해하고 있다. 그럼에도 핵실험 기관[34]의 근로자 5만 명 중 고작 2천 명

---

32) Pimont. Y, Les territoires d'outre-mer, Presses Universitaires de France, 1994, p. 15.

33) 태평양 연안국들, 특히 오스트레일리아, 뉴질랜드 등의 국제 사법재판소 제소로 1975년 이후 지하 핵실험으로 바꾸었지만, 크고 작은 사고가 끊이지 않고 있다. 가장 큰 사고로는 1979년 플로토늄 폭탄 실험에서의 기폭장치 사고 그리고 해면 하 핵실험 때였는데, 아름다운 산호들이 파괴되고 기술자 군인 등 수십 명의 사상자가 생겼다. 전 세계적으로 1,517번의 핵실험이 있었는데, 140번이 여기 무루로아 섬(Mururoa)이라고 하니, 비밀로 함구하는 프랑스 정부의 사고 및 사상자까지 합친다면 훨씬 더 많은 피해가 있을 것이다.

34) 태평양 실험센터(Centre d'Expérimentation du Pacifique, 이하 CEP)에서 실험을 실시하는데, 이 기관은 프랑스 국방부 직속으로 있다. 이 기관에서는

정도만 원주민이 취업해 있기에 경제적 이익 역시 핵실험으로 인해 줄어든 관광객 감소만큼도 보충할 수 없는 수준이다. 그 불만은 곧 테러로 이어져 미테랑 정권 이전, 1970년대에 적지 않은 테러가 있었다. 그들이 원하는 것은 "즉각 독립", "프랑스인들의 전면 철수", "핵실험 중지"[35]인데, "남태평양 비핵 조약(SPF)"가 비준, 발효됨에도 프랑스의 군사전략이란 "사악한 악마"[36]로 인해 실현의 기미를 보이지 않고 있다.

왈리스퍼투나는 퍼투나 섬에 200㎞ 떨어진 왈리스 섬 등의 총 8개의 작은 도서들을 행정적으로 합쳐서 부르는 이름이다. 이 군도들 역시 1886년 이후 프랑스의 "군사전략"의 재물이 되었고, 또한 세계 제2차 대전 중에는 미국까지도 여기를 "군사적" 전초기지로 사용하였다고 하니 남태평양 도서의 수난은 이루 말할 수 없었던 듯하다.

1616년 네덜란드 항해사들에게 퍼투나 섬과 그 주변의 섬들로 그들은 오르느 섬(îles Horn)란 이름을 주었고, 왈리스섬은 그 후 1767년 왈리스 선장(Samuel Wallis)이 섬을 발견한 후 명명한 것이

프랑스 원자력 연구회 군사국장이 총 책임자이며 해군제독이 그를 보좌한다. CEP 산하에는 핵실험을 실시하는 기구, 방사능 안전대책 기구 및 생물안전에 관한 기구가 있다.

35) 폴리네시아에서 가장 큰 테러 집단은 "토토 투푸나"라고 불리는데, 일련의 테러 이후 단원들과 지도자인 찰리 칭은 체포되었을 때, 재판 과정에서 그들이 요구했던 사항이다.

36) 뉴칼레도니아 원주민에게 프랑스 지휘관(Testard)가 "사악한 악마"라고 표현했는데, 누가 진정한 악마일까? 프랑스는 SPF가 발효되는 1986년 12월 11일 최대 규모의 30 킬로톤 급 핵실험을 무르로아에서 실시했다. 그리고 1992년 4월 이후 프랑스가 태평양 핵실험 장에서 실험 중단을 선언한 장본인이었다. 이에 미국 러시아 등이 잇따라 동참했기 때문에 세계적으로 핵실험 억제 분위기가 조성되고 있었다. 하지만, 프랑스가 입장을 번복하고 시라크 대통령이 95년 6월 "95년9월부터 96년 5월 사이 8차례의 핵실험을 실시한다"고 밝혔다. 9월5일 밤 11시30분 국제여론도 무시하고 그 첫 번째 핵실험을 했다.

다. 19세기까지 이 제도는 유럽인들에게 거의 주목을 받지 않다가 1886년 프랑스와의 보호령 조약을 비준하게 되는데, 서명한 세 왕국은 우베아(Uvéa), 알로(Alo) 그리고 시갸브(Sigave)였다. 왈리스퍼투나는 1959년 국민투표에 의해 프랑스 해외영토로 결정되었고, 1961년 7월 29일 법령에 의해 프랑스 해외자치영토(T.O.M.)로 고착화되었다.

프랑스가 지역의 안전과 자국민의 보호를 위한다는 명목으로 해외영토에 주둔된 병력은 현재 생-피에르-에-미클롱 섬에 30명, 기아나에 3,620명, Reunion에 3,690명, Antilles에 4,670명인데 반해, 뉴칼레도니아와 프렌치 폴리네시아를 포함하는 태평양지역엔 거의 만 명에 이르는 군사들이 파견되어 있다(뉴칼레도니아 3,670명, 프렌치 폴리네시아 3,710명, 그 외 2,150명).

이처럼 남태평양도서들은 그 아름다움에도 전략적 군사기지, 핵실험장으로 이용되어 최근까지도 파괴가 지속되었다. 독립을 원하는 원주민들의 고통도 관심을 가져야겠지만, 인류의 보물이나 자연의 파괴로까지 이어지고 있어, 작게는 인류애로 소수민족의 비애를 공감하는 차원에서 그리고 인류에 위협이 되는 핵폭발 물의 실험, 제조, 저장, 폐기 등에 대한 차원에서도 이곳에 관심을 가져야할 것이다.

5. 과학연구 지대: 남극대륙[37] 및 남빙양(Terres Australes et Antarctiques)의 테르-오스트랄-에-앙타르티크-프랑세즈(Terres Australes et Antarctiques Françaises)

---

37) 남극대륙은 지구 육지면적의 9.2%를 차지하는 일곱 번째 대륙으로서 호주대륙 다음으로 크다. 평균두께 2,160m의 두꺼운 얼음으로 덮어져 있다.

테르-오스트랄-에-앙타르티크-프랑세즈(T.A.A.F.)의 총 면적은 440,000 ㎢로 프랑스 본토의 4/5나 되고, 그 중 가장 큰 영토인 테르-아델리(Terre-Adélie)는 T.A.A.F. 면적의 80%가 넘는 360,000 ㎢로서 1840년 뒤몽 뒤르빌(Dumont d'Urville)에 의해 발견되었다. 일드크로제(îles Crozet)와 케르글랑(Kerguelen)군도[38]는 1772년에 그리고 일생폴(île Saint-Paul)과 일누벨암스테르담(île Nouvelle-Amsterdam)[39]은 1843년에 각각 프랑스가 점유하였다. 프랑스는 1950년까지 영토권 주장만하고, 아무런 활동을 전개하지 않다가 1957-58년 동안 남극에 최초의 기지를 건설했는데, 그것이 테르-아델리에 있는 뒤몽 뒤르빌 기지이다.

1959년 12월 미국·영국·소련·일본 등 12개국이 참가하여 조약

---

38) 케르그랑 군도(Kerguelen)는 1772년 케르그랑 드 트레마렉(Yves Joseph De Kerguelen de Trémarec)이 발견했고, 1776년 영국 항해사 제임스 쿡(James Cook)도 그 곳을 통해서 항해를 했다. 몇몇 나라들의 점유가 여러 번 있고 나서야 1893년 7월 31일 프랑스 영토가 되었다. 크로제 군도(îles Crozet)도 1772년에 발견되었지만, 마리옹 뒤프레슨(Nicolas Thomas Marion-Dufresne)에 의해서였고 1931년 프랑스령이 되었다. Manouvel Mita, *Le territoires d'outre-mer des terres australes et antarctiques françaises*, LGDJ / Montchrestien, 2000, p. 31-35.

39) 생폴 섬(L'île Saint-Paul)과 누벨-암스테르담 섬(l'île Nouvelle-Amsterdam)은 "빅토리아"호 선장인 세바스티앙 델 카노(Sebastien Del Cano)에 의해 1522년에 처음 발견되었고, 그 다음은 1663년 네덜란드 인 반 디에망(Anthony Van Diemen), 1696에 다시 네덜란드 인 반 블라밍(Van Vlaming), 1772년 프랑스 인 브뤼니 당트레카스토(Antoine De Bruni d'Entrecasteaux)에 의해 각각 발견되고 19세기에 와서 생선과 고래를 잡기 위해 프랑스 선원들이 자주 이 제도에 오게 된다. 그리고 1843년 뒤페이라(Martin Dupeyrat) 선장에 의해 7월 1일부터 누벨-암스테르담 섬 그리고 7월 2일부터 생폴 섬이 각각 점유된다. 거의 50년이 지난 1893년 1월 25일과 26일에 생폴 섬과 누벨-암스테르담 섬의 점유가 다시 확인되어지고, 그해 4월 12일 공화국의 대통령이 조인한다. Manouvel Mita, *Le territoires d'outre-mer des terres australes et antarctiques françaises*, LGDJ/Montchrestien, 2000, p. 28-31.

을 체결하고, 1961년 6월 발효되었던 남극조약[40]은 영국, 프랑스 등 영토권을 주장하는 7개국의 주장을 30년간 보류하여 부정도 인정도 하지 않고 있다. 한편 과학연구를 위해서는 어느 나라도 남극에 갈 수 있도록 규정되어 있다. 그래서 남극에 있는 사람들은 현재 연구 등을 위해 일시 방문하는 사람들로서 테르-오스트랄-에-앙타르티크-프랑세즈도 역시 과학연구 지대의 역할을 한다.

6. 프랑스 해외영토: 식민주의

지금까지, 프랑스 해외영토들을 다섯 영역으로 구분하여 그 역사적 배경을 살펴보았다. 그런데 각 지리적 영역별로 프랑스에 점령당하는 시기가 유사하다는 사실을 발견할 수 있다. 먼저 첫 번째 영역이었던 북대서양의 생-피에르-에-미클롱 제도는 1604년 그리고 두 번째 남아메리카 대륙 및 서인도제도의 과들루프, 마르티니크, 기아나는 각각 1635년, 1635년, 1604년으로 모두 17세기에 점령되었다.

그리고 네 번째 영역이었던 남태평양제도의 뉴칼레도니아, 프렌치 폴리네시아, 왈리스퍼투나도 각각 1853년, 1842년, 1886년 또

---

40) 1908년 영국의 파머랜드 등에 대한 영유권 주장하자 뉴질랜드·프랑스· 오스트리아·칠레·아르헨티나 등 의 국가가 남극 선상지의 일정 부분에 대한 영토권을 주장한다. 그래서 1948년 대규모 분쟁이 야기되는데, 그 해결책으로 미국 대통령 아이젠하워가 제안하여 조약이 시작되었다. 협의 내용은 아래와 같다: (1)남극의 평화적 이용, (2)과학적 탐사의 자유, (3)영유권의 동결, (4)핵실험금지 등이다. 이 조약은 당초의 참가국들이 남극조약협의당사국(ATCP)회의를 운영, 배타적 특권을 누려왔다. 1988년 2월 한국은 남극의 킹조지 섬에 세종 기지를 완공함으로서 세계에서 18번째로 과학기지를 건설한 국가가 되었고, 1989년 10월 제9차 남극조약특별협의회에서 협의당사국으로 지명되었다. 두산 세계 대 백과 사전, http://100.empas.com/entry.html/.

다섯 번째 남극의 테르-오스트랄-에-앙타르티크-프랑세즈도 1840년(Terre-Adélie)으로 19세기에 프랑스령이 되었다. 단지 세 번째 영역이었던 인도양 도서들인 레위니옹과 마요트만이 1642년과 1841년으로 점령 시기가 다르지만, 결국 17세기와 19세기의 점령이라는 점에서는 동일하다.

그렇다면 프랑스의 식민정책이 전개된 시기와 그 시기에 따른 식민의 유형을 구별할 수 있는데 다음과 같다.

17세기는 프랑스 식민 진출은 아메리카와 서인도 제도가 두드러졌으며, 그곳은 포르투갈, 스페인 등 먼저 영토확장에 나선 나라들이 점령하지 않았기 때문이다. 그리고 늦게 진출한 프랑스나 영국이 많은 영토를 차지할 수 있었던 정치적 이유는 두 나라 모두 중앙집권국가로[41] 부상하고 있었기에 가능한 것이었다.

프랑스가 이들 식민지로부터 취한 식민경영의 형태는 북 아메리카에 농업식민지 그리고 서인도제도에 재배식민지의 형태였다. 전자는 본 국민들이 진출하여 촌락과 도시를 건설하는 것으로 프랑스의 캐나다, 루이지애나 그리고 북아메리카의 해외영토 생-피에르-에-미클롱 제도가 대표적이다. 후자는 본 국민이 식민지에 가서 주로 원주민으로 노동력을 얻는데, 일반적으로 흑인을 노예화하고 본 국민은 기업가가 되어 노동력을 착취한다. 남아메리카 대륙 및 서인도제도의 과들루프, 마르티니크, 기아나 그리고 인도양의 레위니옹도 이 유형에 속한다.

41) 17세기의 유럽 상황은 베네치아나 제노바 같은 도시 국가의 몰락이 있는 반면, 섬나라의 영국은 쉽게 정부가 통치했고, 그 중앙집권의 모델을 프랑스가 따르고 있었다. 앞서 언급했듯이, 식민개척에 있어서도 프랑스는 정부가 직접적으로 개입했다. 김명섭, 『대서양 문명사, 팽창 · 침탈 · 헤게모니』, 한길사, 2001, p. 366.

19세기 프랑스 식민 진출은 남태평양제도와 남극으로서 17세기의 재배, 농업, 상업 식민지가 아니라, 남극은 탐사 그리고 남태평양의 수많은 제도들은 "전략적 군사지역"이 되었다. 그 비극의 기원은 "호전적인[42]" 나폴레옹 3세가 군사지역으로 눈 여겨 본데서 찾을 수 있고, 그 후에도 지속되는 크고 작은 수많은 전쟁과 현대의 1, 2차 대전으로 인해, 태평양제도들(뉴칼레도니아, 프렌치 폴리네시아, 왈리스퍼투나)은 결국 프랑스의 "군사적 전초기지"를 벗어나지 못하고 있는 것이다.

지금까지 첫 장 "프랑스 해외영토의 역사"란 주제로, 프랑스 해외영토들의 기원에서 프랑스 점령까지 각 영토들의 특별한 상황을 역사적 관점으로 조명해 보았다. 그렇다면 프랑스 해외영토로 규정되어 있는 각각의 영토들은 과연 어떤 제도적 장치에 의하여 프랑스에 속해있는가? 라는 의문에 대답하기 위해 다음 장에서는 현재의 정치적, 행정적 특징을 각 영토별로 고찰하기로 한다.

II. 프랑스 해외영토의 정치와 행정 구조

최근 프랑스와 해외영토 간의 교류는 과거에 비해 매우 활발하다. 가령, 프랑스 본국에서 해외영토 출신 인구가 차지하는 비율도 무시하지 못할 수준이다.

---

42) 1851년 12월 21일 실시된 국민투표에서 압도적 지지를 받았던 루이 나폴레옹(2년 후 나폴레옹 3세가 됨)이 국제평화를 찬동한다는 초기의 공약을 무너뜨리고 전쟁에 나섰기 때문에 러시아, 이탈리아, 멕시코, 프로이센 등과 차례로 전쟁을 치르게 된다.

해외영토의 주민들이 프랑스 본국에 이주해 온 것은 세계 제2차 대전이 끝난 후인 1954년 24,200명이던 것이 1962년에는 53,180명에 이르게 되었는데, 이것은 제당업의 쇠퇴와 인구의 폭발적인 증가추세가 큰 몫을 했다고 할 수 있다. 그 후, 1982년에는 282,300명, 1990년에는 339,600명으로 날로 증가하고 있으며, 1990년 통계를 기준으로 볼 때, 앤틸리스 제도 사람 중 4명 중 1명, 레위니옹 사람 6명 중 1명은 본토에 살고 있는 셈이다. 이 비율은 거의 한 가구에 한 명이 프랑스 본국에 거주하는 비율이며, 또 젊은 경제활동자들이 본국에 많이 거주한다는 사실을 감안해 볼 때, 프랑스 해외영토 주민의 프랑스 본국 유입은 앞으로도 더욱 가속화될 것을 예시하는 것이다[43].

이와 같은 이주민의 증가추세 외에도 정치적인 진출도 높아지고 있다. 1996년 현재 해외영토에서 23명의 하원(Député)과 13명의 상원의원(Sénateur)이 선출되었고[44], 해외영토 기아나 출신의 흑인 여성 크리스티안느 토비라(Christiane Taubira)가 2002년 프랑스 대통령 선거에 출마하는 등 해외영토 출신의 정계진출도 돋보여 프랑스 본토와 프랑스 해외영토 간의 정치 교류도 활발하다.

이 교류의 중심에 있는 프랑스 해외영토의 정치 및 행정 그리고 그 이해는 다양, 복잡한 프랑스 해외영토들에 대한 지식뿐만이 아닌 외교적 관점의 프랑스, 즉 식민주의가 거의 사라진 지금 어떠한

---

43) 이것은 해외자치도의 경우이며 그 외의 해외영토들은 독립 등에 의해 본국과의 상호교류나 이주민의 숫자가 줄어들 가능성을 안고 있다.

44) 해외영토의 의원 들 중, 해외자치도에서 16명의 하원의원과 8명의 상원의원이 선출되고, 그 이 영토에서 7명의 하원의원과 8명의 상원의원들이 선출된다. Ziller Jaques, *Les Dom-Tom: Départements/régions d'Outre- Mer, territoires et collectivités territoriales d'Outre-mer*, L.G.D.J (Collection "Systèmes"), 1996, p. 100.

형태로 과거의 오래된 식민지이자 멀리 떨어진 해외영토들을 관리하는가? 그리고 그 관리를 유지하기 위한 정치적, 행정적 제도를 어떻게 마련하고 있는가? 라는 의문에 답을 제시해 줄 것이다. 이들 해외영토를 행정권에 편입시키는 제도적 장치는 프랑스 헌법에 의해 명시되어 있으며, 다양한 법적 지위(Le statut)의 형태는 다음과 같이 구분될 수 있다[45].

1) 해외자치도(D.O.M.): 과들루프(Guadeloupe), 마르티니크(Martinique), 기아나(Guyane), 레위니옹(Réunion).
2) 준해외자치도(C.D.O.M.): 마요트(Mayotte).
3) 해외자치영토(T.O.M.): 프렌치 폴리네시아(Polynésie Française), 왈리스퍼투나(Wallis-et-Futuna), 프랑스령 남극대륙 및 남빙양(Terres Australes et Antarctiques Françaises).
4) 해외자치단체(C.T.O.M.): 뉴칼레도니아(Nouvelle-Calédonie), 생-피에르-에-미클롱(St-Pierre-et-Miquelon).

이 지위들 중 해외자치도(D.O.M.)는 주(Région)와 도(Département)의 권한을 동시에 부여받아 프랑스에 완전히 귀속된(본토의 지위와 같은) 해외 주와 도의 형태이다. 하지만, 준해외자치도는 해외자치

45) 2003년 프랑스의 해외영토는 다시 변화를 보였다. 해외자치도(D.O.M.)는 이전과 변화가 없으며, 관련되는 지역은 과들루프, 마르티니크, 기아나, 레위니옹이다. 하지만, 해외자치영토인 T.O.M. 대신 C.O.M(Collectivités d'outre-mer)로 명칭을 바꾸고, 관련되는 지역을 마요트(Mayotte, collectivité départementale), 프렌치 폴리네시아(Polynésie Française), 생-바르텔레미(Saint-Barthélemy, collectivité territoriale), 생-마르텡(Saint-Martin, collectivité territoriale), 생-피에르-에-미클롱(St-Pierre-et-Miquelon), 왈리스퍼투나(Wallis-et-Futuna)를 포함시켰다. 그리고 뉴칼레도니아(Nouvelle-Calédonie)에 특별 지위(Statut spécifique)를 주었다.

도로 가는 과정의 지위이고, 해외자치영토의 주민은 프랑스 국적을 갖는 프랑스의 지방자치단체로 존속되고 있다. 그리고 해외자치단체는 해외자치영토보다 본토와의 결속력이 더 약한 프랑스 공화국의 지방자치단체의 법적 지위가 부여되어 있다. 이 영토들의 정치 구조나 체계는 각 영토들마다 차이를 두고 있는데, 이것은 그 영토들의 지위와 깊은 관련이 있다.

1. 프랑스 밖의 프랑스: 해외자치도(D.O.M.)[46]

해외자치도(D.O.M.)는 과들루프(Guadeloupe), 마르티니크(Martinique), 기아나(Guyane), 레위니옹(Réunion)이며, 해외자치도의 인구는 1999년 현재 해외영토 총 인구의 74.6%를 차지하는 166만 5,445명으로서, 주민들은 프랑스 본토와 동일한 법적 평등과 참정권을 갖는다.

1946년 3월 19일 법률인 도의 구성원칙(Principe de la départementalisation)에 의해 시작되어 1947년 6월 7일과 11월 1일과 이듬해인 1948년 3월 30일 시행령(Décrets) 그리고 1949년 8월 2일 법률에 이르러 구체적으로 실행되었다. 그 후 1958년 헌법 제12장 72-75조에서 해외자치도(과들루프, 기아나, 마르티니크, 레위니옹)는 본토 프랑스의 도에 해당하는 레지옹, 데파르트망 그리고 코뮌느(Commune)를 가진다. 이러한 체계는 프랑스 본토와 동일한 구조와 지위이다. 따라서 프랑스 공화국의 지방자치단체이며 동일한 행정구역으로 배정되어있다.

이들 프랑스 행정구역의 구성을 보면, 가장 큰 단위인 레지옹과 중간 단계인 데파르트망, 그리고 기초단체인 코뮌느로 구분되는 3

46) Département d'Outre-Mer의 약어.

단계의[47] 계층구조로 되어있다. 2009년 1월 현재 본토 해외영토 합하여 기초자치단체인 코뮌느의 수는 36,686개, 데파르트망 100개(본토 96, 해외영토 4), 레지옹 26개(본토 22, 해외영토 4)가 있다. 그리고 본토 지방자치단체장과 해외영토의 지방자체단체장의 주요 자치 권한을 간략히 비교하여 보면 다음과 같다.

[표 2-2] 레지옹의 지방자치단체장의 권한 비교

레지옹(R□gion)	
본토 지방자치단체장	해외영토의 지방자체단체장
경제 사회 개발계획, 직업훈련 기업 지원활동 등, 관광촉진, 도시 농촌지역관리, 학교관리(고등학교).	지역계획, 농업 및 산림의 개발, 해양자원개발, 교통, 에너지, 광산자원 및 산업개발, 교육, 연구, 문화, 방송, 공공 공간 시설, 동물 · 식물군의 보호.

행정 조직 레지옹에서 해외영토의 지방자치단체장 권한이 본 국 지방자치단체장의 권한 보다 더 폭넓은 자치권을 가지는데, 데파르트망에 있어서도 예외가 아니다.

[표 2-3] 데파르트망의 지방자치단체장의 권한 비교

데파르트망(D□partement)	
본토 지방자치단체장	해외영토의 지방자체단체장
재난 구조, 관광, 사회 보건활동, 운송 및 도시계획, 학교관리 (중학교).	유사시 계엄령, 군대동원, 특별한 세율창설, 생산물 출입규제. 그리고 조세분야, 재산분야, 조달분야, 시설, 연금, 건설, 광산개발분야 등에 특별한 권한.

47) 레지옹의 단체장은 주의회의장(Président du Conseil régional)이며 의결기관은 주의회(Conseil régional)이다. 데파르트망은 도의회 의장(Président du Conseil général), 의결기관은 도의회(Conseil général) 그리고 Commune는 각각 시장(Maire)과 시의회(Conseil municipal)이다.

레지옹과 데파르트망 뿐만 아니라, 본국의 코뮌느에 적용되는 제도는 해외자치도에서도 유효하다. 하지만, 조직, 행정과의 관계, 피 선출자와 주민과의 관계 등 본질적 문제는 본국의 코뮌느와는 다르다, 예를 들면 해외 자치 도에서는(도시 제외) 칸통(Canton)과 코뮌느가 동일시되어 있으며, 통상 시장은 도의원으로 겸직되어 있어, 권한이 본국보다 강화되어 있다.

위에서 보았듯이, 해외영토의 지방자치단체와 본국 지방자치단체가 동일한 지위를 가지는 데도 단체장의 권한은 달리하고 있다. 아울러 해외자치도(D.O.M.)에 속하는 네 개의 영토들도 각각의 권한은 유사하지만, 세부적으로 정치 및 행정은 각 영토의 특성에 따라 조금씩 다르다. 먼저 앤틀리스 해협의 화산섬인 과들루프부터 살펴본다.

과들루프는 프랑스 본토와 7,000㎞ 그리고 뉴욕과는 2,700㎞ 떨어진 앤틀리스 해협의 제도인데, 행정법상으로는 2개의 과들루프 본도와 또 다른 5개의 섬이 합쳐진 것이다. 극히 좁은 해협으로 떨어져 있는 2개의 섬, 라바스-테르(La Basse-Terre)와 석회암으로 된 평지대인 프웽트 아피트르(Pointe à Pitre) 그리고 두 섬 가까이 에 마리갸랑트(Marie-Galante), 라데지라드(La Desirade), 일-데-생트(Iles-des-Saintes)가 있고, 북쪽에 생-마르텡(Saint-Martin)과 생-바르테레미(Saint-Barthelemy)가 있다. 가장 높은 산은 휴화산인 유황갱(La soufriere)이며, 그 높이는 1478m이다. 1635년 프랑스인이 거주하기 시작하였으며, 그 후 영국 등과 영유권을 다투다가 1816년 프랑스령으로 확정되었고, 1946년 5개의 작은 섬을 합하여 식민지에서 해외자치도로 승격하였다.

주도(主都)는 3개의 아롱디스망(Arrondissements)으로 나누어져 있고 또 34개(Terre-de-Bas: 16, Pointe à Pitre: 10, Saint-Martin: 8)의 코뮌느와 43개의 캉통으로 세분화되어져 있다. 다른 해외자치도와 마찬가지로 국가적 모든 입법적 권한이 과들루프에도 적용되지만, 1958년 헌법 제12장 73조에 명시된 것처럼 "특별한 상황에 걸 맞는 수용(adaptation nécessités par leur situation particulière)"으로, 본토보다 더 한층 자치성이 보장된다. 과들루프에는 주의회(Conseil régional)와 도의회(Conseil général)가 있으며 4명의 하원의원, 2명의 상원의원 그리고 사회 · 경제 담당위원 1명으로 구성되어 있다.

라바스-테르에 프랑스 정부가 임명하는 도지사와 프웽트아피트와 생-마르텡에 2명의 부도지사를 두고 있다. 그리고 프랑스 해외영토의 자격으로 과들루프는 유럽연합에서 극 외곽지방(Régional ultra-périphérique)이라는 "특별한 지위"를 부여받음과 동시에, 본국의 다른 데파르트망처럼 공동체적 권리도 향유한다.

마르티니크는 1635년 프랑스에 합병되어 1946년 3월 19일 법률에 의해 프랑스 해외자치도가 되었다. 1946년에 마르티니크는 프랑스 본토에 있는 데파르트망과 같은 지위를 가지는 프랑스의 해외데파르트망이 되며 1974년부터는 레지옹의 지위도 겸하게 된다.

정부 구성은 과들루프와 거의 유사하여 프랑스 정부가 임명하는 도지사 1명과 민선 의회에서 4명의 의원을 하원에 그리고 2명의 의원을 프랑스 상원에 보낸다.

마르티니크와 과들루프에서는 남태평양의 해외자치영토와 달리 프랑스 프랑화가 사용되며, 프랑스 우표와 항공기를 이용하게 된다. 그러나 최근 몇 년 동안 주민의 불만이 높아가고 좀 더 많은 내부자치권을 주장하면서 급기야 독립을 원하는 집단도 계속해서 조직되고 있다.

기아나는 1946년 해외자치도로 만들어지기까지 식민지인 채로 있었는데, 1878년 프랑스 하원에서 대표자의 의회장이 파견된 날부터 기아나는 특별한 지위를 얻게되었다. 1930년 6월 6일 이니니(Inini)의 영토가 만들어졌고, 영해는 깊이 20㎞ 에서 40㎞으로 축소되어졌으며 그리고 16명에서 8명으로 이루어진 위원들을 이끈 도지사가 오게 된다. 이때부터 이니니(Inini)의 영토는 프랑스 공화국에 귀속되었다.

1946년 3월 19일 레지옹과 관련된 법률적 구성 원칙에 의해 시행된 이후, 기아나에서 상원의원과 하원의원을 선출하면서 경제·사회의회의 대표자를 임명하게 된다. 1951년 9월 14일 이니니의 영토는 구(區)로 승격되어, 관리가 한 구의회를 책임지게 되는데, 총 9개의 구획을 다스린다. 1972년 7월 5일 법에 따라 1973년에 기아나를 설립했던 정부의 결정에 의해 1975년 7월 주의회가 설립되었다.

지방분권은 1982년 5월 2일과 12월 31일 법의 실행에 의해 실시된다. 지역의원들은 1983년부터 연기투표로 선출되고, 민선 의회에서는 1명의 대의원과 1명의 상원 의원을 프랑스 의회로 보낸다.

레위니옹 섬의 주도 생-드니(Saint-Denis)는 아프리카 동부 마다가스카르 섬의 동쪽 850㎞의 제도에 딸린 레위니옹 섬의 북부 생-드니 강의 하구에 위치한 인구 10만 4454명(1994)의 도시이다. 1642년부터 프랑스인의 식민이 시작되었으며, 사탕수수·카사버·바닐라·카카오·잎담배 등 섬의 산물을 집산·가공한다. 바둑판 모양의 도로를 가진 시가와 언덕 위의 주택으로 도시가 나누어지며, 고등교육기관과 의료시설도 갖추어져 있다. 이 섬에는 유일한 무역항이 있으며 동쪽의 교외에 국제공항이 있다.

레위니옹은 다른 해외자치도 처럼 1946년 3월 19일 법률인 도의 구성원칙에 의해 프랑스의 한 레지옹이 되었으며, 프랑스와 같은 행정권한이 여기에서도 적용된다. 이 지역에서 노예무역은 1817년 폐지되었으나, 실질적으로는 1848년까지 계속되었다. 1860년에는 인도에서 계약노동자를 받아들였지만 1882년에 폐지되었다. 1870년이래 아프리카인에게도 프랑스 시민권을 부여하여 선거제도 등에서도 인종차별이 철폐되었다. 레위니옹은 4개의 아롱디스망, 24개의 코뮌느와 47개의 칸통을 포함하며 본국에 사회와 정치의회 의원 1명과 5명의 하원의원 그리고 3명의 상원의원을 보낸다. 도청은 생-드니에 있고 3개의 군청은 생-피에르(Saint-Pierre), 생-폴(Saint-Paul) 및 생-베느와(Saint-Benoît)에 있다.

레위니옹은 프랑스의 해외자치주로서 유럽연합(EU)에 속하며, 섬의 상황에 따른 자율적인 권한과 동시에 본국의 다른 데파르트망들처럼 공동의 권리도 영유한다. 레위니옹은 3만 명 이상의 주민이 있는 7개의 시가지(Saint-Denis, Saint-Pierre, Saint-Paul, le Tampon, Saint-Louis, le Port, Saint-André)가 개발되는 도시 계획의 혜택을 얻었다.

지금까지, 영토별 해외자치도(D.O.M.)의 특색을 살펴보았는데, 각 영토의 상황, 즉 인구 분포나 본국과의 거리등에 따라 정치나 행정의 규모가 다를 뿐, 권한은 본국의 데파르트망과 마찬가지로 유사했다. 하지만, 자치권은 본국의 데파르트망 보다 넓다는 것을 알 수 있다.

2. D.O.M.의 준비과정: 준해외자치도(C.D.O.M.)[48]

준해외자치도(C.D.O.M.)는 마요트이다. 코모로제도는 3개의 도서 앙쥬앙(Anjouan), 모엘리(Mohéli), 그랑드코모르(Grande Comore)와 로 이루어지는데, 그 중 4번째가 프랑스 해외영토인 마요트이다.

2001년의 이전의 프랑스 해외영토는 해외자치도, 해외자치영토, 해외자치단체란 3개의 범주로 구분되어져 있었지만 마요트에 의해 새로운 4번째의 카테고리가 만들어진다. 2001년 7월 11일의 2001/616 법령으로 그때까지 해외자치단체(C.T.O.M.)의 마요트는 "준해외자치도(Collectivité Départementale d'Outre-Mer)"란 지위를 받게 되어 C.D.O.M.이 되었다. C.D.O.M.이란 준해외자치도로서 해외자치도가 되기 위해 프랑스의 사회적, 법률적, 교육적 규범을 이행하는 초기 단계로서 조정기간은 10년인데, 이 기간이 지나면 해외자치도의 지위를 갖게 된다.

1974년 12월 24일 법률에 의하여 마요트는 프랑스 해외자치단체의 법적 지위를 가지게 되는데, 그 배경은 1975년에 독립한 코모로 제도의 다른 섬들과는 달리, 마요트는 프랑스 해외영토로 남기를 선택한데서 부터 시작된다. 코모로 주민들은 1974년 12월에 실시된 국민투표에서 94.56%의 찬성으로 독립을 했다. 1975년 7월 3일 법령 제75560호가 마요트섬이 특별한 지위를 향유한다는 조건으로 그 결과를 승인했다. 프랑스의 통치는 코모로 정부에 의해 도전을 받았지만, 프랑스인들이나 마요트인들 모두 큰 관심을 보이지 않았다.

---

48) Collectivité Départementale d'Outre-Mer는 아직 공식적으로 C.D.O.M.이란 약어로 표기하지는 않지만 저자가 임의로 씀.

마요트의 행정은 단순한데, 도지사의 지위를 갖는 정부 대표자, 본국처럼 17명의 의원으로 구성되는 도의회 그리고 17개의 코뮌느가 있다.

3. 다른 프랑스: 해외자치영토(T.O.M.)[49]

해외자치영토(T.O.M.)는 프렌치 폴리네시아(Polynésie Française), 왈리스퍼투나(Wallis-et-Futuna), 프랑스령 남극대륙 및 남빙양(Terres Australes et Antarctiques Françaises) 이상의 세 영토이다.

1946년 뉴칼레도니아와 프렌치 폴리네시아가 처음으로 해외자치영토(T.O.M.)의 지위를 받고, 한때 생-피에르-에-미클롱 섬이나 코모르 군도 등도 해외자치영토에 속해있었다. 하지만, 1975년에서 1977년 동안 지위가 바뀌고 독립하기도하여, 1993년부터는 4개의 영토만(남극대륙 및 남빙양 TAAF는 1955년에 왈리스퍼투나는 1961년부터) 해외자치영토에 속해있다.

해외자치영토(T.O.M.)는 지리적으로 볼 때, 프랑스 본토에서 가장 멀리 떨어져 있고, 프랑스의 해외영토들 중 가장 늦게 귀속된 영토들(모두 19세기에 점유)이다. 그래서 정치, 경제, 사회, 문화적 요소들이 프랑스 본국과 상이한 점이 많다. 도로상의 법규(Code), 본토와 같은 유형의 사회 보장제도 부재, 다른 우표의 사용, 다른 학교의 과정, 독특한 세무제도 등이다. 특히 세무에 있어 세 영토 모두 부가가치세(TVA)가 없고, 프렌치 폴리네시아와 왈리스퍼투나에는 소득세마저도 없는 특성이 있다. 그리고 화폐의 단위도 본국과 다른 남태평양 프랑(CFP: Cours du Franc Pacifique)을 사용한다.

---

49) Territoire d'Outre-Mer의 약어.

공식명칭이 프렌치 폴리네시아인 타히티는 남태평양 동쪽 4백만 평방㎞에 흩어져 있는 총 118개 섬(총 면적 4천 평방㎞로 유럽만한 크기)으로 이루어져 있다. 이들 섬들은 각각 소사이어티 군도, 오스트럴 군도, 말퀴세스 군도, 투아모투 군도, 만가레바 군도 등 5개의 순도로 나누어지며, 이 도서들 중 소시에테 군도에 가장 많은 인구가 살고 있다. 타히티의 수도인 파페테가 있는 본섬 타히티는 프렌치 폴리네시아 섬 중 가장 큰 섬으로 남위 17도 32분, 서경 149도 34분에 위치해, 캘리포니아로부터는 6,520㎞, 호주로부터는 5,390㎞, 일본으로부터는 9,500㎞, 유럽으로부터는 17,700㎞ 떨어져 있다. 이 제도는 1946년 프랑스 해외자치영토의 지위를 받았고, 1984년 9월 6일부터 아래의 5개섬 들로 이루어진다고 규정하고 있는데, 이를테면 수르방(Sous-le-Vent)제도, 오스트랄(Australes)제도, 투아모투(Tuamotu)제도, 감비에(Gambier)제도, 마르퀴즈(Marquises)제도이다.

이 영토는 프랑스 본토의 고위위원에 의하여 행사된다. 여러 기구들 중에는 정부의 기구가 있으며, 이 기구의 장은 이 지역의회의 장에 의해 선출되고, 41명의 의원은 보통선거에 의해 5년 임기로 선출된다. 그리고 경제·사회위원회가 창설되어 있는데, 이 위원회는 오직 자문의 기능만 갖고, 경제·사회적 문제에 관련된 계획안에 대하여 자문을 받게 된다.

1984년 내부적인 자율권을 인정되고, 1996년 4월 12일 헌법의 부속법에 의해 다시 내부자치법령이 새롭게 제정됨에 따라 자치정부의 권한이 대폭 강화되었다. 총선으로 뽑힌 41명의 의원들로 구성된 타히티 의회(The Territorial Assembly)가 자치정부의 대통령을 선출하며 대통령은 10명의 장관을 임명한다. 또한, 타히티는 프랑스 의회에 상원의원 1명과 하원의원 2명을 파견하고, 이밖에 자치 정부의 역할을 벗어난 국제관계, 사법, 국방, 통화 부문은 프랑스 정부를 대표하는 고등판무관이 업무를 관장하고 있다.

왈리스퍼투나 군도는 왈리스에서 남서 방향으로 190㎞ 떨어진 곳에 있는 퍼투나 제도와 함께 하나의 프랑스 해외자치도이다. 주도인 우베아와 8개의 작은 섬으로 이루어져 있으며, 모두 산호초로 둘러싸여 있다.

이 영토에 적용되는 법률은 기본적으로 1961년 7월 29일과 1978년 10월 18일 법률들에 근거를 두고 있다. 이 법들의 특징은 다른 영토에 비해 이 군도의 지방자치를 행정상 많이 제한하고 있다는 것이다.

프랑스 정부가 임명한 고위관리와 상원 의원 1명에 의해 통치되며, 지역위원회의 자문을 받는다. 영토의 권한은 행정의 장에 있고, 그 7명의 의원이 정부의원의 직함을 갖는 영토의회를 주재하는 고등행정관에 의해 행사된다. 20명의 의원으로 구성되는 의회(Assemblée)에서 선출되지만, 그의 권한은 중요성이 거의 없고, 결정은 본국에서 온 고등행정관 승인을 받아야한다.

프랑스령 남극대륙 및 남빙양제도(Terres Australes et Antarctiques Françaises)는 거대한 남극대륙과 광활한 남빙양에서 프랑스가 먼저 점유한 일부 영토를 가리키는데, 대륙에 위치한 가장 큰 영토 테르-아델리(Terre-Adélie)와 크로제 군도(îles Crozet), 케르그랑 군도(Kerguelen), 누벨-암스테르담 제도(île Nouvelle-Amsterdam) 및 생-폴 제도(île Saint-Paul)로 다섯 부분이다.

이 영토는 고등행정관에 의해 관리되며 그가 행정의 장이 된다. 행정의 장은 관계장관의 대표자와 임기 5년으로 임명되는 두 명의 과학자로 구성되는 자문위원회에 의해 보좌된다.

이 영토의 특수한 조건으로 인하여 법에 규정된 공역무가 모두 창설되지는 못하였으며, 또한 고등행정관도 파리(Paris)에서 업무를 수행한다. 업무는 주로 예산문제 및 연구 또는 자원개발과 관련된 허가, 신청, 검토에 관련되어 있다.

4. 또 하나의 T.O.M.: 해외자치단체(C.T.O.M.)[50]

해외자치단체(C.T.O.M.)는 뉴칼레도니아(Nouvelle-Calédonie)와 생-피에르-에-미클롱(Saint-Pierre-et- Miquelon) 두 곳이다. 해외자치단체는 해외자치영토와 거의 유사한 지위로 해외자치영토보다 좀 더 자치성이 보장되는 독립적인 형태라고 정의 내릴 수 있는데, 이 두 지위 간의 법률적 차이는 거의 없고 형식적인 차이만 있다.

가장 최근 해외자치단체가 된 뉴칼레도니아를 보면, 이 곳 원주민인 카낙인들의 거센 독립요구에 의해 1998년 11월 9일에 해외자치단체지위가 주어졌는데, 1988년 마티뇽협정(Accords de Matignon)과 1998년 누메아협정(Accords de Nouméa)의 결과이다. 독창적 방법으로 독립을 향한 제도적 개혁을 시도하는 특별한 신분의 해외자치단체로, 2014년이 되면 20년 이상 뉴칼레도니아에 거주한 주민들이 선거권자가 되어 영구히 주권을 회복할 수 있는 투표를 실시한다. 뉴칼레도니아의 경우처럼 해외자치단체란 자치권이 가장 잘 보장되는 지위인 셈이다.

---

50) Collectivités territoriales d'Outre-Mer의 약어.

뉴칼레도니아(Nouvelle-Calédonie)는 오스트레일리아로부터 1,500 ㎞, 뉴질랜드로부터 1,700㎞ 그리고 프랑스로부터 16,743 ㎞ 떨어져있는 남태평양에 있는 군도로 총 면적 19,103㎢에 이른다.

- 라그랑테르 지역(La Grande Terre): 총 면적 16,750 ㎢,
- 르와이오테 지역(Les îles Loyauté): Ouvea, Lifou, Maré 등,
- 체스트파일드 지역(Les îles Chesterfield): Walpole, Surprise, Huon-Pins 등 이다.

위의 세 지역에는 의원에(6년의 임기로 선출)의해 운영되는 의회(Assemblée)가 있고, 각 의회에는 한 명의 의장과 2명의 부의장이 있는데, 의장이 주의 행정장이 된다. 세 의장위로 있는 영토의 장은 프랑스 고위위원(Haut commissaire de la république françaís)으로서 도지사와 유사한 권한을 갖고 있다.

영토를 운영하는 조직으로서 총회, 경제·사회 위원회 그리고 관습자문회가 있어, 보건과 교통, 국세, 사법, 통신, 기상 등에 관련된 업무를 담당한다. 총회는 도의회 연합으로 구성되어 있고, 1980년대의 혼란한 독립운동 이후, 1988년 창설되어 경제적 균형을 취하게 했던 경제·사회 위원회는 31명의 위원이 있다. 그리고 관습자문회는 원주민들의 주요한 관습을 이해하기 위해 세워졌다.

생-피에르-에-미클롱섬은 행정상으로는 해외자치단체에 속하며 캐나다 남동부 뉴펀들랜드의 남해안 앞 바다에 위치한다. 이 섬은 생-피에르와 미클롱 섬 등을 비롯해 등 8개의 섬으로 구성되어 있는데, 대표지역은 생-피에르 지구(면적 26㎢)와 미클롱 지구(면적 216㎢)이다.

이 제도는 1985년 6월 11일 법률에 의해 해외자치도(D.O.M.) 신분에서 해외자치단체(C.T.O.M.)로 변경되었다. 도지사의 지위를 갖는 정부 대표자, 19명의 의원으로 구성되는 도의회(Miquelon-Langlade 4명, Saint-Pierre에 15명) 그리고 경제·사회 위원회가 창설되어 있어 조세와 세관 그리고 도시계획에 관련된 업무를 담당한다. 법률에 있어서는 일반적으로 다른 해외영토나 본토의 지방자치 단체와 유사한 범주에서 적용된다.

5. 프랑스 해외영토의 지위

지금까지 "프랑스 해외영토의 정치와 행정 구조"란 두 번째 장의 주제로, 각 영토의 정치 그리고 행정조직의 특성을 살펴보았다. 그런데 4개의 범주로 나누어진 각 해외영토들의 지위와 프랑스에 점령당한 시기가 서로 깊은 관련이 있다는 사실을 발견할 수 있다. 먼저 첫 번째 범주인 해외자치도의 과들루프, 마르티니크, 기아나 그리고 레위니옹은 각각 1635년, 1635년, 1604년, 1642년에 점령되었고, 준해외자치도인 마요트는 1841년에, 해외자치영토의 프렌치 폴리네시아, 왈리스퍼투나, 테르-오스트랄-에-앙타르티크-프랑세즈는 1842년, 1886년, 1840년(Terre-Adélie)[51] 그리고 해외자치단체인 뉴칼레도니아와 생-피에르-에-미클롱 섬은 1604년과 1853년에 각각 점령되었다.

51) 테르-오스트랄-에-앙타르티크-프랑세즈는 5개의 군도로 구성되는데 각각 점령시기가 다르다. îles Crozet: 1772년, Kerguelen: 1772년, île Nouvelle-Amsterdam: 1843년, île Saint-Paul: 1843년 이다. 그리고 가장큰 대륙인 Terre-Adélie는 T.A.A.F. 총 면적의 80%가 넘는 360,000 ㎢인데 1840년에 발견되었다.

다시 정리해 보면, 해외자치도의 지위를 가진 4개의 영토는 모두 17세기, 하나의 준해외자치도는 19세기, 3개의 해외자치영토는 19세기 그리고 2개의 해외자치단체는 17세기와 19세기에 각각 점령되었다.

이것은 피몽(Pimont)[52]의 표현처럼, 해외자치도(D.O.M.)는 과거 가장 일찍 프랑스에 귀속된 영토들로서 프랑스의 정치, 경제, 사회, 문화적 요소들이 프랑스 본국과 가장 유사하기 때문에 프랑스 주와 도가 될 수 있었다. 하지만, 그의 지적도 해외자치영토에 가서는 혼란함을 느끼게 한다. "본국에서 가장 멀리 떨어져있는 해외자치영토"[53]라고 표현했는데, 거리로 보면 뉴칼레도니아, 생-피에르-에-미클롱 섬 그리고 테르-오스트랄-에-앙타르티크-프랑세즈도 가장 멀리 떨어져있다. 초기 해외영토를 경영할 때는 "거리"가 일반적 기준이었을 수 있으나, 현재는 해외자치도를 제외한 모든 지위들이 정치적인 이유에 의해 지위가 이동되고 있다. 가장 최근에 2001년에 마요트는 해외자치단체가 되고, 1998년 뉴칼레도니아가 해외자치영토의 신분에서 해외자치단체로 변경되었다.

뉴칼레도니아에서는 독립을 위한 반 프랑스 운동이 준 결실로 좀 더 자치권을 갖는 준해외자치단체의 지위를 최근 획득했다면, 마요트는 다분히 국제관계 또는 경제적 이유로 준해외자치도의 지위를 받고 더 나아가 프랑스의 해외자치도가 되기 위한 준비를 하는 것이다. 더욱 재미있는 사실은 이 나라가 회교도 국가이면서

---

52) 그는 해외자치도(D.O.M.)인 4개의 영토를 "오래된 4개 quatre vieilles"라고 표현했다. Pimont. Y, *Les territoires d'outre-mer*, Presses Universitaires de France, 1994, p. 5.

53) "Les TOM, territoires les plus éloignés de la métropole". Pimont. Y, *Les territoires d'outre-mer*, Presses Universitaires de France, 1994, p. 3.

프랑스어가 공용어이지만 대부분의 주민들이 코모로 어를 쓰고 있어 프랑스와 인종적, 문화적 관련성이 희박하다는 것이다.

현재의 이런 변화들은 프랑스 해외영토의 지위가 과거와 같이 문화, 사회 등의 유사성 또는 차별성으로 정해지는 것이 아니라, 정치적, 경제적, 전술적 등의 이유로 짧은 시간을 두고, 다분히 유동적인 관점으로 변동될 것을 예시하는 것이다.

나오며

지금까지 프랑스 해외영토의 역사와 현재의 정치, 행정적 지위 등을 살펴보았다. 역사적 관점으로 볼 때, 프랑스의 해외영토지배는 17세기와 19세기에 이루어졌다. 즉 유럽의 식민영토 확장과 산업혁명 이후 시장의 원료확보라는 서구 제국주의 국가와 같은 전형적인 경제 침략에 그 기원을 두고 있다. 현대에 들어오면서 해외영토의 가치는 전략적 목적이 추가되는데, 이것은 드골의 "강대국 정책"과 깊은 관련이 있다. 미·소 양극체제에서 벗어나 독자적으로 제3의 강대 세력으로 부상하려는 이 정책은 1946년 제4공화국헌법에 따라 해외영토에 도의 구성 원칙(Principe de la départementalisation)을 적용하고, 당시 프랑스 식민지들(현 프랑스어권 국가)의 지위를 격상시켜 프랑스 공화국내의 해외영토로 편입시키는 계기가 되었다. 탈냉전 이후에도 프랑스는 프랑스 해외영토와 프랑스어권 국가연합(La francophonie)과 긴밀한 관계를 유지하고, 경제 원조를 통한 협력체제구축으로 유대관계를 강화하면서 정치적, 문화적 공동체를 강조하고 있다. 또한, 해외영토와 프랑스어권 국가의 전략적 주요 위치에 해외군사기지를 설치하여 해당 지역의 방위 역할과 프랑스어권의 확대 및 유지를 위해 노력하고 있다.

이렇게 프랑스는 제3세계, 특히 프랑스어권 국가의 후원에 힘입어 국제무대의 강국으로 그들의 발언권을 높이기 위해 노력하는 입장이고 보면, 해외영토가 다른 프랑스어권 국가들보다 역사적·심리적으로 더 밀접하여 이를 프랑스에 완전히 귀속된 영토라고 주장할 수 있겠지만, 정치, 행정적 귀속이라고 해서 모든 해외영토를 프랑스 본토와 같이 단정하기는 어려운 것 같다. 왜냐하면, 대부분의 해외영토의 민족, 문화 등이 프랑스 본토와는 상이하고, 그들의 지위(Le statut)도 변화되어 자치권이 바뀌거나 더 나아가 주권의 변화 가능성도 있기 때문이다. 예를 들어, 뉴칼레도니아는 오랫동안 해외자치영토(T.O.M.)였던 지위에서 해외자치단체(C.T.O.M.)로 최근 변경되고 급기야 2014년에는 주민 선거에 의해 영구히 주권을 회복할 수 있는 기회를 갖게 되었다.

본 연구는 프랑스와 프랑스어권 국가라는 이분법적인 분류에 가려져 있던 프랑스 해외영토를 양지로 끌어내 적절한 지위를 부여하고자 했다. 결국 프랑스 해외영토는 프랑스에도 속하며 프랑스어권 국가의 일원이기도 한 이중적 성격을 띠고 있는데, 이들 중 프랑스에 완전히 귀속되어 있어 본토의 지위와 같은 해외 주이자 해외도인 해외자치도(D.O.M.)는 프랑스로, 그리고 아직 독립을 갈망하고 준비하는 뉴칼레도니아를 비롯한 나머지 해외영토들은 프랑스어권 국가로 규정하는 것이 설득력이 있을 것이다. 하지만, 기아나처럼 비록 해외자치도에 속한 영토라도 실은 자치권과 궁극적으로는 독립을 원하고 있으므로, 이들은 프랑스보다 프랑스어권 국가(프랑스 해외영토란 부제를 달고)의 범주로 규정해야 할 것이다.

두망즈는 그의 저서인 『프랑스 해외영토』(L'Outre-Mer français)에서 "2020년 까지 해외영토가 존재할 것인가?"[54]라고 자문했는데, 이는 현 프랑스어권 국가(옛 프랑스 식민국가)들이 그랬던 것처럼 프랑스 해외영토도 독립으로 나아가리라는 가능성이 전제된 것이다. 프랑스 해외영토는 그 독립 가능성을 현실화시키기 위해서 타협에 의한 독립과 더 나아가 프랑스와는 동반자적인 관계를 추구해야 할 것이고, 프랑스는 제한된 재원으로 진정한 제3의 강대국으로 나아가기 위해서는 남태평양 제도에서처럼 타국의 소수민족까지 희생양으로 삼는 전근대적 군사외교를 버리고, 1990년대 이후의 탈냉전 시대에 따른 새로운 국제정치, 경제, 인권적 환경위에서 그 자질을 키워가야 할 것이다.

---

54) Doumenge, *L'Outre-Mer français*, Armand Colin, 2000. P. 209.

참고문헌

사미르 아민 저, 김용규 역, 『유럽중심주의』, 세종출판사, 2000.

이순희, 「佛領 폴리네시아의 전통사회에 대한 연구」, 『구미문제연구』, 부산대, 제1집, 1994.

앤드류 포터 저, 석화정 역, 『유럽 제국주의 연구의 현황과 과제』, 한양대학교 출판부, 2001.

원윤수 저, 『프랑스어 문화권의 이해』, 서울대학교출판부, 1994.

원윤수, 『진정한 세계화의 모색: 불어권의 경우』, 서울대학교출판부, 2000.

한양환, 「불어권 지역연구와 불어교육의 활성화」, 『한국프랑스학논집』, 제29집, 2000.

김명섭, 『대서양 문명사, 팽창 · 침탈 · 헤게모니』, 한길사, 2001.

Belorgey, Dom Tom, La Découverte, 1994.

Blachere-Delahaye, Outre-mer, outre-vie, L'Harmattan, 2000.

Boyer Alain, Le statut constitutionnel des territoires d'outre-mer et l'Etat unitaire, Economica, 1998.

Braban A., Les marchés publics et privés dans la C.E.E. et Outre-Mer, tome 1, Emile Bruylant, 1992.

Clauzel Jean, Administrateur de la France d'outre-mer, Editions J. Laffitte, 1999.

Cornevin R-M, France et les français Outre-Mer, Jules Tallandier, 1990.

Doumenge, L'Outre-Mer français, Armand Colin, 2000.

Brial Fabien, Décentralisation territoriale et coopération internationale: le cas de l'outre-mer français, L'Harmattan, 2000.

Faberon Jean-Yves, La mer outre-mer, L'Harmattan, 2001.

Federini Fabienne, La France d'Outre-Mer: critique d'un volonté française, L'Harmattan, 2000.

Fred Constant et Justin Daniel, 1946-1996: cinquante ans de

départementalisation outre-mer, L'Harmattan, 2000.
Marc Janus, Les départements d'outre-mer et la CEE: les DOM, la République française et la CEE: esquisse d'une trilogie partenariale, L'Harmattan, 2000.
Mathieu J-I, L'outre-mer français, Presses Universitaires de France PUF, 1994.
Miège Jean-Louis, Histoires d'Outre-Mer. Mélanges en l'honneur, Pu Provence, 2000.
Moutoussamy Ernest, Les DOM-TOM, L'Harmattan, (1988).
Omarjee, Outre-mer: France et droit social communautaire, LGDJ / Montchrestien, 2000.
Mariello Philippe, Nos départements et territoires d'outre-mer. en questions-reponses, L'Harmattan, 2001.
Pimont. Y, Les territoires d'outre-mer, Presses Universitaires de France (PUF), 1994.
Pluchon Pierre, Histoire de la colonisation française, Fayard, 1991, p. 1015.
Rey /Houriez, Etat inventaire tome 3 marine outre mer, Archives Nationales, 2000.
Robert Deville et Nicolas Georges, Les départements d'outre-mer, Gallimard, 1996.
Rivière Sylvain, Outre-mer, C. Pirot, 2000.
Jacquemart Sylvie, La question départementale outre-mer, Presses Universitaires de France PUF, 1983.
Teulières A., Outre-mer français et exploitation des océans, Orstom, 2000.
Ziller Jaques, Les Dom-Tom: Départements/régions d'Outre-Mer, territoires et collectivités territoriales d'Outre-mer, L.G.D.J (Collection "Systèmes"), 1996.

인터넷 참고사이트

http://www.cr-guadeloupe.fr/html/guadeloupe.htm

http://www.lemonde.fr/recherche_resultats/1,9687,00.html

http://www.monde-diplomatique.fr/

제3장

프랑스어권 경제영역(EEF)과 지역경제협력체

들어가며

21세기 화두처럼 세계화라는 거대한 패러다임이 경제 영역 및 정치, 사회, 문화 등 각 분야에서 변화를 요구하고 있다. 하지만, 미국 중심으로 편중된 세계화의 인식은 비단 교육의 영역에서 일고 있는 지나친 영어 열풍뿐 아니라, 정치, 경제, 국방 등에서의 대미 의존도는 이미 위험수위를 넘어서고 있으면서도 전 세계의 각 국가의 보편적 이해나 그 다양성에 대한 이해는 더욱 결여되어 가고 있다. 세계화란 분명 미국뿐만이 아닌 약 220개나 되는 세계의 모든 국가를 대상으로 한 총괄적 개념으로, 그들의 정치, 경제, 문화적 배경과 사회적 상황에 대한 명확한 이해, 그리고 더 나아가 이를 바탕으로 하여 특정국가나 지역으로 우리의 대외 관계나 경제적 시장을 확대해 가는 것이 세계화의 실용적인 인식일 것이다.

본 장은 한국의 프랑스어권 진출을 위한 기반작업으로서, 먼저, (1) 각 대륙에 있는 대표적인 경제공동체[1]를 살펴보면서 그 기구 속에 있는 프랑스어권 국가의 역할 및 영향력을 알아 볼 것이고, (2) 그 다음으로는 프랑스어권 경제영역(EEF)의 역사와 EEF회원국들의 경제상황 등을 고찰할 것이며, (3) 마지막으로 지역경제통합체와 프랑스어권 국가로의 우리나라 진출 가능성에 대해 논의해 볼 것이다. 현 프랑스어권 국가연합(OIF)은 정치나 경제 공동체의 성격보다는 프랑스어를 중심으로 한 문화적 공동체의 성격이 크기 때문에 자체적인 경제공동체를 가지고 있지 않는데, 큰 이유 중 하나는 회원국들 간에 지역적 특성이나 경제적 격차가 큰 까닭이다. 하지만, 최근 들어 회원국들 사이에서 정치, 경제 협력적인 관계의 필요성이 강조되고 있어, 점차 그러한 상황으로 가고 있다. 예를 들면 프랑스어권 경제영역(EEF)이라는 용어를 사용하며 회원국들 간의 경제협력분위기를 고조시키고 있어서 프랑스어권 경제공동체 탄생을 위한 가시적인 결과가 나올 가능성도 예상된다.

프랑스어권 지역경제를 논하는데 있어, 대륙별 경제공동체가 함께 조명되어야 하는 필연성이 있는가는 의구심이 생길 수도 있지만, 가칭 프랑스어권 경제영역(EEF)이 차후 거대 경제공동체가 될 가능성이 있다는데서 이 논의가 시작되기에 다른 기구들과의 비교를 위한 차원에서도 필요하다. 그리고 무엇보다 최근 세계 경제의 흐름뿐만이 아니라 외교에서도 단순히 국가 대 국가의 개념 보다는 개별 국가를 포함한 국제기구 및 경제연합체와의 제휴와 협력을 통해 국제관계가 이루어지고 있다. 따라서 우리나라가 프랑스

---

1) 경제공동체는 관세동맹이나 공동시장운영 그리고 일련의 경제정책을 통합하는 집단을 폭 넓게 지칭한다.

어권 국가로의 진출방안을 고려한다고 할 때, 대륙별 거대 경제블럭에 대한 이해는 기본이 되어야 하고, 더 나아가 그 기구 속에서 프랑스어권 국가의 역할과 위상 등을 통해서 다각적인 진출방안의 모색이 가능할 것이다. 특히, 한국처럼 대외무역 의존도가 높은 국가는, 경제통합으로 인해 다양해진 시장 환경과 적극적인 경제통합의 의지를 통해 역내에서의 입지를 확보함과 동시에 역외 경제공동체들과의 유리한 관계에서 자국의 이익의 극대화를 모색해야 하는 시점에 와있다. 그러므로 국제화, 세계화가 가속화되는 이 시점에 국제사회의 각 분야에 영향을 미치는 국제기구의 영향력을 간과하지 않고, 경제적 관계 속에서 실용적인 양자체제의 관계나 다자관계의 거대 지역 경제통합체를 다각적으로 모색하는 외교 및 경제 능력이 절실히 요구되는 시점이다. 그래서 국제적 경제흐름에 보다 능동적으로 참여하고 또 활용하기 위한 전략수립과 정책개발을 위해서라도 프랑스어권연합과 그 회원국에 대한 이해는 우선되어야 할 것이다.

이에 이 글을 통해 미국 및 영어권의 영향에 의해 상대적으로 이해가 부족하고, 가치평가에 있어 절하된 전 세계 프랑스어권 국가에 대한 인식을 높이고, 그들의 폭 넓고 다양한 문화적 이해를 통해 진정한 세계화의 길을 모색하는 기회를 마련해 보고자 하였다.

I. 거대 경제공동체와 프랑스어권 경제영역(EEF)

1. 대륙별 지역경제공동체

최근 반세기 동안 세계는 무역자유화의 질서를 확립하면서 또 자국 경제의 한계를 극복하기 위한 한 방법으로 경제블럭(bloc economy)의 형성에 대한 인식이 선진국에서 개도국까지 모든 대륙에서 생겨났다. 이러한 지역경제공동체는 1980년대에는 9개에 불과했지만, 세계무역기구인 WTO에 따르면 2000년대에는 약 240개나 되며, 이 중 약 70%인 172개가 발효 중에 있다. 지역경제공동체의 급속한 성장은 경제가 새로운 "이념"으로 떠오르며 국가 간의 국경이 상대적으로 약화되고 또한 국가 간의 상호의존도가 높아지면서 경제공동체의 기능이 더욱 더 중요해지고 있다. 서로 간의 경쟁 속에서 발전을 도모하는 경제공동체는 역내의 회원국에 대해서 관세철폐 또는 인하를 유도하지만, 비회원국에게는 관세를 높이는 차별적 대우를 하는 것이 일반적이다. 이 경제 블록화의 통합 배경은 각 국가의 무역정책이 외부 지향적이 되고 또한 무역 자유화의 이니셔티브를 채택함으로 더욱 활성화되었다. 이러한 통합의 물결은 세계화 추세와 발맞추어 지역적 통합에서 그 영역이 확대되고, 거대한 실천 잠재력을 가지고, 세계는 지금 지역경제공동체의 급속한 성장기에 있다.

이러한 흐름은 유럽에서도 예외가 아니다. 이 지역에서는 특히 세계적으로 그 유래를 보기 어려운 크고 강력한 경제공동체가 있는데, 이것이 유럽연합(EU)이다. 2002년 현재 인구 3억 8천 명, 7조 9천억 달러 규모의 GDP이며 1993년 11월에 발효된 마스트리히트 조약으로 EU는 경제뿐만이 아니라, 공동통화동맹 및 외교 그리고 안보정책까지 실행되는 초국가적 동맹으로 거듭 태어나게 되었다. EU는 현재에도 공동의 통화와 동일한 조세제도 그리고 공동의 재정 및 금융정책을 실시하면서 이제까지 볼 수 없었던 높은 경제통합단계[2)]에 와 있는데, 이러한 경제통합은 일시적이고 단기적인 이익추구에 의해 만들어 진 것이 아니라, 오랜 시간을 두고 각 국가 간에 협력관계를 유지해온 결과물이며, 앞서 유럽인들이 가진 국가 간의 협력을 중요시해 온 경제공동체에 대한 적극적인 태도에서 기인한다.

유럽 프랑스어권 국가들은 호혜적이고 공존공영의 상황을 유지하기 위하여 경제협력기구를 창설하고 또 주도하고 있는데, 국제협

---

2) 지역통합체의 정도와 단계에 따라 발라사(Bela Balasa) 교수가 분류한 유형을 소개하자면 5단계로 구분되는데 다음과 같다. (1) 자유무역지대(FTA-Free Trade Area): 각 지역 내에 있는 모든 국가 간의 각종 무역 장벽(관세 및 수당제한)을 없애고 역내 상품이동을 자유화하고 비회원국에 대해 나라마다 독자적인 무역을 규제하는 것. 예를 들면 EU에 가입하지 않은 노르웨이, 아이슬란드, 스위스가 참여하는 유럽자유무역협정(EFTA-European Free Trade Association)과 라틴아메리카 자유무역지대(LAFTA-Latin American Free Trade Area) 그리고 NAFTA 역시 FTA의 한 형태이다.

(2) 관세동맹(CU-Customs Union): 회원국 간의 무역장벽을 없애는 것과 동시에 비회원국에도 공통의 관세정책을 취한다. 예를 들면 ANDEAN으로서 회원국인 남미의 볼리비아, 콜롬비아, 에콰도르, 페루가 외부 수입에 대해서 5-20 %의 공동 관세를 부과한다. 그리고 베네룩스(Benelux)관세동맹도 이에 속한다.

(3) 공동시장(Common Market): 관세동맹보다 더 발달한 형태로 재화뿐만이 아니라 생산요소까지도 자유로운 이동이 보장되며 또한 노동자와 자본의 이동도 자유롭다. 중앙아메리카공동시장(CACM), 카리브공동시장(CCM) 그리고 EU가 통합되기 전 EEC가 그 예이다.

(4) 경제연합(Economic Union): 공동의 통화로 회원국 간의 동일한 세율 적용과 공통의 재정금융정책을 실시하는 단계이다. EU가 이제까지 볼 수 없었던 모델이며, 공동통화와 동일한 조세제도 그리고 공동의 재정 및 금융정책으로 완벽한 경제연합으로 가고 있다.

(5) 초국가동맹: 경제뿐만이 아니라 정치적인 면에서 통합을 이룬다. EU는 현재 유럽단위의 행정부와 유럽전체의 의회, 사법부 역시 있다. 이들은 단일한 행정부, 의회, 군사적인 조직체를 가지면 EU는 하나의 국가로 탄생하게 된다.

조용득, 『국제 경제질서와 세계 경제질서』, 형설출판사, 2003, p. 336 및 정영규, 『국제 지역경제론』, 서울경제경영, 2002, p. 299.

력기구의 원조 지대인 만큼 그 영역은 비단 경제의 영역만이 아니라, 정치, 경제 및 군사 영역에까지 확대되어 있다. 전 세계적으로 맺어진 국제협력기구와 유럽의 지역적 국제기구들은 각 나라에서 중첩적으로 병존해 있는데, 규모 순으로 살펴보면 다음과 같다. 유럽을 중심으로 55개의 회원국을 가진 가장 큰 국제기구는 유럽안보협력기구(OSCE)로서 군사 협력, 국경불가침 그리고 경제협력 등의 조약을 체결하고 있다. 그 다음으로는 40개의 회원국을 가진 유럽평의회 그리고 19개의 회원국을 가진 북대서양조약기구(NATO)는 서유럽 내의 국방과 경제적 원조를 보조하는 역할을 한다. 그리고 18개의 회원국을 가진 유럽경제지역기구(EEA)는 유럽 국가들 간의 경제통합을 목적으로 하며 상품과 사람·서비스·자본의 자유로운 이동을 핵심으로 하고, 평화와 민주주의 및 인권에 기초한 유럽 건설, 세계적 차원의 교역자유화, 유럽의회 의원들과 EFTA국가의회 의원들 간의 협력 강화 등을 주요 내용으로 하고 있다. 그 다음으로는 15개의 회원국을 가졌으며 유럽의 가장 강력한 지역 경제협력기구인 유럽연합(EU)은 유럽의 정치적 경제적 통합을 실현하기 위해 만들어진 기구이며, EU 15개국 중 10개의 서유럽 국가만 가입되어있는 것이 서유럽동맹(WEW)이 있다. 이 외에도 가장 작은 기구라고 할 수 있는 북유럽평의회(NC)와 유럽자유무역연합(EFTA)을 들 수 있는데, 전자는 북유럽 5개의 회원국을 갖고 있으며, 후자는 프랑스어권 국가인 스위스를 비롯하여 리히텐슈타인, 아이슬란드, 노르웨이가 회원국이다.

앞서 언급했듯이 큰 잠재력을 가지고 세상에 등장하고 있는 유럽연합(EU-Europian Union)은 동구권 국가까지 회원으로 포함하게 되어, 거의 유럽국가 전체를 포괄하는 경제공동체로 그 영향력은 전 세계적으로 더욱 커지고 있다. 1999년 1월부터 단일통화 유로(Euro)를 출범시킨 유럽연합은 무역 면에서 세계의 약 40%를 차지하고 있으며, 프랑스어권 국가의 종주국인 프랑스는 EU에서 독일과 양대 축으로서 막강한 영향력을 행사하고 있다.

EU 회원국 중 프랑스어권 국가는 3개국으로 프랑스, 벨기에 및 룩셈부르크이다. 이 국가들과 EU와의 관계를 살펴보자. EU창설에서 현재까지 프랑스어권 국가의 활약은 그 역사에서도 잘 나타나는데, 먼저 EU의 시초인 공동체의 구상이 1950년 프랑스인 이었던 로베르 슈만에 의해 제시되었던 시기로 거슬러 올라간다.[3)] 그 이듬해에는 1951년 파리조약을 거쳐 1952년에 창설된 유럽석탄 및 철강공동체(ECSC)가 탄생한다. 1958년 관세동맹 및 농업공동시장 형성을 중심으로 지역경제공동체의 모습을 드러낸 유럽경제공동체(EEC)는 6개국의 회원국(프랑스, 벨기에, 룩셈부르크, 서독, 이탈리아, 네덜란드) 중 그 절반이 프랑스어권 국가였다. 부연하자면, 그들의 주도적 역할에 힘입어 EU의 전신인 EC의 탄생을 보게 된 것이다.

프랑스어권 국가의 종주국인 프랑스는 EU의 3강으로 영국, 독일과 함께 2004년 2월에 정상회담[4)]을 가진 바 있는 영향력이 있는 국가이다. 프랑스 외교정책의 핵심은 1945년부터 단일 유럽 건설에 바탕을 두고 있는데, 그 이유는 두 번의 세계대전 이후 무엇보

---

3) 프랑스의 로베르 슈만(Robert Schuman)과 독일의 콘라드 아데나워(Konrad Adenauer)는 1950년에 유럽석탄철강공동체(ECSC-European Coal and Steel Community)에 대한 구상을 발표하면서 EU의 가장 초보적 형태의 기구가 탄생된 셈이다.

4) 2004년 2월 18일 베를린에서 유럽 3강이 정상 회담을 가졌는데, 자크 시라크 프랑스 대통령, 토니 블레어 영국 총리, 게르하르트 슈뢰더 독일 총리가 참석했다. 이들은 그 다음 달 브뤼셀에서 열릴 EU 정상회담을 대비해 앞서, 지난해 합의에 실패한 EU헌법문제를 조정하기 위함이었다. 이들 3국가는 EU의 절반 이상의 인구와 경제 규모를 가진 대국이다.

다도 평화의 유지와 평화 위에서의 국가안보 보장 그리고 민주적 정체성 회복이 우선해야 한다는 필연성 때문이었다. 그리고 실리적 관점에서 단일 유럽이후 통합된 경제와 공동 정책의 수행 그리고 공동무역을 통하여 평화와 부를 획득하기 위한 전략에 기인한다. 그런 이유로 하여 1945년 이후 모든 국가 지도자들인 드골, 퐁피두, 데스텡, 미테랑 그리고 시라크 대통령에 이르기까지 유럽공동체가 강력한 경제력을 지니면서 정치적 영향력을 확보할 수 있는 기반 마련과 EU를 통한 단일 유럽 건설 및 확장에 힘써 왔던 것이다. 그 예로 드골 집권 후 EEC가 본격 가동되었는데, 그는 당시 적국이었던 독일과 관개 개선을 통해 프랑스-독일 협력 체제를 구축하였고, 퐁피두 대통령 때는 -드골 대통령이 한사코 거부했던- 영국의 가입을 허용하여 EEC를 활성화 시켰다. 그 이후에도 프랑스 대통령들의 노력으로 반세기 이상 독일과의 협력 체제를 잘 유지하고 있다. 이처럼 EU 내부에서는 물론 유럽 전체 국가 중에서도 매우 영향력 있는 지위에 프랑스어권 국가의 수장인 프랑스가 있다.

벨기에와 룩셈부르크는 근대적 의미의 경제통합을 1921년 두 국가 간의 경제동맹을 통해 이루어 낸 국가들이다. 역사적으로 볼 때 유럽은 약 14세기경부터 다양한 형태의 통합이 추진된 대륙이었지만, 현대에 들어와서는 EU 보다 먼저 생긴 벨기에-룩셈부르크 경제동맹은 경제협력기구의 첫 시초가 되는 기구로써 두 국가는 양국의 상품과 요소 그리고 서비스의 자유로운 이동은 물론 경제정책까지도 조정하며 단일통화권으로 결속하였다. 그리고 1948년에 와서는 네델란드가 가세하여 베네룩스 경제동맹을 결성하게 되는데, 이것이 유럽경제공동체(EEC)의 표본이 되고, 더 발전되는 과정에서 현재의 EU가 된 것이다. 프랑스어권 국가의 중요성은 EU의 본부만 보아도 짐작할 수 있을 것이다. 프랑스 동부의 스트라스부르그에 위치하고 있던 EU의 본부는 최근 EU의 확대 및 발전과 더불어 의회를 제외하고는 룩셈부르크와 벨기에의 수도 브뤼셀로 옮겨오게 되었다. 룩셈부르크의 수도에도 EU의 많은 기관 즉 유럽재판소, 회계감사원, 유럽투자은행 등이 포진하고 있어 그야말로 프랑스어권 국가들이 EU 기관들을 독점 유치한 인상마저 준다. 이렇듯 프랑스를 제외한 다른 프랑스어권 국가들은 면적이나 인구로 보아 소국인데도, 강대국을 견제하며 공공여론을 조장할 수 있는 EU기관들을 적극 유치하여 보다 큰 영향력을 행사할 수 있는 위치에 있다. EU의 초대 멤버로 기구가 6개 회원국에서 12개, 15개 회원국[5] 그리고 27개 회원국[6]으로 늘어나는 가운데서도 그 권위가 줄어들지 않았다.

EU는 이렇게 단일 유럽의 진정한 정치적 정체성을 확보하고 1999년 1월 1일 출범된 단일 통화와 2002년 1월부터 유로화를 본격 사용하고 있다. 그리고 1996년 회원국 GDP의 합계가 6조7천6백40억 에퀴에 이르는 유럽 연합은 이제 GDP에 있어 아시아 지역을 앞지르고 있을 뿐 아니라, 북미 전체의 규모와 거의 대등하다.

---

5) 1995년 이후부터 15개국인 그리스, 네델란드, 독일, 덴마크, 룩셈부르크, 벨기에, 스웨덴, 스페인, 아일랜드, 영국, 오스트리아, 이탈리아, 프랑스, 포르투갈, 핀란드이지만 최근 동유럽 국가와 지중해 국가로 확대될 계획이다. 동유럽 6개국 슬로베니아, 에스토니아, 헝가리, 체코, 키프로스, 폴란드가 우선 가입가능 국가이고, 라트비아, 루마니아, 리투아니아, 몰타, 불가리아, 슬로바키아가 그 다음 협상국이었다.

6) 2004년 제5차 확대에서 총 25개국(15개국 + 10개국)이 되었으며, 대상 국가는 헝가리, 폴란드, 체크, 슬로베니아, 에스토니아, 사이프러스, 라트비아, 리투아니아, 몰타, 슬로바키아였다. 그리고 2007년 제6차 확대에서 총 27개국(25개국 + 2개국)이 되었는데, 대상 국가는 루마니아와 불가리아였다.

특히 2004년 5월 1일에 10개국의 EU 신규 회원국들이 가입하게 되어, EU는 4억 5천만 명의 인구와 GDP 9조 4천억 달러로 세계무역의 20%를 차지하는 단일시장으로 재탄생하게 되며, 제도적 장치의 발전과 함께 초국가적 동맹에 더 한층 가까워지게 되었다.

EU의 폭풍으로 전 세계가 술렁이는 가운데 프랑스어권 국가인 캐나다가 속해 있는 북아메리카도 영향을 받지 않을 수 없었는데, 그 영향으로 발족된 경제공동체가 북미자유무역협정(NAFTA)이다. 유럽의 EU에 자극 받은 미국이 북미대륙을 하나의 경제권으로 만들고자 발족한 이 공동체는 지배적인 하나의 경제 강국인 미국과 훨씬 작은 경제규모의 캐나다, 멕시코 두 국가가 가입국이며 다른 두 국가가 선진국인데 반해, 멕시코는 개발도상국에 있는 독특한 환경 속에서 구성된 북미의 경제협력기구이다. 1992년 12월 3국 정부가 조인한 북미자유무역협정(NAFTA)은 94년 1월부터 발효되었고, 이 협정의 목적은 무역장벽 제거, 공정한 경쟁조건 보장, 투자기회의 활성화, 지적재산권 보호 그리고 협정의 이행과 실행 그리고 분쟁을 해결하기 위한 효과적인 절차수립 등이었다. 지난 몇 년간 회원국들은 노동력과 자본 그리고 기술을 결합시켜 경쟁력을 강화시키고자 하는 목표를 가지고 있는데, 그 효과는 일찍 드러나 NAFTA의 체결 이후 역권 내의 인구 1992년 현재 3억 6759만 명, GNP 6조 2030억 달러(1990년 현재)의 거대자유무역시장이 형성되었으며, 유럽연합(EU)에 이어서 세계 두 번째로 큰 경제공동체가 되었다.

21세기 초의 경제는 EU와 NAFTA란 두 거대 경제공동체에 의해 세계경제가 주도될 것으로 예견되는바, 두 기구의 성격과 역내 상황을 비교해보면서 그 특징을 살펴보면 다음과 같다.

[표 3-1] NAFTA와 EU의 비교[7)]

	NAFTA	EU
가입국	미국, 캐나다, 멕시코 3개국	프랑스, 독일, 영국, 이탈리아, 스페인, 포르투갈, 그리스, 덴마크, 아일렌드, 벨기에, 네델란드, 룩셈부르크 등 15개국(2004년 이전)
성격	* 1992년. 8 자유무역협정체결 - 가맹국간 관세 및 비관세장벽 철폐 역외국에 대한 독자관세 - 노동 이외의 생산요소의 자유이동	* 1958년 관세동맹으로 출발 * 1993년 공동시장형성 및 경제공동체 * 완전한 경제통합추진: 단일통화 통용 및 유럽중앙은행출범(1999년) * 2002년 1월 1일. 유로화 12개국에 서 사용
목적	* EU에 대응 - 미국의 자본과 기술, 캐나다의 자원, 멕시코 노동력의 상호보완적 결 합을 통한 경쟁력 제고 - 세계경제에서 차지하는 지도적 위치 고수	* EU각국의 경쟁력 강화 및 세계경제의 지도적 위치 회복 - 1단계: EFTA각국의 흡수통합 - 2단계: 동구권 등 시장경제전환국의 가입
전망	앞으로 남미 각국까지 확대하여 남부미주대륙을 포괄하는 경제통합체의 결성	범유럽경제권의 형성
인구(2000)	* 인구(백만 명): 4억 5천	* 인구(백만 명): 4억 5천

표에서 보듯, 유럽과 아메리카를 대표하는 두 기구는 역내의 회원국 수에 있어서는 큰 차이를 보이지만, 인구나 경제규모는 유사하다. 하지만, 이 두 기구의 내면적 상황은 다르다. NAFTA가 EU의 견제 또는 대응을 위해 인위적으로 만들어지고, 그 역사 또한 짧음으로 인해 아직 회원국 간의 이해관계는 명확하지 않은 상태라고 볼 수 있다. 일례로 미국은 멕시코 시장의 개방을 유도하여 지적재산권의 확보 등 자국의 이익을 추구하는 반면, 캐나다는 미국 시장에서의 기득권 유지와 무역 분쟁의 해결을 위한 도구로 이

7) 정영규, 『국제 지역경제론』, 서울경제경영, 2002, p. 342.

기구를 보고 있으며, 멕시코는 미국 시장을 안정적으로 확보하여 자국의 내부경제를 활성화하려는 의도를 가지고 있는 등 미국과 캐나다 그리고 멕시코 3개국의 입장이 서로 다른 점을 꼽을 수 있다. 이러한 이유로 NAFTA는 아직 관세의 단계적 인하라는 초기 단계의 경제협력관계에 있다. 이에 반해 EU는 앞서 보았듯이 몇몇 주도국이 기구의 발전 상황과 시장규모를 고려하여 회원국을 점차 늘려 가는 안정적 방법으로 진행되어, 각 국의 이해관계는 물론 유럽연합이란 초국가적 단계의 공동체 실현에 대한 믿음도 크며 회원국 간의 신뢰도 높은 수준이다. EU에 비해 다소 불안한 NAFTA 이지만, 그럼에도 예의 주시해야 하는 이유는 NAFTA회원국들이 가진 개방성과 역동성이다. 위 표에서 보듯 소극적인 역내 무역의 활성화 이외에 NAFTA는 "세계경제에서 차지하는 지도적 위치 고수"를 위해 그 영역을 무섭게 확대시키고 있다. 그 대표적인 경우가 2005년 12월 출범 예정이었으나, 아직 창설 과정에 있는 범미주자유무역지대(FTAA)이다. 이 기구는 앞서 말한 NAFTA 3개국이 34개국 북미와 중·남미 모두를 포괄하는 그야말로 세계최대규모의 자유무역지대이다.

NAFTA 회원국들 중에서 유일한 프랑스어권 국가인 캐나다는 한국과 아울러 아시아·태평양경제공동체(APEC-Asia Pacific Economic Cooperation)의 초창기 맴버[8]이며, 또한 캐나다와 한국은 정치, 경제, 사회, 문화적 관계에서도 우호적인 관계를 유지하고 있다. 한국과 캐나다는 경제 구조에 있어서도 상호 보완적 관계[9]에 있어,

8) APEC는 1989년 1월 아시아 및 태평양국가 12개국에 의해 공식 출범되었다. 회원국은 한국, 캐나다, 미국, 일본, 호주, 뉴질랜드 그리고 ASEAN 6개국이다. 1995년 현재 17개국으로 늘어났으며 대륙별 거대 경제공동체의 확산 추세에 따라, 역내 경제협력에 대한 논의가 활발하다.

다자관계 보다는 FTA를 통한 양자관계로 양국의 이익을 극대화 할 수 있는 조건이 되어 있다. 양국의 무역관계를 보면, 한국은 1990년대 중반까지는 수입 위주였지만, 이제는 수출과 수입이 대등한 무역관계를 보여주고 있다. 이것은 양국이 균형 있는 무역관계를 형성하고 있다는 증거인 동시에 모두가 중견 국가(Middle Power)임을 나타내 주는 것이다. 그리고 앞으로 선진국과 개도국, 동아시아 지역과 북미 대륙을 연결하는 중개자적 역할을 담당하여 아시아·태평양지역의 번영에 크게 기여할 수 있을 가능성을 보여주는 것이라 할 수 있다. 최근의 양국 경제양상은 대외 교역 관계의 다변화를 추구하고 있어 좋은 동반자 관계로 발달할 가능성도 보여준다.

이렇듯 호의적인 관계 및 가능성에도 불구하고, 한국에서는 거의 알려지지 않은 지역이 캐나다에 있는 프랑스어권 퀘벡주로 비교적 한국인들의 낮은 인지도로 인해 상호교류가 활발하지 않는 지역이다. 인구 400만 명의 영어권인 토론토 지역에는 약 6만 명의 교민이 살고 있는데 반해, 퀘벡의 몬트리얼에는 약 300만 명의 시민 중 3,000명의 한국교민밖에 있지 않다는 것에서도 미루어 짐작할 수 있다. 퀘벡주의 면적은 한국의 약 16배에 해당하고 풍부

---

9) 한국과 캐나다는 1963년 1월 14일 정식 국교 수립 이후 아시아·태평양지역의 주요 파트너로서 지속적으로 협력을 확대시켜 왔다. 이러한 협력 관계는 양국 간의 지리적, 경제적 환경이 부합하기 때문에 가능했다. 부연하자면, 우선 영토 면적에 있어서 캐나다는 한국의 100배가 넘으나 인구 면에서는 오히려 한국이 약 1.5배 많다. 한국은 우수한 인력과 산업화 능력을 지니고 있는 반면, 캐나다는 풍부한 자원과 첨단의 과학과 기술을 보유하고 있다. 캐나다의 경제 캐나다 경제구조의 특성은 1) 최대의 첨단산업(항공, 우주, 통신, 컴퓨터, 생명공학) 2) 풍부한 천연자원 보유(수출액의 약 30%가 1차 상품), 3) 고도의 개방 경제체제 유지(대외무역이 GDP의 72%를 점유)이다. 캐나다는 고도 산업화지역이면서도 자원, 농업 등 일차산업 비중이 높은 산업간 균형 잡힌 경제체제를 갖고 있다.

한 지하자원과 산림을 보유하고 있으며, 특히 몬트리얼은 금융 및 상업 그리고 항공우주산업, 통신, 생명공학이 매우 발달한 캐나다 하이테크 산업의 중심지이다. 그리고 퀘벡주는 캐나다 경제의 22% GDP를 차지[10]하는데, 이 규모는 캐나다 10개주 중 2위, 즉 OECD 국가의 19위에 해당하는 높은 수치이다[11].

앞서 보았듯, 프랑스어권 국가들 중 드물게 양자관계가 인정되고 우호적인 환경의 캐나다, 특히 영향력을 가진 프랑스어권 퀘벡주와의 긴밀한 외교 및 경제관계가 성립된다면 한국과 캐나다의 무역이 한 단계 도약할 수 있는 계기가 될 것이다.

한국에 있어 아프리카는 지리적인 거리만큼이나 역사, 문화도 생소하다. 또한, 한국의 외교는 주로 경제에만 큰 비중을 두고 전개되기 때문에, 낙후된 이 지역들과의 관계를 중요시하고 있지 않은 것도 사실이다. 하지만, 아프리카는 실상 외교와 경제적 관점에 있어서도 실질적인 도움이 될 수 있는 가능성 있는 대륙이다. 먼저 국제 다자외교를 취하는 현 시대 상황에서 아프리카의 지지권을 확보하여 국제기구에서 우리나라의 영향력을 높여나갈 수 있을

---

10) 캐나다는 경제권의 지역 편재가 매우 심한 편으로 온타리오 주, 퀘벡 주, 브리티시컬럼비아 주(British Columbia, 이하 BC주)에 인구 및 경제력이 집중되어있다(-온타리오주: GDP의 41%, 인구의 37% -퀘벡주: GDP의 22%, 인구의 25% -B.C.주: GDP의 13%, 인구의 13%). 특히 퀘벡 내에는 17만개 기업 중 90%가 100면 이하의 종업원으로 이루어진 중소기업이면서도 캐나다 25대 기업 중 10개 기업과 다국적기업이 소재하고 있다. 퀘벡주는 매년 30억불 상당의 지하자원 채취, 63%는 수출(- 석면 : 캐나다 전체 80% - 금 : 캐나다 전체 28% - 철 : 캐나다 전체 37% - 티타늄 : 캐나다 전체 100%)한다. 주요수출국은 유럽(64%), 미국(29%)이다.

11) 김승민·이복남·한양환, 『세계 프랑스어권 지역연구』, 푸른길, 2003, p. 102-111.

바탕이 될 것이다. 예를 들면 유엔의 185개 회원국 중에서 아프리카는 50개국 이상이 의사진행 및 투표 행사권을 갖고 있다. 이들은 아프리카 대륙의 역내 및 역외문제에 있어 직접적인 이해관계를 제외하고는 서방의 주 원조국도 미국도 아닌 중립적인 입장을 취하는 경우가 많은데, 만약 우리나라가 아프리카 국가의 지지를 얻게 된다면 국제무대에서 더한층 높아진 입지를 고수해 나아갈 수 있을 것이다.

경제적 관점으로 보면, 아프리카 국가들은 독립 후 약 30년간 정치 일변도적인 사고방식에서 벗어나지 못하다가 1990년대에 접어들면서 경제와 인권에 관심을 두게 되었다. 그리하여 식민 종주국으로부터의 의존적 원조의식에서 벗어나 점차 경제의 생산성과 관련된 차관형식의 원조와 산업 구조 개편 움직임을 보이고 있다. 이것은 과거의 유류, 금광, 목재 등의 일차적인 자원확보[12]라는 관점뿐만이 아니라, 수출시장으로서의 잠재력이 커가고 있다는 것을 단적으로 말해주는 것이다. 아프리카에 있는 대기업의 경우 거의 유럽이 주도하고 있어, 아직 우리나라는 소자본의 가발산업이나 사진업 등이 그 주류를 이루고 있지만, 지금처럼 경제의 활성화가 진행된다면 머지않아 가전 및 자동차 산업 등의 대기업 진출이 가능한 소비시장이 될 것이다. 이러한 잠재력을 가진 아프리카대륙의 국가들 중 절반이상이 프랑스어권 국가인 것을 인지하면, 그곳 진

12) 아프리카 국가의 수출상품은 60년대의 독립 때부터 광물, 에너지 자원, 농수산물 자원 등 1차 상품의 수출에 의존하는 단종적 성격이 있기 때문에 아프리카 국가의 교역조건은 점차 나빠지고 있다. 한국의 아프리카 최대 수출국은 남아공이며, 그 뒤로 프랑스어권 국가인 코트디아부르, 가봉, 카메룬 등이 주요 수출국이다. 지금까지 한국의 아프리카에 대한 수출 상품은 자동차 등 수송기기, 전기, 전자, 섬유, 화학제품이고 수입품으로는 원유와 광물 등 1차 산물이다.

출을 위해 프랑스어권 국가와 그 국가들을 둘러싼 지역경제공동체의 이해는 무엇보다 앞서 필요하게 될 것이다.

먼저, 아프리카지역의 거대 경제공동체를 보면 2001년 5월 26일 아디스아바바(에티오피아의 수도)에서 53개의 회원국으로 창설된 아프리카연합(AU)이 바로 범아프리카 경제공동체이다. 1950년대 말, 비교적 일찍 독립한 아프리카 국가를 중심으로 1958년 첫 기초를 다지고, 1961년 5월 라이베리아의 수도 몬로비아에서 19개국 아프리카 원수들이 참석하여 OCAM[13] 상설사무국설치 및 기구헌장을 채택한다. 그리고 1963년 5월 23일 에티오피아의 아디스아바바에서 개최된 아프리카 정상회의에서 아프리카통일기구(OAU)헌장을 기안하고 30개국의 정상들이 서명하게 된다. 그 후 1980년 4월 라고스액션계획(Lagos plan of action)에 의해 지금까지의 지역경제공동체를 바탕으로 범 아프리카적 공동시장을 구축한다는 목표를 세웠는데, 그 결실이 바로 AU인 것이다. OAU가 역내무역 자유화 등 아프리카 공동의 이익에는 기여했지만, 내정에 관여하지 않아 지역적 분쟁 그리고 학살 등의 해결에 무능력하다는 한계를 보였고, 이를 극복하기 위해 탄생된 AU이기에 그 역할이 기대된다. 하지만, 아프리카 국가의 고질적인 종족분쟁과 내전 그리고 격차가 심한 국가간의 경제규모를 잘 조절해 나갈지는 아직 좀 더 두고 볼 일이다.

AU처럼 거대한 경제공동체의 탄생은 최근에 이루어졌지만, 아프리카 대륙은 북부, 동부, 남부, 중앙[14], 서부 5개 지역으로 나누어

---

13) 아프리카 및 모리셔서 공동기구(OCAM-Organization Commune Africaine-Mauricienne)는 1963년 OAU의 전신이 되는 기구이다.

14) 중앙아프리카에는 서부아프리카와 더불어 프랑스어권 국가들이 아주 많이 분포해있는 지역이다. 중부아프리카관세동맹(UDEAC-Union Douanière et Economique de l'Afrique centrale 또는 영어로 CACEU-Central African Customs and Economic Union)은 1964년 콩고에서 프랑스령 적도아프리카를 이루고

져 수많은 지역 경제블럭이 존재하고 있다. 이 지역들 중 프랑스어권 국가들이 가장 많이 산재해있는 지역인 서부 아프리카는 역사적으로 볼 때 범아프리카적 경제공동체 창설에는 미온적인 반응[15]을 보인 반면, 프랑스어권 국가들 간의 경제협력기구 창설에는 매우 활발했고 또한 가장 먼저 경제공동체를 형성했던 지역이다. 대표적인 경제통합기구로는 서아프리카국가 경제공동체(CEDEAO-La Communauté Economique des Etats de l'Afrique de l'Ouest 또는 ECOWAS-Economic Community of West African States)가 있다.

우리나라의 대 아프리카수출 80% 이상이 서아프리카에 집중되어 있고 또 많을 흑자를 기록하고 있어, ECOWAS는 한국이 우선적으로 협력해야 하는 지역공동체이다. 1975년 5월 28일 라고스(나이지리아)에서 창설되고, 프랑스어권 국가들이 포함된 아프리카 최대 경제통합블럭인 ECOWAS는 중부 아프리카의 GDP 대부분을 산출한다. 2004년 현재 15개국의 회원국 중 9개국인 베넹, 부르키나 파소, 코트디부아르, 기니, 말리, 니제르, 세네갈, 토고가 제1 프랑스어권 국가[16]이고, 카푸베르(Cap Vert)와 기니-비사우(Guinée-Bissau)

있던 4개국 가봉, 중앙아프리카공화국, 차드, 콩고가 상호관계를 원활히 하기 위한 목적으로 성립했다. 1993년 적도 기네, 카메룬이 가입하여 회원국 간의 경제협력, 무역증대 그리고 중부아프리카의 공동시장형성을 목표로 하고 있다. 그리고 그 외의 공동체로는 중앙아프리카국가연맹(UCAS-Union of Central African States은 중앙아프리카공화국, 차드, 콩고가 1968년 2월에 조약체결)과 중앙아프리카경제공동체(CEEAC-Economic Community of Central African States는 1983년 창설되어 1993년 현재 가봉, 르완다 등 10개국으로 구성되어 중앙아프리카의 경제 활성화와 통합을 목표)가 있다. 참고: 박기갑, 「아프리카 경제통합운동의 현황과 전망: 지역적 국제기구의 역할과 활동을 중심으로」, 『지역연구』, 제4권 2호, 서울대지역연구, 1995, p. 91-92.

15) AU의 탄생 시기인 1958년과 1961년 모로코의 카사블랑카회의에 12개국 프랑스어권 국가들은 불참했다.

16) 제1장 "프랑스어권 국가의 형성"의 '프랑스어권의 범위' 참조.

2개국이 제2 프랑스어권 국가이며, 그 외는 감비아, 가나, 리베리아, 나이지리아, 시에라리온이다. 하지만, 인구나 경제규모에 있어서는 나이지리아가 거의 61,02%(GDP)를 차지하고, 감비아의 경우 단지 0,33%에 그쳐 회원국 간의 경제규모가 심각한 불균형을 이루고 있다. 아프리카에서의 경제통합체는 역사나 다양한 모델에도 불구하고 아직 큰 효과를 거두지는 못했지만, 무역 및 경제 발전에 긍정적인 기여를 하고 있으며, 통합체의 문제점을 보완하는 개혁을 하고 있다. 아프리카에는 서아프리카국가 경제공동체와 ECOWAS보다는 경제규모가 작지만, 프랑스어권 국가만으로 이루어진 지역경제공동체가 존재하는데, 이것이 바로 서아프리카경제공동체(ECWA-Economic Community of West Africa 또는 프랑스어로 CEAO- Communauté Economique de l'Afrique de l'Ouest)이다. 프랑스어를 유일 공용어로 사용하는 7개국의 프랑스어권 회원국들이 1973년 코트다부아르에서 조약을 채결해 회원국 역내의 비공산품에 대한 관세철폐와 교역 특혜로 통상을 증대시켰다[17]. 뿐만 아니라 1차 산업 및 공사개발사업 등 일련의 경제통합계획을 추진하고 있으며, 주거와 경제관련 정보에 대한 전반적인 정보교환협정을 체결하여 회원국들 간의 상호교류가 원만한 특징을 가지고 있다. 이것은 프랑스와 그리고 옛 식민국들 사이의 오래전부터 가져왔던 특권적 유대관계에 기인한다고 볼 수 있다. 그 외에도 프랑스어권 국가로 이루어진 다른 기구는 서아프리카관세동맹(WACU-West African Customs Union)이 있다. 흔히 프랑화 지역(Zone franc)라 불리는 13개국 프랑스어권 국가들이 서아프리카화폐연합(UMOA-Union Monétaire Ouest Africaine)[18]

17) 박기갑, 「아프리카 경제통합운동의 현황과 전망: 지역적 국제기구의 역할과 활동을 중심으로」, 『지역연구』, 제4권 2호, 서울대지역연구, 1995, p. 89.

18) 회원국은 니제르, 말리, 부르키나파소, 베넹, 세네갈, 코트디아부르, 토고

이나 중부아프리카국은행(BEAC-Banque des Etats de l'Afrique Centrale)[19]에 가입하여(이 두 기구에 가입되지 않은 코모로와 기니비소는 프랑스와 직접 화폐협정을 맺어 프랑화를 사용하고 있음) 프랑화 지역(Zone franc)을 이루고 있다.

아프리카에서 지역적인 경제공동체를 주도해 왔던 프랑스어권 국가들은 먼저 프랑스어권 국가들 간의 경제블럭에서 시작하여 다른 지역 그리고 다른 언어권으로 그 영역을 확대시켜 나가는 경향을 보이고 있는데, ECOWAS나 CEAO에서도 보았듯, 역외 국가와도 중복으로 경제블럭을 체결하여 양자 혹은 다자관계의 경제블럭을 형성하는 특성을 갖고 있다.

아프리카는 서유럽의 프랑스처럼 옛날의 몇몇 식민종주국과의 깊은 유대관계를 제외한다면, 어느 나라도 이 지역에서 시장의 주도권을 잡은 나라가 없기에 시장을 개척하고 선점한다면 이익을 극대화 할 수 있는 가능성이 크다. 우리나라의 진출에 가장 큰 문제점 중의 하나가 바로 아프리카의 시장 특성에 어둡다는 것인데, 특히 프랑스어권 시장에 대한 미흡한 정보가 아프리카 전체에 대한 소극적 투자로 이어지고 있어, 어느 곳보다 강도 높은 전략적 연구와 적극적인 정책이 뒤따라야할 지역이다.

2. 프랑스어권연합(OIF)과 프랑스어권경제영역(EEF)

프랑스어권 경제영역(EEF-Espace Economique Francophonie)이란 용어의 탄생에 대해 간단히 살펴보면, 1987년 열린 캐나다 퀘벡에서

7개국이다.

19) 회원국은 6개국으로 가봉, 중앙아프리카공화국, 적도기니, 카메룬, 콩고, 차드이다.

의 두 번째 프랑스어권 정상회담에서 프랑스어권 국가들 간의 경제협력에 대한 첫 논의가 있었다. 그 후 1991년 11월 카이로 정상회담 때, 프랑스어권 국가들 간의 경제협력기구 창설이 주요 주제로 대두되었고, 1995년 12월 코투누 정상회담에서 이 기구의 설립을 위한 구체적인 준비 작업에 들어간다. 그리고 그 이듬해인 1996년 경제학자인 에이메릭 쇼프라드에 의해 출간된 "Espace Economique Francophonie, pour une francophonie intégrale"[20]에 의해 프랑스어권 경제영역(이하 EEF)이 프랑스어권 국가들의 경제상황을 지칭하는 용어로 정착하게 되었다. 1997년 하노이 정상회담에서 52개 국가 및 정부에 의해 프랑스어권 국가연합(이하 OIF)가 출범되면서, OIF는 언어 및 문화 중심의 연합체에서 정치적 기구로 그 영역이 확대된다.

[그림 3-1] 프랑스어권 연합OIF의 로고[21]

OIF는 프랑스어권 국가의 주요 오퍼레이터(l'opérateur principal) 역할을 담당하는 기구로 활동범위나 전 세계적인 대단위 조직을 갖추고 있는 국제기구이다. 그 조직의 구성은 국제기구의 위상을

20) Chauprade Aymeric, *Espace Economique Francophonie, pour une francophonie intégrale*, préface de Stève Gentili, Ellipses, 1996.

21) http://www.google.co.kr 참조.

갖고 있는데, 아래의 표와 같다.

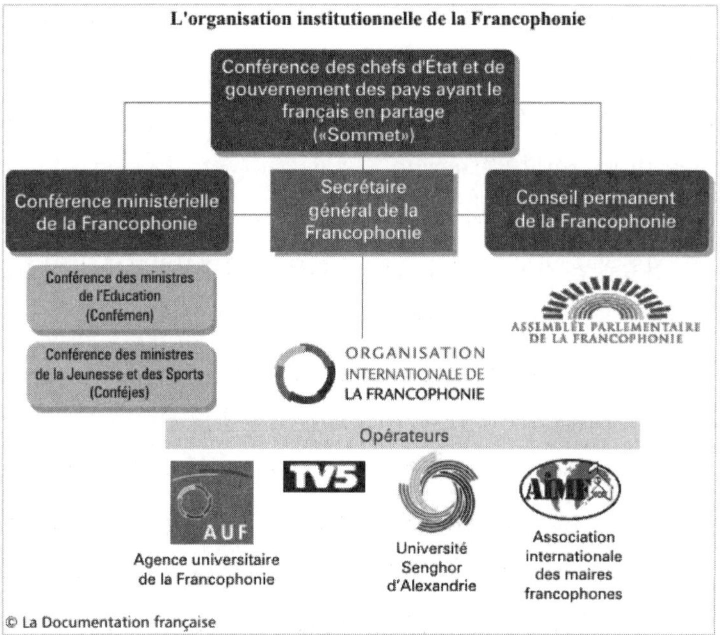

[그림 3-2] 프랑스어권 연합OIF의 구조도[22]

OIF의 조직도의 최상층부에는 프랑스어권국가연합OIF 정회원(2009년 8월 현재 56개 국가와 지역)의 "수반(Sommet)"으로 구성된 "프랑스어를 공유하는 프랑스어권 국가정상회담(Confèrence des chefs d'État et de gouvernement des pays ayant le français en partage)"이 있다. 1986년 프랑스 파리에서 1차 회담이 개최된 이래 2008년(10월 17일~19일까지 캐나다 퀘벡)까지 12차 회담이 열렸는데, 정상회담은 2

22) http://www.google.co.kr 참조.

년마다 한 번씩 정기적으로 개최된다[23]. 이들은 회담을 통하여 프랑스어권 국가의 주요 현안을 논의하고, OIF의 정책방향을 제시한다.

그리고 프랑스어권 국가정상회담의 산하에는 OIF의 '프랑스어권 사무총장'(Secrétaire général de la Francophonie)을 중심으로 '프랑스어권 외무장관회담'(CMF; Conférence Ministérielle de la Francophonie)과 '프랑스어권 상설평의회'(CPF; Conseil Permanant de la Francophonie)가 있다. 사무총장은 OIF의 실질적인 중앙행정 집행 장으로서 최고의 정책 집행권을 가지고 있다. 프랑스어권 국가정상회담에서 선출되는 사무총장의 임기는 4년제로서, '프랑스어권 상설평의회(CPF)'의 최고 책임자인 동시에 '프랑스어권 정부간기구'(이하 AIF; Agence Intergovernementale de la Francophonie)의 위원장을 겸직하고 있다[24].

그리고 OIF의 사무총장의 직속기구로는 OIF의 중추적 행정기능을 관장하는 AIF가 있다. AIF는 과거 '문화기술협력기구(ACCT)'의 후신으로서 OIF의 정책을 집행하는 실질적인 중앙행정집행기구이며, 본부는 파리에 있다. 그밖에 OIF의 사무총장은 프랑스어와 문화를 전파하는 사업을 수행하는 부속기구들도 관할하고 있다. 부속기구의 예를 들면 '프랑스어권 대학연합기구'(Agence universitaire de la Francophonie), 전 세계적 위성TV 프랑스어방송채널인 'TV5', 이집트 알렉산드리아에 설립되어 아랍세계에서 친 프랑스 성향의 인재를 양성하는 '셍고르대학'(Université Senghor)과 프랑스어권 대도시 시장들의 모임인 '프랑스어권 시장국제협회'(Association Internationale des Maires Francophones(AIMF)) 등이 있다.

1997년 11월 프랑스어권 국가의 결속과 협력을 강화시키기 위해

---

23) 20 mars 1970, date de création de l'Agence de coopération culturelle et technique (ACCT)

24) http://www.francophonie.org 참조.

새로운 국제기구 창설의 필요성이 베트남 하노이에서 개최된 '제7차 프랑스어권 정상회담'역설되었다. 따라서 회담에 참석한 46개 회원국이 '프랑스어권 국가연합기구'(OIF)를 창설하여, 프랑스어권 국가의 언어 및 문화뿐만 아니라, 정치 및 경제 분야로까지 협력을 확대하기 시작하였다. OIF가 수행하는 주요활동 내용을 개괄적으로 살펴보면 1) 정치 분야에서는 회원국내 지역분쟁방지, 회원국의 민주제도 정착과 법치주의 확립, 회원국내 인권문제 개선 등이며, 2) 경제 분야에서는 회원국내 선후진국간의 경제협력 활성화, 회원국간 비즈니스 파트너쉽 구축, 청년층의 고용창출 지원, 다자간 무역협상 시 공동 대응 등이며, 3) 문화 분야에서는 국가간 문화적 다양성을 확보하기 위한 각종 사업지원 즉, 방송매체제작과 신문제작 및 지방 라디오 방송국 지원, 회원국내 예술가와 예술작품의 교류지원 등이며, 4) 교육 분야에서는 제3세계 회원국의 교육시스템 개선 및 문맹율 퇴치지원, 회원국내 프랑스어 교육강화, 회원국간 학술교류 지원 등이다[25].

또한 OIF는 국제기구인 EU, LEA(아랍국가결속체), Common-Wealth(영국연방), AU(아프리카공동체) 등과 같은 국제협력기구인 것을 강조하며 그들과 동등한 관계를 유지하고 또 협정을 통하여 결속을 강화시키고 있는데, 예를들면 베이루트 정상회담(2002년 10월)에서 조약체결된 COMESA과 OEI, UNESCO, Commonwealth 등이다.

프랑스어권 경제영역(EEF)의 홍보와 전파 그리고 프랑스어권 국가들 간의 경제협력을 주도해 오고 있는 기관인 프랑스어권비즈니스포럼(FFA-Forum Francophone des Affaires)은 두 번째 프랑스어권 정

25) 김승민·이복남·한양환, 『세계 프랑스어권 지역연구』, 푸른길, 2003, p. 47.

상회담이 있었던 1987년 퀘벡에서 처음으로 프랑스어권 국가의 비즈니스인들이 만나 발족한 기관으로서, 프랑스어권 국가들의 경제 동향 및 협력관계를 유지해 오는 역할을 하고 있다. FFA기관에서 발간되는 자료와 사이트[26]를 통하여 프랑스어권 국가의 경제, 무역 및 금융의 유동을 기준으로 경제상황을 분류하고 묶어 발표하는데, 그 명칭을 프랑스어권 경제영역(EEF)이라고 사용한다. 프랑스어권 국가연합(OIF)은 영국연방(Common-Wearth)처럼 경제적 목적으로 설립되었다기보다는 언어와 문화 중심의 공동체이기 때문에 경제협력기구라고 볼 수는 없다. 하지만, EEF는 프랑스어권 국가들 간의 경제협력의 필요성으로 인해 생겨났기 때문에 경제블럭으로 가기 위한 초기의 형태라고 볼 수 있다. 본 기구가 프랑스어권 국가들 간의 협력을 통해 경제의 구조적인 난점을 해결한다면, 조만간 EEF는 프랑스어권경제공동체(가칭)으로 탄생될 수 있을 것으로 예상된다.

프랑스어권 경제영역(EEF)에서 다루어지는 범위는 프랑스어권 국가연합(OIF)의 회원국의 경제이다. 여기서 말하는 EEF의 구조적인 난점이란 회원국들 간의 경제규모가 나라별로 너무 큰 차이를 보인다는 것이다. 부연하자면, 선진국 및 그 전환기에 있는 8개국[27]과 개발도상국에 있는 25개국 그리고 20개국이 후진국에 머물러 있는데, 2003년 8월 기준으로 각 회원국의 경제규모와 인구를 보면 다음과 같다.

---

26) http://www.ffa-i.org 참조.

27) 관련국은 룩셈부르크, 벨기에 ,스위스, 슬로베니아, 폴란드, 프랑스, 체코, 캐나다이다.

[표 3-2] 프랑스어권 국가의 거시경제 규모[28]

국명	총생산	인구	국명	총생산	인구	국명	총생산	인구
알바니아	2,7	3,1	도미니카	0,2	0,1	몰도바	1,7	4,4
알제리	46,4	30,1	이집트	79,2	66,0	니제르	2,0	10,1
벨기에	259,0	10,1	가봉	4,9	1,2	폴란드	151,3	38,7
베넹	2,3	5,8	기니	3,8	7,3	루마니아	30,6	22,5
불가리아	10,1	8,3	기니비사우	0,2	1,2	르완다	1,9	6,6
부르키나파소	2,6	11,3	적도기니	0,5	0,4	사오-토메-에-프랭시프	0,0	0,1
브룬디	0,9	6,5	아이티	3,2	8,0	세인트 루이스	0,6	0,2
캄보디아	2,9	10,7	레바논	15,0	3,2	세네갈	4,7	9,0
카메룬	8,7	14,3	라오스	1,6	5,2	세이셸	0,5	0,1
캐나다	580,9	30,6	리투아니아	9,4	3,7	슬로베니아	19,4	2,0
카푸베르	0,5	0,4	룩셈부르크	19,2	0,4	스위스	284,1	7,3
중앙아프리카	1,1	3,5	마케도니아	2,6	2,0	챠드	1,7	7,3
코모로	0,2	0,7	마다가스카르	3,7	15,1	체코	53,0	10,3
콩고	1,9	2,8	말리	2,6	10,7	토코	1,5	4,4
콩고민주	5,4	49,1	모로코	34,4	27,4	튀니지	19,2	9,3
코트디부아르	10,2	14,3	모리셔스	4,3	1,1	바누아투	0.2	0.2
지부티	656(a)	0,6	모리타니	1,0	2,5	베트남	26.5	77.6
프랑스	1465,4	58,7	*총 합계	3185,9	626,5	*세계 총 규모	11,21%	10,77%

EEF 회원국의 총 인구는 1998년 현재 세계인구의 10.7%에 해당하며, 총 생산은 1998년 현재 세계 총 규모의 11.21%이다. 총 생산의 9,96%가 앞서 말했던 선진 8개국의 생산규모로 선진국과 후진국간 엄청난 경제적 격차를 보여주고 있다. 총생산도 그러하거니와 인구 역시 회원국들 사이에 격차가 크다는 것이 위 표를 통해 여실히 드러난다. 그렇지만, EEF의 세계 총생산은 1993년 10%, 1996년 10.7%에 비해 지속적이고 안정적인 성장을 계속하고 있다.

28) 표의 (a)는 국내총생산, (b)는 세계평균, 단위는 백만이다. 출처: HAUT CONSEIL DE LA FRANCOPHONIE, État de la francophonie dans le monde: données 1999-2000 et 6 études inédites, ed. La documentation française, 2001 p. 248.

EEF의 세계 총 교역량은 1998년 기준으로 수출 16.70%이고 수입은 16.39%[29]를 차지하고 있는데, 이 수치는 1994년의 총 규모 13.4% 그리고 1996년의 15.76%에 비해 상승된 교역량이다. 총생산이나 인구의 편차만큼이나 EEF 회원국 간의 무역규모 역시 편차가 심하다. 아프리카 국가들 중 중앙아프리카공화국, 부르키나파소, 코모로 등의 아프리카 국가는 무역규모가 EEF 내부교역에 절반 또는 그 이상의 규모가 편중되어 있는 경향이 있다. 그리고 모로코, 튀니지 등의 마그렙(북아프리카)지역은 약 30%-40% 그리고 스위스, 폴란드, 불가리아 등 동, 서부 유럽은 약 15% 수준의 내부교역을 하고 있다. EEF 국가들 간의 무역규모는 이처럼 대륙별 또는 각 국가의 경제 발전 수준에 따라 유사한 교역량을 보여준다. 이것은 국내 총생산이 적은 후진국일수록 상대적으로 EEF 회원국 간의 무역을 선호하는데, 이것은 단순한 선호의 문제라기보다는 아프리카 프랑스어권 국가들 간의 지역경제블럭이 활성화 되어있어 역내무역비율이 높기 때문이다.

[표 3-3]에서 눈길을 끄는 국가인 캐나다는 최저 교역국이며, 같은 북미 지역권에 속하는 아이티의 교역량 절반에도 못 미치는 수출 1.7%, 수입 2.93%로 단지 2.29%의 무역교역량을 나타낸다. 캐나다의 경제규모에 비해 교역량이 이렇게 적은 이유는 지리적으로 미국에 가깝고 또한 북미자유무역협정(NAFTA)권에 속해 있어 캐나다 총 무역의 절반이상이 이 거대 경제공동체내의 국가들(미국, 멕

---

29) "En 1998, l'Espace Economique Francopnone(EEF) représentait 16,39% des importations mondiales contre 16,70% des exportations, soit une différence en valeur de 5 949 millions de dollars". HAUT CONSEIL DE LA FRANCOPHONIE, *État de la francophonie dans le monde: données 1999-2000 et 6 études inédites*, ed. La documentation française, 2001, P. 249.

[표 3-3] 프랑스어권 국가 간의 교역량[30]

국명	교역량	수출	수입	증가폭	국명	교역량	수출	수입	증가폭
중앙아프리카	69,6	77,38	58,44	+13,2	적도기니	20,02	25,83	26,47	−17,38
부르키나파소	59,25	20,94	70,67	+19,25	마케도니아	19,88	15,77	22,25	+4,98
코모로	44,23	50,00	43,75	−21,67	몰도바	18,23	9,33	23,80	(c)
세네갈	44,05	46,46	43,27	−0,65	프랑스	17,38	19,06	15,62	+1,78
챠드	43,32	12,1	68,63	−4,68	말리	17,13	46,56	41,03	−23,37
모리타니	40,56	34,67	45,61	+6,60	루마니아	16,40	17,58	15,50	+2,5
니제르	40,29	53,14	34,76	+7,89	스위스	15,93	15,68	16,18	+0,43
콩고민주	40,16	55,26	21,74	+2,36	폴란드	15,92	15,58	16,12	+5,22
카메룬	39,51	29,71	51,18	+2,21	불가리아	15,90	18,11	13,91	(c)
마다가스카르	38,02	56,41	29,50	−11,58	체코	14,34	15,60	13,19	(c)
코트디부아르	38,0	38,79	36,89	+5	세이셸	14,05	15,22	13,60	+4,45
룩셈부르크	37,80	52,65	46,14	(b)	리투아니아	13,19	10,48	14,93	(c)
기니	36,17	27,52	45,68	+1,23	이집트	12,73	9,47	13,45	−1,37
튀니지	34,89	36,85	33,61	−1,61	카푸베르	12,16	14,29	12,0	+0,86
알제리	32,49	23,75	42,17	n,s,	지부티	11,74	2,40	14,00	−2,06
모로코	31,48	35,07	29,51	−6,82	사오토메에프랭시프	11,48	18,18	10,00	−6,92
가봉	30,26	16,38	56,62	+7,96	기니비사우	11,31	4,0	17,20	+2,41
베넹	29,29	8,54	34,16	−0,91	바누아투	11,0	25,71	3,60	+4,7
브룬디	27,15	18,75	30,57	+2,75	캄보디아	10,71	7,41	13,15	−0,59
콩고	25,41	18,25	35,77	−24,87	베트남	8,14	13,92	4,31	−1,86
토코	24,05	23,57	24,23	+0,35	알바니아	7,95	6,67	8,32	(c)
모리셔스	22,74	18,23	18,45	−3,36	도미니카	7,02	9,84	6,25	−1,38
레바논	21,53	22,07	21,47	+5,43	라오스	6,52	5,99	7,12	−14,48
벨기에	21,48	24,06	18,67	(b)	아이티	6,28	7,48	5,94	−1,92
르완다	20,63	39,18	14,34	+2,03	캐나다	2,29	1,7	2,93	n.s.
슬로베니아	20,56	18,30	22,60	(c)					

시코, 캐나다)과 이루어지기 때문이다[31]. 그리고 그 나머지 부분의

30) 표의 n.s.는 단위 0.5 이하, (a)는 1996년부터, (b)는 벨기에·룩셈부르크 경제동맹(UEBL)의 수치, (c)는 1996년 자료 부재. 출처: HAUT CONSEIL DE LA FRANCOPHONIE, État de la francophonie dans le monde: données 1999-2000 et 6 études inédites, ed. La documentation française, 2001 p. 250.

무역도 캐나다 자체가 단독으로 유럽 또는 다른 국가와 맺은 경제협력으로 이루어지는 이유이기도 하다. 캐나다의 또 다른 특이한 상황은 프랑스어권 국가연합(La francophonie)의 회원국임과 동시에 영국연방(Common-Wealth)의 가입국으로서 Common-Wealth로의 무역교역도 한 몫을 차지하고 있다는 것이다.

지금까지 프랑스어권 국가의 경제상황을 보여주는 EEF에 대한 간략한 소개와 함께 회원국들의 무역규모 및 교역을 알아보았다. 아직은 EEF가 OIF 회원국의 경제부분을 지칭하는 국소적인 영역이지만, 회원국들의 합의를 도출해 낸다면 가칭 프랑스어권경제공동체로 발전할 가능성은 매우 크며, 그렇게 될 경우 프랑스 언어사용을 중심으로 창설된 지금의 프랑스어권 국가연합(OIF)은 정치, 경제, 사회, 문화를 포괄하는 거대 공동체로 탈바꿈하게 되는 것이다. 아직 탄생도 되지 않은 EEF와 같은 미래의 경제공동체를 논한다는 것, 더 나아가 우리나라와의 관계까지 모색해 본다는 것이 시기상조일지도 모른다. 하지만, 과거 식민지란 역사적 전통을 벗어나 세계화에 따른 시장개방에 중심을 두고 협력해 나가는 프랑스어권 국가의 변화를 이해하며, 한반도를 둘러싼 아시아 국가들 간의 세계화에 대한 인식과 변화 그리고 더 나아가 우리나라의 정서에 맞는 지역공동체 구상을 해 볼 수 있는 기회가 되었으면 한다. 그리고 이러한 준비를 통해서 앞으로 다가올 수많은 지역공동체들을 대응이나 협력할 대안을 마련할 수 있을 것이다.

---

31) 캐나다경제 및 무역은 높은 대미 의존도를 나타내는데 캐나다 총 외국인 투자의 70%, 캐나다 전체교역의 80%가 미국과 이루어지고 있다.

Ⅱ. 경제공동체를 통해본 한국과 프랑스어권 국가

1. 한국과 지역경제공동체

한국은 최근 EU와의 FTA 비준을 앞두고 있으며, 그 이전에는 칠레와 미국과의 FTA를 체결했다. 하지만, 불과 몇 년 전만 하더라도 우리에게 FTA는 하나의 두려움이었다. 예를 들면, 3번이나 비준이 무산되었던 한국-칠레자유무역협정(FTA)을 보면 알 수 있듯이 이 일은 우리나라가 세계무역의 큰 흐름에 동승하지 못할 뿐 아니라 오히려 역행하고 있었다는 것을 의미했다. 그 당시, 이집트와 싱가포르가 아시아와 중동을 연결하는 가교의 개념으로 FTA 체결을 위해 합의를 했고, 미국과 호주가 FTA를 맺었으며 많은 국가들이 2중 3중으로 자유무역협정을 채결하고 있었다. 뿐만 아니라 미국은 2005년 FTA보다 더 진보적인 34개국이 참여하는 경제공동체인 범미주자유협정(FTAA)을 타결할 계획을 추진하고 있었다. 하지만, 한국은 슈미트 주한 칠레대사가 밝혔듯 "한국은 어떤 나라와도 FTA를 체결하지 않은 세계에서 몇 안 되는 국가 가운데 하나[32]"로서 세계적 대세를 역행하고 다수를 위한 국익보다는 소수의 이권[33]에 집착하는 오류를 범하고 있다고도 지적했다.

---

32) 한국경제신문, 2004년 2월 11일자 참조.

33) 한국-칠레자유무역협정(FTA)의 비준이 무산된 것은 2004년 총선에서 농민의 표를 잡고자하는 일부 국회의원들의 이기이며, 그로 인해 국가적인 경제적 손실과 국제적인 대외 신뢰도에도 영향을 주었을 것이다. 한국의 첫 FTA인 한국-칠레자유무역협정(FTA)은 위기에 있는 공산품을 수출을 통하여 활로를 찾고 자국 내 실업난을 해소하며 경제의 활성을 꾀할 수 있는 가능성이 있다. 그리고 농업에 있어 특히 과수 재배 농민들의 엄청난 피해를 가져다 줄 수 있는 부분은 정책 집행자들이 예상되는 손실을 최소화하는 정책과 이익을 본 집단으로부터 소득을 재분배하는 방법이

자유무역협정(FTA)의 대세적인 흐름은 2003년 9월 멕시코 칸쿤에서 열린 세계무역기구(WTO) 각료회의에서 협상이 결렬된 것처럼 146개국 간의 다자간 무역의 실현은 그만큼 어렵다는 것을 인식하고 이웃이나 자국의 경제에 실질적인 도움이 되는 국가 간의 짝짓기식 협정의 형태로 급진전되었다. 하지만, 최근 들어 FTA의 필요성에 대한 인식이 달라지고 있을 뿐만 아니라 보다 적극적인 행보를 보이고 있어 고무적이지만, FTA 비준의 과정에서 협상 내용의 불투명성, 의견수렴의 문제 등으로 사회적 혼란이 야기되고 있다. 어쨌든 자유무역협정(FTA)이나 또 다른 경제협력기구와의 체결자체가 국가에 위협이나 국익에 손해를 주는 것이 아니다. 오히려 FTA 체약국 간의 상품 및 서비스 교역 등에 있어 관세나 무역장벽이 제거되면 역내무역을 극대화하는 효과를 가져다준다. 그리고 현 시대의 거대 경제공동체 및 FTA 등은 지금까지 있었던 폐쇄적 의미의 경제블럭이기 보다는 회원국이 속해 있는 다른 협정국 또는 협력기구에 대해서도 관세인하 등의 혜택을 주는 열린 의미의 경제공동체이기 때문에 협상 등을 통하여 우리나라의 입장을 지속적으로 수렴시킬 수 있다. 지역공동체의 개방성을 알아보기 위해 거대 경제공동체들의 역외 국가에 대한 태도를 비교해 보면 다음과 같다.

모색하는 것이 바람직하다. 그리고 후속으로 진행되는 WTO 도하개발아젠다(DDA) 등과 있게 될 쌀 및 농업 재협상을 통하여 유리한 입장을 유지하여야 한다. 또한, 차후에 있을 또 다른 FTA협상국과의 논의를 통해 농업 분야의 피해를 줄여 유리한 입장을 견지하고, 다른 한편으로는 지금의 위기를 선진 농업을 위한 구조조정의 기회로 삼아 그 이익을 극대화시키는 전략적인 상황을 만들어야 한다. 하지만, 처음부터 문을 걸어잠그는 폐쇄적인 사고로는 21세기의 리더의 꿈은커녕 세계적 흐름에도 부응하기 어려울 것이다.

[표 3-4] 지역협력체의 개방성 및 실천형태[34]

경제권	EC	NAFTA	MERCOSUR	ASEAN
설립연도	1957	1991	1995	1967
개방성 실천형태	1. 회원국 확대 2. 역외국들과 FTA 추진 3. 다른 지역과 경제협의체 구성 (ASEM) 4. 역외관세의 지속적 인하	1. 회원국 제한 없음 2. 역외국들과 FTA 추진 3. 다른 지역과 경제협의체 구성 (APEC, TAFTA) 4. 역외관세의 지속적 인하	1. (준)회원국 확대 2. 역외국들과 FTA 추진 3. 다른 지역과 경제협의체 구성 (TAFTA) 4. 역외관세의 지속적 인하	1. 회원국 확대 2. 동아시아 FTA를 선호 3. 다른 지역과 경제협의체 구성 (ASEAN-CER, ASEAN-NAFTA, APEC) 4. 역외관세의 지속적 인하

표에서 보듯, 다른 지역과의 경제협의체 구성도 개방적이지만, 기존 회원국의 신규회원국에 대한 선별에 있어서도 그 개방성은 확연하다. 대표적으로 6개 회원국이었던 초기의 EU가 10개국, 15개국, 급기야 2004년 25개국의 초거대 경제공동체로 거듭나게 되었다. 새로운 경제공동체인 FTAA의 경우에도 회원국 간의 경제규모가 큰 차이에도 불구하고 34개국 8억 인구나 되는 세계최대규모의 자유무역지대 탄생을 눈앞에 두고 있다. 여기에는 당연히 NAFTA 회원국들이 가입되어져 있다. 이처럼 새로워지는 경제공동체의 추세는 양자와 다자가 혼재되어 그물망처럼 엮인 네트워크를 형성하고 있으며, 상당히 개방적 형태임을 말해준다고 하겠다. 결국 이러한 구조 속에서 양자든 혹은 다자의 관계를 맺든 적극적인 협력관계를 취하지 않고서 오직 소극적인 입장만을 고수한다면 결국 자국 경제는 소극적 교류나 성장밖에는 불러오지 못할 것이다.

먼저 한국의 무역규모와 프랑스어권 국가의 교역을 알아보기 위해 1999년과 2001년 1월에서 11월까지의 대륙별 수출입 현황[35]을

34) 표 "주요 지역통합체의 개방성 실천형태 비교" 참조, 박성훈, 「APEC의 개방적 지역주의와 WTO의 조화에 관한 연구」, 대외경제연구원, 1998, p. 28.

살펴보면, 프랑스어권 국가들이 많이 포진해 있는 대륙일수록 우리나라의 무역규모는 적은 현상을 보인다. 국가 수, 인구, 시장규모 등 객관적인 비교에도 한국의 대유럽 무역규모는 북미에 비해 아주 낮으며, 2000년 기준 한국의 총 수출이 1,723억 달러이고[36], 수입이 1,604억 달러인데 반해, 아프리카는 각각 22억 달러와 29억 달러에 그치고 있어 교역은 실로 미미한 수준이다. 위에 나타난 대륙별 무역규모와 대륙의 거대 경제공동체와의 무역관계를 알아보자.

[표 3-5] 한국의 지역별 수출 추이(단위: 억 달러)[37]

	1991	1993	1995	1997	1999	2000
NAFTA	210(29.2)	205(24.9)	269(21.5)	246(18.1)	331(23.0)	424(24.6)
일본	124(17.3)	116(14.1)	170(13.6)	148(10.9)	159(11.1)	205(11.9)
중화경제권	74(10.3)	139(16.9)	237(18.9)	299(22.0)	291(20.3)	372(21.6)
EU	105(14.6)	99(12.0)	163(13.0)	169(12.4)	202(14.1)	234(13.6)
아세안	73(10.2)	101(12.3)	180(14.4)	204(15.0)	177(12.3)	201(11.7)
기타	132(18.4)	162(19.7)	232(18.5)	296(21.7)	277(19.3)	287(16.7)
총계	718(100)	822(100)	1,251(100)	1,362(100)	1,437(100)	1,723(100)

1991년 한국의 대NAFTA 수출은 210억 달러에서 2000년 424억

35) 〈주요 지역별 수출입 동향 (2001)〉

	99년			2000년			2001년(1~11)		
	수출	수입	무역수지	수출	수입	무역수지	수출	수입	무역수지
북미	311(27.7)	267(19.4)	44	400(28.7)	313(17.3)	87	307(−15.3)	223(−23.4)	84
유럽	261(−9.2)	166(16.1)	95	281(7.9)	201(21.1)	80	220(−13.7)	172(−7.2)	48
아프리카	23(−16.8)	29(48.9)	−6	22(−4.3)	29(−4.4)	−6	28(32.4)	15(−41.1)	13

(단위 : 억 달러), ( )내는 전년동기대비 증감율. 출처: 외교통상부.

36) 2008년 기준 한국의 총 수출이 4,220억 달러로 2000년에 비해 두 배 이상 늘어났지만, 아프리카에 대한 무역규모는 여전히 미약하다.

37) ( )내는 무역 비중. 출처: 무역협회(KOTIS).

달러로 거의 2배 늘었고 대EU 수출 역시 105억 달러에서 234억 달러의 규모로 늘었다. 하지만, 1991년 실상 EC에서 EU로 확대되고 1995년 10개국 회원에서 15개국 회원으로 늘어나면서 파생되는 경제성장을 감안한다면, 한국의 대EU 수출은 그다지 증가했다고 보기는 어렵다. 이것은 다른 지역이나 다른 경제공동체에 비해 한국이 미국 또는 영어권 경제공동체에 지나치게 의존하는 구조적인 불균형에서 기인한다고 보아야 할 것이다. 앞서 언급된 표와 함께 지역경제공동체를 통한 무역량을 어느 정도 가름할 수 있는데, 예를 들어, 2000년 한국의 대유럽 수출 분 281억 달러 중 234억 달러가 EU를 통한 교역이었고, 대북미 교역 분 400억 달러 중 424억 달러가 대NAFTA 교역38)이었다. 이처럼 현재의 무역은 대부분 국가 간의 교역이 아니라 경제공동체를 통해 이루어지고, FTA 등 새로운 자유무역기구들의 탄생으로 보아 양자 또는 다자간 교역 교류는 가속화되고 그 기구를 통한 무역의 비중은 앞으로 매우 늘어날 전망이다.

국가차원의 경제구조상 무역 의존도가 큰 한국의 상황은 혼자 거대한 대륙적 지역적 경제블럭을 뚫기에는 역부족인데 그렇다고 해서 아시아 국가들 간의 협력적인 대응도 기대하기는 힘들다. 앞서 본 다른 대륙 유럽이나 아메리카 그리고 아프리카와 비교했을 때, 아시아 특히 동아시아 국가의 무역의존도가 높은데도 아시아에는 아예 부재되어(한국이 유일하게 가입한 APEC은 동아시아만의 지역경제공동체가 아님)있으며, 지역경제공동체의 기초가 되는 지역정체성(regional identity) 조차 확립되어져 있지 않는 것이 현실이다. 다행

38) 북미보다 대NAFTA 교역이 더 많은 이유는, NAFTA 회원국에 멕시코가 포함되기 때문이다.

히 1997년 동아시아 국가와 한국이 IMF 지원으로 대표되는 경제위기로 인하여 동아시아 국가들 간 지역적인 경제기구창설의 필요성을 절감하고 그 방법이 구체화되어진 것은 참으로 고무적인 일이다.

지역경제공동체를 통한 우리나라의 세계적 진출을 활성화하려면 먼저 한국이 회원국으로 있는 기존 공동체에서 우리의 입지를 공고히 할 수 있는 방안이 우선 되어야 할 것이다. 우선 한국이 속해 있는 지역경제공동체와 프랑스어권 국가가 가입해 있는 거대 경제공동체의 관계를 고려하여 살펴보자. 한국이 유일하게 속해 있는 곳은, 바로 아시아·태평양경제공동체(APEC-Asia Pacific Economic Cooperation)[39]이다. 한국 경제에 있어 APEC의 중요성은 매우 크다. 세계 전체 무역량의 약 48%, 세계 총 GDP의 약 63%가 되는 세계 최대의 거대시장이며, 만약 APEC 역내의 무역자유화가 활성화된다면 타 지역의 경제공동체에 큰 영향을 미치게 될 입지를 갖고 있다. 회원국 간의 경제협력을 도모하여 세계경제 발전에 기여한다는 목표를 이루기 위해 다자간 무역체계를 강화하고, GATT 원칙에 상응하는 범위 내에서 역내 교역은 블록화 되어 왔다. 비록 역사와 문화적 상이성, 경제 발전과 규모의 심각한 격차 등으로 인한 크고 작은

---

39) APEC은 1989년 11월 미국, 일본, 한국, 캐나다, 호주, 뉴질랜드와 ASEAN과 태평양 연안 국가와 합세한 12개국에 의해 공식 출범된 기구이며, 그 이후 5개국이 추가되어 1995년 현재 17개국으로 늘어났다. 회원국 간의 재화, 용역, 자본, 기술 등의 경제협력으로 지역 내와 세계경제 발전에 기여한다는 목표로 개방적인 다자간 무역체계를 강화하고, GATT원칙에 부합되는 방식으로 역내교역을 완화하는 목표를 가지고 있다. 선진국은 2010년까지, 개도국은 2020년까지 투자 무역의 자유화 실천이다. 2000년 현재 회원국은 21개국이다. 우리나라는 1991년 3차 각료회의의 서울유치에 이어 APEC 정상회담 구상을 적극 지지하여 1993년 최초의 정상회담 분위기를 조성하는 등 주도적인 역할을 하였다. 그리고 2005년 정상회담이 한국에서 개최하며 한국의 입지를 더 한층 높이는 계기가 되었다.

통상 마찰이 있어 왔지만, 지속적인 경제협력과 무역자유화의 길을 모색하여 이제는 어느 정도 안정적 통상을 이루고 있으며, 새로운 경제 협력관계에 힘입어 지금보다도 원활한 관계로 발전 될 것이 예상된다. APEC의 성공은 지역주의 간의 대립을 해결하는 것이 관건인데, APEC이 대지역주의(super-regionalism)로서의 역할을 담당하고, 그 산하에 NAFTA, 중남미경제협력, AFTA, 동북아시아경제협력 등의 소지역주의(sub-regionalism)가 조화를 이루고 공존하는 구조가 정착될 경우, 회원국 간의 이익 창출은 물론 상호 안정성과 지역주의 간의 결합에 의한 다자주의를 앞당기는 역할을 할 것이다.

우리나라는 APEC 창설의 창단 맴버이면서 주도국의 위치를 고수하고 있으며, 우리나라의 총 수출입 중 약 70%가 이들 경제권 내에서 이루어지고 있기 때문에 활발한 역내 활동을 통하여 우리나라의 역할 선점은 무엇보다 중요하다고 하겠다. 먼저 미국, 일본, 등의 선진 회원국들과 ASEAN 회원들 및 중국과 같은 개도국 사이의 중견 위치에서 두 그룹 간의 마찰 완화 등의 역할을 일차적으로 담당하고, 경제규모에 비해 소극적인 입장을 견지하고 있는 일본과 중국보다 더 빠른 시점에 기구 창설에 주도적 입장이 되며, 경제의 상호의존에 대한 적극적인 정책기조를 통해 국가 간의 신뢰를 쌓는다면, 차후에 유리한 입장을 견지할 수 있는 기반을 마련하게 할 것이다.

APEC에 이어 아시아 경제에 큰 획을 그으며 유럽과의 동반자적 경제 관계를 구축한 기반이 아시아·유럽정상회의(ASEM-Asia Europe Meeting)[40]이다. ASEM의 추진은 그 동안 다자적이고 체계적 관계

40) 아시아·유럽정상회의(ASEM-Asia Europe Meeting)는 아시아와 유럽회원

가 부진하였던 아시아와 유럽간, 그 중 특히 동아시아는 EU 사이에 경제협력관계를 강화시켰다. 회담성공의 요인은 첫째, 최근 동아시아의 외환 위기에도 지역 경제가 지속적인 발전함에 따라 전략적인 가치가 크게 증대되어 왔었다는 것과, 둘째, APEC에 이은 TEP 논의에서 보듯이 북미, 유럽 및 아시아 간 지역적 협력에 바탕을 둔 새로운 형태의 경제공동체 출현에 고무되었으며, 셋째, 이들 3대 지역 간의 협력을 통하여 WTO 등 다자간 무역체제를 보완할 필요성이 점증하고 있기 때문이라고 볼 수 있다.

프랑스어권 국가의 종주국인 프랑스도 ASEM에서 아·태지역 협력 등에 대해 매우 적극적이며, 또 중국, 일본 등 아시아 주요 국가와의 전략적 동반관계 수립하며 경제협력의 활성화를 추구하고자 하고 있다. ASEM의 추진배경을 아시아의 입장으로 보면 EU의 공세적인 대외시장 접근전략에 대응하는 것에 그 바탕을 두고 있지만, 유럽의 입장에서는 아시아 경제의 역동성에 따른 이 지역의 전략적 가치가 증대되었기 때문이며, 또한 북미, EU 및 아시아 지역중심의 국제 분업체제의 심화, 지역협력을 통한 다자체제의 보완 노력 등에도 기인된다고 하겠다. 지난 1996년 3월 제1차 아시아·유럽 정상회의(ASEM)를 계기로 양 지역은 정례화 된 대화 채널을 가지게 되었으며, 이로써 대등한 위치에서 새로운 협력의 시대를 열어가게 된 것이다. 만약 ASEM이 경제공동체로 발전 할 경우 지구상

국 정상들 간의 경치, 경제, 안보, 사회, 문화, 환경 등 전반적인 분야에 대한 자유로운 토론과 의견을 주고받는 만남이다. 회원국들 간의 주요 협력분야는 정치, 외교, 안보로서 두 대륙 간의 신뢰 및 협력 체제를 구축하는 것과 양 지역의 경제적 역동성을 바탕으로 통상관계 추진 및 투자확대 등이다. 1차 정상회의(1996년 3월)에서 우리나라는 중, 장기적 발전에 민간부분 참여를 시킨 그룹창설을 제시해 아시아와 유럽 간의 협력 강화를 위한 비전을 제시한바 있다.

의 최대 규모이며 범 대륙적인 경제공동체[41])가 탄생되는 것이다.

아프리카의 경우에도 아시아와의 경제협력관계를 구축할 토대가 아주 일찍부터 조성되었는데, 1960년 아시아·아프리카 지역 국가의 경제협력을 목적으로 창설된 아시아·아프리카경제협력기구(Organization for Afro-Asian Economic Cooperation)가 바로 그것이다. 하지만, 아프리카의 정치적 혼란과 경제구조의 취약성 등으로 인하여 그 실효를 보지 못하고 있다가, 최근에 들어 경제구조 변화와 적극적인 경제협력관계 구축을 위한 인식의 변화로 세기적인 무역개방흐름을 따르는 등 통상에 활력이 생기고 있다. 아프리카는 아직 어둠 속에 있지만, 9억 인구의 거대시장이며 풍부한 자원을 보유하고 있는 지역이다. 우리나라는 지역, 국가 간 편중무역을 개선한다는 차원에서라도 먼저 아시아·아프리카경제협력기구에 회원으로 가입하고 중, 장기적이고 거시적 관점을 수립하여야 할 것이다. 그리고 경제뿐만이 아니라 정치, 외교, 문화 등의 복합진출로 우리나라에 우호적인 관계를 선점하며 가난, 질병 등 인류애의 문제를 함께 안아 해결하여 선진국의 이미지를 다져야 할 것이다. 이것은 비단 아프리카 대륙에서 그치지 않고 나아가 세계적으로 우리의 위상을 높이는 길이라 하겠다.

지금까지 한국이 회원국인 지역경제공동체와 프랑스어권 국가가

---

41) 〈ASEM 회원국별 경제력 비교 (1995년 기준)〉

	인구(100만 명)	GDP(10억$)	1인당GDP($)	수출(10억$)	수입(10억$)
EU 15국	373	8,407	19,293	2,020	1,907
ASEAN 7국	427	611	1,442	311	326
한국	45	456	10,145	122	127
일본	125	5,111	40,805	443	336
중국	1,214	628	517	142	122
ASEM	2,181	15,212	6,971	3,038	2,817
세계전체비중(%)	40 6	52 4		62 5	59 4
APEC	2,182	15,801	7,241	2,198	2,229

출처: World Economic Outlook.

속해있는 공동체를 살펴보면서 그들 간의 상호관계를 간략하게 살펴보았다. 우리나라의 지역경제공동체에 대한 인식은 초기에 다소 소극적인 경향이 있었지만, 미국과의 FTA 이후 적극적인 행보를 보이고 있다. 앞으로도 국제통상의 새로운 흐름을 주도하는 세계의 주요 경제공동체를 예의 주시하면서 국제관계를 통해 이루어지는 경제, 무역, 금융을 십분 활용, 국가의 이익을 극대화하는 자세가 필요할 것이다. 이러한 적극적인 자세가 결국, 세계경제질서 속에서 영향력 있는 국가가 되는 지름길이며 세계의 리더로 발돋움하는 가능성을 열어주는 것이라 하겠다.

2. 한국과 프랑스어권 국가의 관계

프랑스어권이라는 주제만으로도 생소한데, 한국과 프랑스어권 국가의 관계를 경제공동체를 통해 살펴본다면 이는 생경하기까지 할 것이다. 하지만, 한국과 프랑스어권 국가의 관계는 미약하나마, 여러 경제공동체의 형태를 통해서 이미 맺어져 있다. 예를 들면 앞서 보았던 아시아·태평양경제공동체(APEC)에서 한국과 캐나다는 실제 정회원국이고, 아시아·유럽정상회의(ASEM)가 경제공동체로 창설될 경우 한국과 유럽의 프랑스, 벨기에, 룩셈부르크 그리고 동남아시아국가연합(Association of South-East Asian Nations)[42]의 아시아

42) 동남아시아국가연합(Association of South-East Asian Nations)은 ASEAN으로 약칭된다. 1961년 창설된 동남아시아연합(ASA)의 발전적 해체에 따라 1967년 8월 8일 설립되었다. 설립 당시 회원국은 필리핀·말레이시아·싱가포르·인도네시아·타이 등 5개국이었으나, 1984년의 브루나이에 이어 1995년 베트남이 정식으로 가입하였다. 그후 라오스·미얀마·캄보디아가 가입하여 아세안은 10개국으로 늘어났다. 이 기구는 동남아시아 지역의 경제적·사회적 기반 확립과 각 분야에서의 평화적이며 진보적인 생활수

프랑스어권 국가인 베트남, 라오스, 캄보디아가 회원국이 될 것이다. 그리고 무엇보다 우리가 경제적 이익의 관점에 치중한 나머지 소홀할 수 있는 부분은 한국과 프랑스어권 국가들 간의 외교적 관점에서의 특징인데, 프랑스어권 국가 내에서는 우리나라와의 관계가 외교적으로는 매우 우호적이라는 것이며 때로는 이미 긴밀한 외교관계를 맺고 있다는 것이다.

캐나다의 경우 한국전에 참전한 바 있는 우리의 전통 우방국이면서 1993년 11월 시애틀 APEC 정상회의를 계기로 한·캐 양국 정상간 특별 동반자 관계(Special Partnership)구축에 합의하였고, 1999년까지 9차례에 걸쳐 SP회의를 개최해 오며 양자간 현안 및 관심 사항에 대하여 의견을 조율해 오고 있다. 벨기에와 룩셈부르크 역시 한국전쟁 참전국이며 국제사회에서 직접적으로 우리나라의 입장을 지지해 주는 전통 우방국들이다. 프랑스어권 국가의 종주국인 프랑스 또한 외교 관계에 있어서는 앞의 나라들과 그리 다르지 않다.

프랑스어권 국가로의 진출을 타진 할 때, EU 핵심국가이자 프랑스어권 국가의 수장인 프랑스의 영향을 배제 할 수 없다고 본다. 우선 프랑스의 외교와 경제상황을 간단히 살펴보자. 국제적으로 프랑스는 자주성 확보, 유럽연합(EU)내 주도적 역할 수행, 제3세계 특히 프랑스어권 아프리카 국가에 대한 개발지원 등을 통한 독자 세력권 형성을 추구하는데, 냉전의 시기에 미, 소에 이어 제3의 강국으로 세력을 형성했고 탈 이념화 후에는 경제 우선의 실리외교를 추구하게 된다. 유럽의 EU에서 프랑스는 독일, 영국과 함께 미

준의 향상을 목적으로 한다. 한국의 대ASEAN무역교역비중은 매우 늘어나고 있는데 그 이유는 ASEAN회원국들의 풍부한 자원과 노동력이 우리나라 경제와 상보관계를 이루기 때문이다. 참조: 두산세계대백과 EnCyber.

국과 일본의 경제 세력에 대응한다는 전략으로 강력한 유럽 건설을 표방하고 있다. 그리고 옛 식민 국가와 호혜적인 관계를 가지며 아프리카에 대한 정책을 의욕적으로 추진하면서 국제사회에서 영어권 국가의 문화적 주도권을 견제하고 있는 프랑스는 영향력을 확대하기 위한 방안으로 범세계적 프랑스어권 국가연합(OIF)을 창설하여 정상회담 등을 통한 프랑스어권 확대정책과 결속 강화를 추진하고 있다. 전략적 가치가 큰 아프리카 국가에게는 경제원조, 국방협력 등을 통해 결속을 강화하고 있으며, 최근에는 아시아와 태평양지역에 대한 관심도 보이고 있어 아시아권과의 정치, 경제적 유대관계가 앞으로 강화될 것이다. 경제에 있어서 프랑스는 연도별 조금씩 차이가 있기는 하지만, 총 수출액 순위로 따질 때 거의 세계 4-5위를 차지하고 있으며, 전 세계국가 중 대한투자 규모로는 세계 6위(미국 26.5%, 일본 15.5%, 네덜란드 12.7%, 말레이지아 7.5%, 독일 6.6%, 프랑스 3.9%)이고 EU 국가 중 대한투자 규모로는 3위(네덜란드 43.4%, 독일 22.6%, 프랑스 13.1%)이다. 프랑스는 특히 독일과의 긴밀한 협조를 통해 통화정책을 수행한다.

지금까지 한국과 프랑스 양국은 경제, 문화, 기술 협력을 바탕으로 긴밀한 우호관계를 유지하여 왔다. 이것은 양국이 더욱 상호보완적인 관계 속에서 동반과 협력의 시대를 열어갈 수 있을 초석으로 작용할 것으로 예상되고, 또 우리나라가 프랑스어권의 진출에 대한 적극적인 타진에도 큰 영향을 줄 것이다. 왜냐하면, 아프리카 프랑스어권 국가는 독립이후부터 줄곧 식민 종주국이었던 프랑스와 정치, 경제 등 여러 분야에서 밀접한 관계를 유지해 오고 있으며, 프랑스는 아프리카지역의 진출에 있어 정부개발원조와 프랑스 기업의 수출입활동 등의 상호보완성을 근간으로 하는 전략을 채택하고 있기 때문이다. 특히 서부아프리카 프랑스어권 국가에 대한 프랑스의 입지는 높은 편인데, 그 요인은 프랑스가 프랑스어권 지역의 프랑통화권형성(CFA프랑)하였고, 경제, 정치, 사회 등 여러 분야에 대한 전문가의 진출과 프랑스 군대 주둔하였으며, 그리고 식민시대 이후에도 성공적으로 프랑스어권 국가들을 관리하였기 때문이다. 이러한 이유로 우리나라가 아프리카 진출을 고려할 때 프랑스의 역할은 무엇보다 크다고 볼 수 있다.

이처럼 멀게만 느끼고 있는 프랑스어권 국가이지만, 우리는 그 국가들과 또는 그들을 둘러싼 지역경제공동체들과 직접, 간접적인 관계를 벌써 맺고 있으며, 이러한 관계 속에서 각 국가와 우호적인 상호교류를 바탕으로 기존의 공동체 속에서 유리한 위치 고수해야 하는 것 등이 우리가 안고 있는 단기적인 숙제이고, 교류가 원활하지 않는 역외 국가의 호의적인 활동을 통한 다른 공동체로의 진출 및 새로운 공동체의 창설 등이 그 다음 과제일 것이다.

한국의 프랑스어권 진출 가능성을 타진하는데 있어, 실무적인 차원의 세부적인 전략이 연구되어야 하겠지만, 지금까지 논의되었던 지역경제공동체와의 연장선에서 볼 때, 크게 하나는 FTA와 같은 양자체계를 이끌어내는 것과, 또 하나는 거대 경제공동체를 통한 적절한 다자관계 수립이 성공의 요인으로 작용할 것이다. 앞서 보았듯이, 북미의 캐나다와 우리나라의 관계는 경제구조에 있어 상호보완성이 보장되므로 양자체제가 양국에 더 많은 실익을 가져다 줄 것이며, EU에 가입된 유럽의 프랑스어권 국가와의 관계는 지역경제공동체가 매우 강력하므로 APEC이나 ASEM을 통한 진출과 문제해결이 오히려 더 유리 할 것이다. 결국, 국가나 지역의 특수성을 고려한 선정에 임해야 하며 무엇보다 효용성에 가치를 두어 단기간이든 장기간이든 우리나라의 실질적인 국익 창출이 보장되어야 할 것이다. 소규모 관계 확립이라고 해서 FTA가 소극적인 지역개념[43]이 아니며 더 더욱 거대 공동체의 하위개념도 아니다. 프랑스어권의 진출에 있어서도 국가 간의 실익을 창시하는 관점에서 FTA는 작지만 강력한 수단이 될 수 있는데, 예를 들어 아프리카의 수많은 자원만 하더라도 국가에 따라 그 종류를 달리하고 있어 우리나라가 필요한 자원에 따라 각 국가차원의 FTA를 체결한다면 비용절감 등의 경제적 효과를 창출할 수 있다. 이와 같이 FTA는 WTO의 이상적이고 범세계적인 거대공동체가 소홀할 수 있는 틈새를 메우는 역할을 하는 실질적인 경제협력기구이다. 그리고 다자간 무역체제의 길을 방해하는 것이 아니라 오히려 다자간 동시 자유무역체제의 허점을 보완해 주고, 이상적인 세계화가 아닌 구체적이며 실질적인 세계화의 대안으로 등장하고 있다.

나오며

당초 EC를 겨냥했던 APEC, ASEAN의 APEC내 소블럭 형성, 북미주의 NAFTA 체결, 이 밖에도 중남미, 아프리카, 중동지역 등에서도 각기 FTA 체결 등 지구촌은 한마디로 짝짓기 열풍이다. 한국도 예외가 아니어서 한국-칠레 그리고 한국-미국의 FTA가 체결되

43) 21세기에 들어서면서 세계화의 물결이 지구촌을 술렁이게 하고 있는데 반해, 경제나 특히 무역에 있어서는 지리적으로 인접한 국가 또는 상호의존적 관계에 있는 국가와의 무역을 극대화하기 위한 자유무역협정(FTA)이 늘어나고 있다. 이것은 어쩌면 세계화에 대한 역행처럼 보인다. 왜냐하면, 세계화가 다 국가, 다 대륙 간의 다자간 상호교류라고 할 때, FTA는 양자 간이며, 지역주의 적인 경향을 보이기 때문이다.

었고, 또한 한국-EU의 FTA체결을 앞두고 있다. 그리고 한국이 포함된 동아시아 경제협의회(EAEC: East Asia Economic Cooperation)의 창설도 이미 제의되어 있는 상태이며, 동북아경제권(NEAEA) 역시 태동할 단계에 이르렀다. 이러한 지역주의를 위시한 세계화는 기존의 국제 경제 질서를 구조적으로 변화시키고 있다. 최근의 이러한 경향은 무역 또는 경제에 국한된 것이 아니라, 정치, 경제, 사회, 문화 등 모든 분야에도 유사한 영향을 주고 있어 우리는 모름지기 세계화, 글로벌화라는 빠른 변화속도에 어리둥절할 뿐이다. 그리고 산업의 발달, 특히 교통의 발달에 더불어 IT산업의 발달로 세계는 이미 좁아진지 오래고, 거대한 정보화의 네트워크 내에서 거리상으로 멀게만 느꼈던 수많은 국가도 이미 심리적으로는 이웃이 되었다.

세계화의 흐름은 결코 일시적인 현상이 아니며 계속변화 발전해가는 지구촌의 한 모습이다. 지금 우리의 바로 옆에도 프랑스산 포도주, 미국산 오렌지, 중국산 신발이 있는 이 환경이 국제화, 세계화의 한 현상을 일상에서 보여준다 하겠다. 정치, 사회, 경제, 문화의 세계화 현실은 이렇게 가까이에 있지만 정작 우리의 실정은 어떠한가. 한국-칠레, 한국-미국 그리고 한국-EU 자유무역협정(FTA)의 비준과정에서 보았듯이 여론 수렴의 문제, 소득 불균형의 문제 등 정치권의 안일한 자세와 불분명한 미래 비전으로 오히려 혼란을 부추기는 것이 아닌지, 혹은 주변의 몇몇 강대국과 선진국이 지구촌의 전부라 치부하며 안일한 국제 관계에 만족하고 있지는 않은지 자문해 보아야할 것이다.

이러한 세계화의 물결을 따르고 또한 이끌기 위해, 현시대의 세계화 필요성에 부합하는 새로운 미래 대안이 필요한데 그 방향을 크게 두 가지로 나누어 보면, 하나는 장기적이고 거시적인 관점으로 교육을 통한 일선에서 주도할 인재 양성과 또 하나는 단기적 관점으로 세계화에 대한 다각적 진출 전략 구상하는 것이다.

먼저 세계화에 적합한 인재 양성을 위해서는 현 세기의 필요성에 걸 맞는 보다 통합적이고 실리적인 새로운 학문 분야가 필요할 것이다. 세계를 종합적·총체적으로 인식하여 각 국가나 대륙, 또는 전 세계를 관점으로 하여 한국의 국익을 위해 외교를 펼쳐 나가는 인재를 길러야 한다. 외교를 담당하게 되는 기관이나 단체는 이러한 전문 인력을 고용하여 교섭 지역에 관한 풍부한 지식과 언어 활용으로 포괄적 외교를 펼쳐야 한다. 그리고 더 나아가 우리나라에 대한 전반적인 지식을 겸비하여(단지 해외의 상황을 국내에 알리는 수준이 아니라), 그 정보를 해외에 전파하는 멀티 외교를 담당할 수 있어야 하고, 우리나라와 해당 특정지역의 비교 분석을 통한 교류 협상의 장, 단점과 그 파급효과 등을 해석해 낼 수 있는 다각적 시각도 가져야 할 것이다. 한정된 면적과 부족한 자원에도 뛰어난 인적 자원을 가진 우리나라가 전 세계 약 220개국 곳곳에 진출하여 국민의 개인적 성공과 국가적 위상을 확장을 한다는 차원에서라도 세계지역에 대한 총체적 연구는 활성화되어야 할 것이다.

그 다음으로 세계화에 대한 다각적 진출의 전략적 구상은 세계를 "종합적·총체적"으로 인식하여 자국의 이익을 극대화하면서도 인류의 공존 이념에 부합되는 초국가적 비전을 제시하여야 그 효율성이 나타나리라 본다. 이 비전의 바탕이 학문의 영역으로 본다면 기존의 지역학연구[44]와 가깝겠지만, 지리적 개념의 국가 연구

44) 현재 각 지역의 통상, 무역관련 연구소 및 대학의 국제학부나 부설 연구소에서 진행 중 이지만, 광역한 연구범위에 비해 적은 연구 인력으로 인해 한정된 지역과 영역의 연구만 가능할 뿐이다. 이러한 현실을 극복하

나 타 지역의 문화 풍속의 이해 등에 한정시킨 정적인 연구가 아니라, 그 지역을 둘러싼 추상적 개념의 언어권이나 정치적, 경제적 공동체 등을 포괄하는 역동적이며, 종합적 개념의 지역학연구로 발전시켜야 가능할 것이며, 한 지역과 다른 지역 간의 관계 속에서 파생되는 상황을 분석하는 다각적 개념의 지역학으로 확대되어야 할 것이다. 그 방법으로는 현재의 각 국가별 또는 대륙별로 분과된 듯 연구되는 지역적 데이터를 묶어 국가 간, 대륙 간의 유기적 관계 속에서 세계의 흐름을 파악하는 연구가 되어야 할 것이다. 이러한 총체적 이해를 바탕으로 구상되고 제시되는 비전만이 지역에서는 물론 세계적으로 고립되지 않고 국제사회에서 이익을 가일층 극대화할 수 있을 것이다. 실질적으로는 세계화가 진전될수록 경제공동체, 국제기구 등은 더욱 전문화되면서 역할과 영향력이 커질 것은 자명하기에 그 지역을 둘러싼 기구의 성격과 영향력 그리고 한계까지 구체적으로 인식하여야 하며, 그 기구를 움직이는 회원국과의 관계 속에서 우리나라의 지지층을 확보하는 전략적인 외교도 필요할 것이다. 이러한 환경을 바탕으로 해서 우리나라가 자국의 이익을 우선하면서도 인류의 평화적 공존을 제시할 수 있는 새로운 협력기구 창설 및 인류적 비전을 제시하는 긍정적이고 적극적인 사고가 가능할 것이다.

고 외교분야의 인재 양성이나 개인 또는 사회에서 세계인으로서 가져야 할 기본소양을 높인다는 차원에서도 대학교육은 학제간 연구 등을 통해 학문의 영역을 넓혀야 할 것이다. 특히, 외국어 관련학과는 그 국가의 지역학적 학문 영역 그리고 더 나아가 연계지역(예를 들면 영어권, 프랑스어권, 스페인 어권 등)의 교육까지 담당함으로서 제2외국어학과의 위기 극복은 물론 시대의 흐름에 부합하는 새로운 교육 풍토를 조성할 수 있을 것이며 명실공히 21세기에 걸 맞는 인재들을 양성할 수 있을 것이다.

참고문헌

김관호, 『세계화와 글로벌 경제』, 박영사, 2002.

김득갑, 「동구의 EU가입과 기업 대응전략」, 삼성경제연구소, 2003.

김승민 · 이복남 · 한양환,『세계 프랑스어권 지역연구』, 푸른길, 2003.

박기갑, 「아프리카 경제통합운동의 현황과 전망: 지역적 국제기구의 역할과 활동을 중심으로」, 『지역연구』, 제4권 2호, 서울대지역연구, 1995.

박성훈, 「APEC의 개방적 지역주의와 WTO의 조화에 관한 연구」, 대외경제연구원, 1998.

송은희, 「신국제질서와 아 · 태공돈체 구상 논의」, 『아태연구』, 아태지역연구원 경희대학교, 제1집, 1994.

심의섭, 「한국의 아프리카 진출확대전략: 수출증진을 중심으로」, 『아프로아랍연구』, 아랍아프리카센터 명지대학교, 2001.

안광호, 「서아프리카 지역 경제발전과 협력에 대한 연구」, 『아프로아랍연구』, 아랍아프리카센터 명지대학교, 제2권 제1호, 2000.

오세욱, 「서부아프리카 자국 경제공동체(ECOWAS)와 한국의 진출방안에 대한 소고」, 한국외국어대학교 무역대학원 국제경영학과, 1992.

유임수,『세계경제질서의 재편과 지역주의』, 계축문화사, 2001.

이상옥 · 안재진, 「한국의 FTA 추진 정책의 문제점과 개선방안에 관한 연구」, 『사회과학연구』, 사회과학연구소 건국대학교, 제15집, 2002.

전동진, 「아프리카 프랑화지역(zone franc) 국가들에 있어서 프랑스의 정치 · 경제적 영향력에 관한 연구」, 『21세기 정보학회보』, 제11집 1호, 2001.

정영규, 『국제 지역경제론』, 서울경제경영, 2002.

조용득, 『국제 경제질서와 세계 경제질서』, 형설출판사, 2003.

한양환, 「불어권 지역연구와 불어교육의 활성화」, 『한국프랑스학논집』, 제29집, 2000.

Agence de la francophonie, Quelle francophonie pour le XXIe siècle?, ed. Agence de la francophonie : Karthala, 1997.

Barrat J. Géopolitique de la francophonie, ed. Presses Universitaires de France, 1997.

Chauprade Aymeric, Espace Economique Francophonie, pour une francophonie intégrale, Ellipses, 1996.

Epinette F., La question national au Québec, Que Sais Je?, P.U.F, 1998.

HAUT CONSEIL DE LA FRANCOPHONIE, État de la francophonie dans le monde: données 1999-2000 et 6 études inédites, ed. La documentation française, 2001.

Pluchon Pierre, Histoire de la colonisation française, Fayard, 1991.

Prignitz B., Francophonies africaines, ed. Presses Universitaires de Rouen, 1998.

Teulières A., Outre-mer français et exploitation des océans, Orstom, 2000.

인터넷 참고사이트

http://www.cr-guadeloupe.fr/html/guadeloupe.htm
http://www.lemonde.fr/recherche_resultats/1,9687,,00.html
http://www.monde-diplomatique.fr/

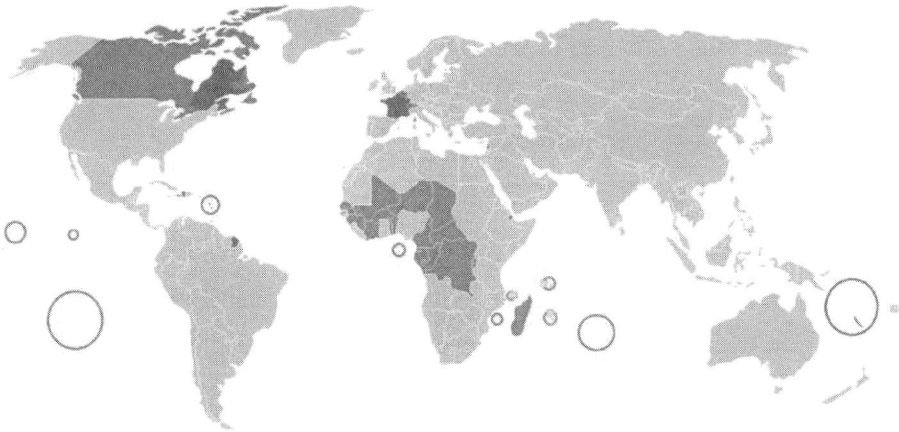

제2부

권역별 프랑스어권의 이해

제4장
프랑스령 인도차이나

들어가며

본 장에서는 아시아 프랑스어권 국가들의 과거 어떤 과정을 통하여 프랑스령 인도차이나[1)]가 형성되었으며, 옛 지배국과 피지배국들의 관계가 독립 이후 어떻게 발전되어 왔으며, 현재는 또한 어떤 관계이며, 앞으로는 어떻게 유지될 것인가라는 관점으로 논의될 것이다.

---

1) 베트남, 캄보디아, 라오스는 동남아시아 국가 중에서도 비교적 오래된 문명을 유지했으며, 인도와 중국이라는 문명 발상지 사이에 위치한 지정학적 상황에 의해 불교와 유교의 영향을 강력하게 받은 나라들이다. 이처럼 3개국 국민들은 다른 문화와 전통성을 가졌음에도 한 단위의 지역이나 또는 하나의 나라처럼 인도차이나라고 불리는 것을 좋아하지 않는다. 그 이유는 옛 식민시절 프랑스령 인도차이나라고 불렸던 아픈 상처에 기인한다. 그러나 본 논문에서 인도차이나라는 명칭을 사용하는 것은 단지 과거 프랑스 식민지였던 프랑스령 인도차이나 3개국을 편리상 통칭하고자하는 것일 뿐 다른 의미는 없다.

새로운 세기를 맞이한 오늘날의 세계 각국은 세계화라는 거대한 시대적 패러다임 앞에 지역경제협력체나 자유무역협정FTA을 맺으며 새로운 환경에 적응해 나가고 있다. 이러한 시점에 현 프랑스어권 국가를 이해하기 위해 지난 세기의 식민 및 제국주의[2]를 첫 주제로 설정하여 논하는 것은 시대착오적인 발상이 아닌가라는 의구심이 들 수도 있을 것이다. 하지만, 유럽의 식민 및 제국주의는 한 시대에 국한된 역사적 사건으로 보기에는 세계질서에 너무나 큰 영향을 주었으며, 현재까지도 그 영향은 지속되거나 또는 그 잠재적 영향 아래에 놓여있다고도 할 수 있다. 동북아권에서 영토를 중심으로 한-일 또는 중-일간의 외교적 마찰이 발생하는 것도 옛 식민주의, 제국주의의 잔영이 현존하고 있기 때문이다. 어쨌든 식민주의와 제국주의는 이처럼 단순한 과거의 흔적이 아니라 아직도 우리의 현실에 존재하는 하나의 그늘이다. 이런 관점으로 보면 이 글의 첫 주제는 과거라는 역사적인 배경과 현재가 맞물려 있는 연구이다. 그리고 프랑스를 중심으로 전개되었던 제국주의의 형성에서부터 시대를 거쳐 현재 그들은 어떠한 관계로 발전되었는가를 이해하는 것은 지배국가로 지칭되는 프랑스와 피지배국 간의 관계를 이해하는데 도움을 줄 뿐 아니라, 나아가 지역을 초월한 세계적 문제의 해결에도 또한 도움을 줄 이들의 관계를 고찰하면서 동북아의 상황 특히 역사인식의 문제 등을 재검토할 기회를 가질 수도 있을 것이다.

---

2) "제국주의란, 한 나라가 다른 나라에 대해 효과적인 정치적 주권을 행사하는 공식적 및 비공식적 관계를 의미한다. 그와 같은 관계는 무력에 의해서, 정치적 협상에 의해서 또는 경제적·사회적·문화적 의존해 의해 이루어진다. 제국주의란 제국을 앞세우고 유지하는 정책이나 그 과정이다." 에드워드 사이드, 『문화와 제국주의』, 도서출판 창, 1995, pp.55.

두 번째 주제에서는 아시아 프랑스어권 국가의 현재에 대한 이해와 미래에 대한 예측을 통하여 이들 국가의 정치, 외교, 경제적 상황을 알아 볼 것인데, 특히 무역이나 경제 그리고 국제관계를 중점을 둔 이유는 국가 간의 유대가 앞으로 중요한 국제무대에서 우리의 주요한 협력국가가 되어 줄 긍정적인 영향이 있다는 인식에 기인한다. 하지만, 아시아 프랑스어권들 중 비교적 한국의 경제적 진출가능성이 큰 베트남을 제외한다면 캄보디아와 라오스는 세계적으로도 빈국에 속해 타국의 무상 또는 유상원조에 의존해야하는 경제적 한계를 가지고 있어 실질적인 상호 관계를 통한 전망은 아직까지는 불투명하다고 보는 것이 일반적이다. 그러나 옛 인도차이나 국가들이 1990년대에 들어오면서 베트남의 경우에서 보듯 경제개혁인 도이 모이(Doi Moi)와 지역 경제협력체(ASEAN 등)에 적극 참여하여 역내무역 및 세계적인 경제체제로의 발전과정에 따르기 위한 기반작업을 이루었다. 그리고 이들 국가가 2005년 한국의 APEC에서 정상회담이 있었던 거대 지역 경제협력체의 회원국들로서, 차후의 경제발전 및 국제사회관계에서 우리나라와는 동반자적 관계가 보다 긍정적으로 발전될 수 있는 가능성을 가진 나라들이다. 아시아 프랑스어권 국가에 대한 연구는 문화의 이해나 학문적 고찰뿐만 아니라, 최근 세계적으로 고조되고 있는 FTA나 지역경제 협력체를 통한 국제통상의 관점에서도 대단히 필요한 작업이다. 이러한 필요성에도 우리가 이들 나라에 대해 알고 있는 것은 극히 미흡한 수준인 것이 사실이다. 이념적으로 분단의 상황에 놓인 우리의 현실을 감안해 보면 ,그 가장 큰 이유가 이들 인도차이나 국가 대부분이 공산권이었다는 것을 들 수 있을 것이다. 실질적으로 우리나라와 외교적인 수교 자체가 이루어진지도 체 15년 안팎의 일이다. 극히 피상적인 수준에 머무르고 있는 이 지역에 대한 국내의 인식수준을 이해와 공감으로 발전시키기 위해서는 문화와 학문적 영역에 대한 보다 구체적이고 체계적인 소개와 연구가 지속적으로 필요할 것이다.

본 연구는 위와 같은 목적과 주제를 기반으로, 이제까지 그 중요성에도 불구하고 소외된 감이 적지 않았던 아시아 프랑스어권 국가에 대한 지역연구를 진행할 것이다. 연구의 방향은 먼저, (1) "프랑스령 인도차이나의 형성배경"을 통해 프랑스의 인도차이나 진출과 아시아 프랑스어권 국가의 저항 및 독립의 과정을 살펴볼 것이다. 그 다음으로는, (2) "아시아 프랑스어권 국가의 현재 그리고 미래"에서 프랑스 및 프랑스어권 국가연합(OIF)과 아시아 프랑스어권 국가의 관계를 살펴보며 과거 식민 및 제국주의 잔재와 유산이 프랑스어권 국가에게 어떤 결과를 낳았고 또한 현재는 어떻게 발전시키는가를 살펴 볼 것이다.

I. 프랑스령 인도차이나의 형성배경

인도차이나 국가들 중 가장 먼저 유럽세력이 진출했던[3] 베트남의 경우, 16세기인 1516년 덴마크가 베트남 북부에서 먼저 교역권을 확립했다. 프랑스에서는 17세기에 와서 앙리(Henry) 4세(1589-

3) 1558년을 기점으로 베트남의 찐(Trnh Lords)왕조(1539-1787)와 구엔(Nguyen Lords)왕조(1558-1778)의 남북대립이 시작되었고, 그 시기에 유럽인들이 이곳에 진출하기 시작하였다. 구엔씨의 로이안과 북쪽의 홍옌에는 포르투갈, 네덜란드 등의 유럽인들과 중국, 일본 등의 상인들이 있었고, 남북 베트남인들 간의 상호 내왕이 금지된 상황이 있었기에 이들은 그 교역에 종사하며 이득을 쌓았다.

1610)의 제위기간 동안 아시아진출을 위한 프랑스 동인도회사(French East India Company)가 설치되기는 했으나, 당시 프랑스는 시민전쟁 및 자본의 부족으로 해외 식민지 개척에는 구체적인 관심을 가질 수 없었다. 1664년에 와서야 루이(Louis) 14세의 수석장관 이었던 콜베르(Colbert)가 이 회사에 활력을 불어넣었다. 이에 앞서 1610년부터 프랑스 예수회의 신부였던 알렉산드르 드 로드(Alexandre de Rhodes)가 베트남에 도착해 포교활동을 시작했으며, 그 이후 정식적인 통상관계는 1749년 프와브르가 호이 안(Hôi-an)에 도착하여 응우옌에게 프랑스 왕의 서신과 물품을 전달하면서 시작되었다.

당시 프랑스의 국내 정치상황으로 인해 여타 유럽 국가에 비해 프랑스의 동남아 진출은 늦었지만, 그 이후에는 효과적으로 진행되었다. 18세기 말 영국의 버마 진출이나, 그 이전 17세기 네덜란드의 인도네시아 진출에 비해 현저히 늦은 19세기 중반에야 본격적으로 프랑스는 아시아에 진출하였다. 하지만, 인도차이나 지역을 침공한 이후에는 20세기 중반까지 거의 1세기라는 오랜 시간동안 식민지배를 유지하였다. 이러한 역사적 배경은 지배국인 프랑스의 독특한 식민화 과정과 또한 피지배국의 피치 못할 국내 상황이 얽혀져 있을 것이다. 이 배경을 고찰하기 위해 먼저, 프랑스의 베트남 진출 시기와 방법 그리고 각 피지배국들의 특징적인 상황을 살펴보자.

1. 프랑스의 베트남 진출

프랑스가 인도차이나에 관심을 둔 이유는 무엇보다 나폴레옹 3세의 식민영토확장에 대한 야심에서부터 찾을 수 있다[4]. 그리고 프랑스는 자국민의 경제적인 기대, 청으로의 무역항로 개척, 자국민 특히 선교사들의 보호 그리고 영국 세력의 견제 등으로 식민지배를 시도했지만, 그렇다고 이 지역에 대한 아주 명료하고 구체적인 지배 목적이 있었던 것으로는 보이지 않는다. 더불어 식민지배에 대한 초기 베트남인들의 저항은 이상하리만치 미약했고, 비교적 쉽게 식민지화 되었다. 당시 베트남 조정[5]은 프랑스인들이 침략을 계속하지 않을 것이라는 안일함을 갖고 있었다. 침공이 시작되자, 베트남은 프랑스군의 근대화된 무기 앞에 쉽게 한계를 드러냈고, 프랑스는 베트남의 전 지역을 점령하는 절호의 기회를 마련한다.

프랑스가 인도차이나에 대한 관심을 가지기 시작한 시기와 실제적인 침략은 시간적 차이를 보이고 있다. 프랑스의 인도차이나 진출은 베트남에서 프랑스인 선교사 처형사건을 계기로 다낭을 공격했을 1858년 8월 31일[6]로 보는 것이 일반적인 시각이다. 하지만, 프랑스인들의 인도차이나 특히 베트남에 대한 관심은 그 이전인 17

---

4) 나폴레옹 3세는 베트남의 응웬 왕조에게 기독교의 자유와 프랑스 통상대표부의 설치를 요구했고, 이를 거절하자 1858년 침공을 감행하였다.

5) 베트남에서는 고대부터 안남(Annam)과 참파(Champs) 왕국이라는 강력한 두 왕국이 자리 잡고 있었는데, 북부와 중부에 있었던 안남은 중국문화권 그리고 남부의 참파는 힌두 문화권이었다. 하지만, 안남이 참파를 서서히 흡수하여, 결국 17세기가 되자 안남을 중심으로 한 단일 베트남이 형성되었다. 이러한 역사로 인해 베트남은 전통적으로 유교문화권에 속해 있었다. 하지만, 곧이어 중국, 프랑스, 일본, 미국으로부터 지배를 받아왔지만 지속적인 저항과 독립운동으로 나라를 지켜온 민족이다. 그리고 농업을 중심으로 한 농경사회의 성향을 가지고 있어 근면하고 성실하며 체면을 중시하는 민족성을 가지고 있다.

6) 1857년 프랑스 선교사 및 스페인 선교사들의 처형으로 1858년 스페인과 동맹을 맺은 프랑스는 연합군을 구성하여 군함 12척에 군사 3,000명을 무장시켜 다낭으로 진격하고 8월 31일 이곳을 점령한다. 하지만, 기후와 풍토병으로 프랑스와 스페인 연합군 병사들이 죽어가자 1859년 사이공 일대와 메콩강 삼각주까지 모두 점령하여 "코친차이나(Cochin China)"라고 명명한다. 오구라 사다오, 『베트남사』, 일빛, 1999, pp.171.

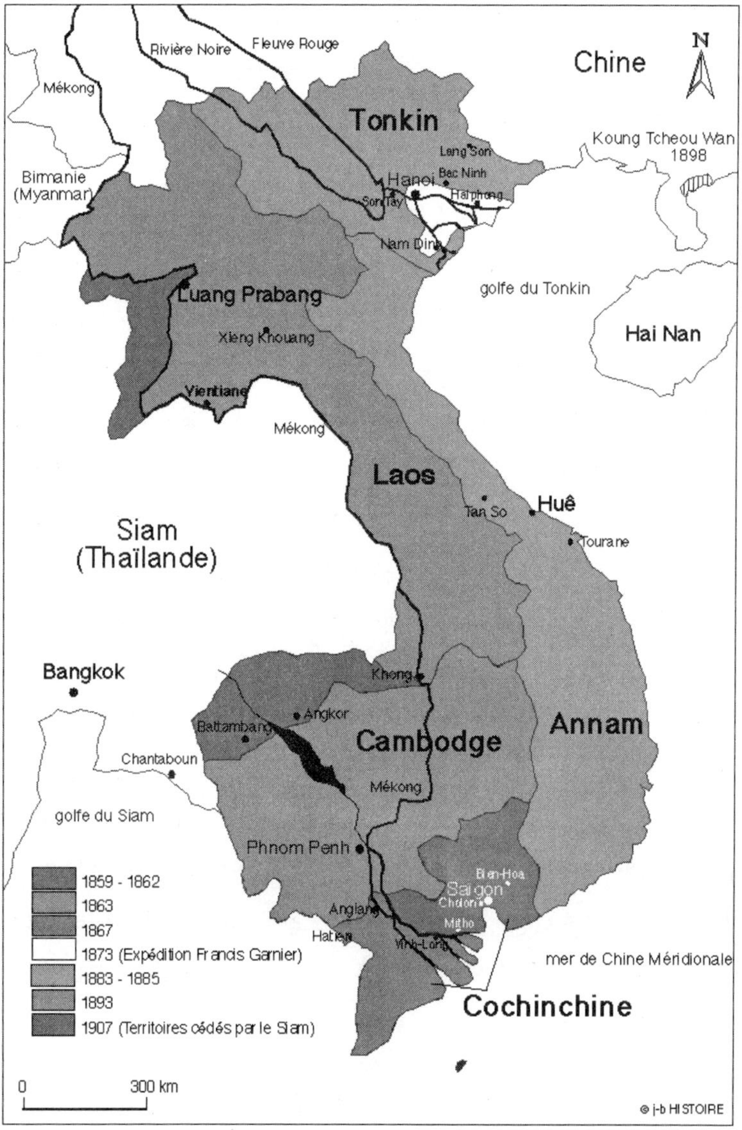

[그림 4-1] 프랑스의 인도차이나 진출[7)]

---

7) http://www.1940lafrancecontinue.org 참조.

세기에서부터 시작되었고, 18세기에 와서는 프랑스와 베트남 간의 실질적인 통상관계(1749년)도 있었다. 그렇지만 그때까지만 해도 경제적 교류보다는 주로 선교사들을 중심으로 하는 종교적 활동이 대부분이었다[8].

1858년 첫 침공을 통하여 프랑스는 베트남의 코친차이나 남부를 점령했다. 침략의 계기가 되었던 선교사 처형사건은 프랑스가 베트남을 침탈하고자 하는 구실에 불과했다. 왜냐하면, 프랑스는 네덜란드와 영국의 동남아시아 지배를 눈여겨보며 호시탐탐 진출기회를 노리고 있었기 때문이었다. 프랑스가 베트남에 눈독을 들였던 이유는 그 당시 영국은 인도를 그리고 네덜란드는 인도네시아를 점령하고 있었기 때문에 베트남으로의 진출이 가장 안정적임과 동시에 중국대륙으로의 진출도 용이했다. 어쨌든, 프랑스의 첫 침공 이후에도 본격적이고 실질적인 베트남 식민 지배는 4년 후인 1862년 사이공조약을 통해서야 가능했다. 그 기간 동안 프랑스가 침묵한 이유는 베트남을 지배하기 위해 먼저 해결해야 하는 선결과제가 있었는데, 이는 그 이전 베트남의 종주국으로 있었던 청나라가 프랑스의 베트남 지배를 인정하지 않았기 때문이다. 하지만, 1860년 9월 청과의 전쟁이 끝나자마자 프랑스의 샤르네 제독은 17척의 함대와 3,500명의 군대를 이끌고 곧장 남부 코친차이나로 진격한다. 1861년 2월 프랑스 제독은 먼저 사이공에 있는 베트남 진지를 탈취하게 된다.

---

8) 16세기 중반부터 프랑스 선교사들이 활동했고, 17세기에는 예수회 신부들이 활약하고 있었다. 선교활동은 초기에 찐씨에 의해 호의적으로 받아들여졌으나, 개종자들이 늘어나면서 유교의식을 거부하게 된다. 그런 이유로 17세기 말 천주교가 약간의 탄압은 받았으나, 곧 프랑스 선교사들은 끊임없는 포교활동을 하며 정치문제에도 개입을 하였다. 1802년 구엔(Nguyen)왕조(1802-1945)가 등극하자, 마침내 가톨릭은 포교의 자유를 획득하게 된다.

이처럼 실질적인 프랑스의 베트남지배는 1858년의 다낭 침공 시점보다 늦은 때로 1862년 6월 사이공조약으로 코친차이나와 베트남 남부의 3개주를 프랑스령으로 하고 이곳에 항구를 개항한 때라고 본다. 이렇게 적극적으로 프랑스가 베트남에 대해 식민지 정책을 실시했던 이유는 당시의 다른 유럽열강을 의식했기 때문이기도 하다. 그 중에서도 특히 영국이 버마 진출 이후 말레이시아, 태국 등의 동남아국가로 그 진출 범위를 넓혀가고 있었기 때문이다. 여기에 자극받은 프랑스는 1863년에는 캄보디아를 점령하기 위해 군사탐험대를 보내게 되고, 그 해 8월 우동에서 보호조약을 체결하게 된다. 그렇다면 1858년 첫 침공 이후 적절히 대처할 시간이 있었음에도 베트남은 왜 차후에 있을 프랑스의 침략에 대한 대비를 하지 못했던 것일까. 이는 크게 베트남 내부의 잦은 왕조 반란과 베트남 조정의 안일한 문제인식에서 초래된 결과였다. 그 당시 베트남 북부의 레 왕조 후손이라고 자칭했던 레 주이 풍(Le Duy Phung) 등의 크고 작은 반란이 그칠 줄 몰랐으며, 응웬 왕조는 내우외환의 위기에 있었기에 적절한 대처가 어려웠다. 그리고 유럽 식민세력들이 중국 등 타국에서 저지른 만행을 보고도 자국에서는 그런 일이 없을 것이라는 막연한 기대를 했다. 따라서 프랑스의 세력을 베트남에서 추방할 수 있는 물리적인 힘이 없다는 것을 인식하고는 방어조차 거의 포기했으며, 거기다 조정의 외교적 무능함까지 한 몫을 했다. 이리하여 1862년 6월 5일 굴욕적인 강화조약은 채결되었는데,[9] 조약의 주요 내용은 다음과 같다.

---

9) 보나르제독과 후에 조정에서 파견된 판 타인 잔 사이에 맺어진 이 조약은 12개조로 구성되어있는데, 먼저 프랑스 선교사들에 의한 기독교 포교의 인정과 코친차이나 동부의 3성과 풀로 콘도르 섬의 할양, 프랑스 및 스페인에게 전쟁 배상금(400만 피아스톨) 지불 그리고 다낭과 광연 항구

"조항3 - 베트남은 비엔 호아, 딩 뜨엉, 쟈 딩 등의 동부 3省 외에 꼰론섬을 이용하는 프랑스 상선에게 편의를 제공한다. 프랑스 전함은 海와 江을 자유롭게 통과할 수 있다.

조항4 - 양국 간에 조약이 맺어진 후에 만약 제3국과 베트남 간에 마찰이 발생할 경우 프랑스가 그 문제 해결에 도움이 될 수 있도록 통보해야 한다"[10)]

이 조약을 통해서 프랑스는 실질적인 베트남과 인도차이나의 지배를 시작한다. 프랑스가 인도차이나에 진출할 당시, 인도차이나의 각 국가는 간접적으로는 서구 열강들의 통상과 관련된 압력 때문에 그리고 직접적으로는 주변 강대국에 종속된 국가형태였기 때문에 진정한 주권국가의 면모를 가지지 못했다. 그런 이유로 프랑스는 먼저 당시 인도차이나 국가의 주권국과 교섭 또는 전쟁을 해야만 했고 또 그 상황을 이용하며 식민 경영을 지속해 갔다. 베트남은 청(중국)을 종주국으로 하고 있었으며 캄보디아는 태국과 군신관계를 맺고 있었다. 한편 라오스는 아직 단일국가의 형태가 아니었으나, 현 라오스의 한 지역을 다스리던 씨 엥쾅이 베트남의 지배 아래에 있었기 때문에 베트남을 식민 지배하게 된 프랑스는 그 상황을 이용하여 차후 라오스까지 지배권을 주장하게 된다.

2. 프랑스의 캄보디아 진출 및 베트남에서의 영토확장

1862년 6월 사이공조약에서 프랑스는 캄보디아[11)]로의 진출 계

를 개황하여 프랑스와 스페인의 자유로운 통상을 허용한다는 내용이었다. 오구라 사다오, 『베트남사』, 일빛, 1999, pp.174.

10) 송정남, 『베트남의 역사』, 부산대출판부, 2000, pp.413-414.

11) 베트남과 인접해 있는 캄보디아는 크메르인과 힌두의 챰파족으로 구성되어있어 베트남과는 문화권 자체가 다르다. 동남아 최초의 대힌두 왕국이

획을 명시한 셈이다.

1863년 8월 우동에서 프랑스가 캄보디아와 보호조약을 체결하게 되는 것도, 그리고 같은 해에 군사탐험대가 있었던 것도 사실상 캄보디아에서는 프랑스인들과의 첫 접촉은 아니었다. 18세기 중반 캄보디아에는 이미 프랑스 선교사들이 진출해 있었으며, 이들은 캄보디아 왕족들과 우호적인 교류가 있었기에 프랑스의 지배권 확장은 저항이 적었다.

사이공조약 이후, 프랑스가 캄보디아에 적극적인 진출을 모색하게 된 까닭은 무엇인가. 그것은 영국 등 다른 유럽 국가와의 식민지 경쟁에서 뒤쳐지지 않으려는 의도와 무엇보다 그 경쟁에서 경제적 주도권을 쟁취하기 위해서였다. 인도차이나 반도의 젖줄인 메콩강에 대한 선점은 중국 남부의 석권을 위한 지름길로 인식되었기에, 먼저 영국이 미얀마를 통해 중국으로 진출한다면 그야말로

자, 최초의 캄보디아 제국인 후난왕국은 기원전 1세기 경 인도 브라만에 의해 세워졌고, 9세기 초 첸라왕국을 지금의 시엠립 동 남쪽에 수도를 정하면서 앙코르(Angkor) 제국이 시작된다. 그리고 자야바르만(Jayavarman) 2세는 820년 브라만식으로 즉위식을 거행하고 왕국을 다스려나간다. 12세기에 앙코르 왕국은 정치 및 문화적으로 절정을 이루는데, 그 시기의 인구가 약 100만이며 그 당시 왕들이 가장 위대한 건축물들을 지었다. 예를 들면 수리야바르만(Suryavarman) 2세는 1113년에서 1150년까지 통치하며 왕의 무덤이자 비스누의 신전인 앙코르와트(Ankor Wat)를 지었다. 그리고 1181년에서 1218년까지 재위했던 자야바르만 3세는 앙코르 톰(Ankor Tom) 왕도를 건설했다. 샴파족의 경우 약 15세기 경 북베트남인들 때문에 남쪽으로 내려 온 민족으로 강가에 자리를 잡아 회교사원을 짓고 어업에 주로 종사했다. 현재 전체인구의 80%를 점유하는 크메르인들의 종교는 불교이지만, 한국이나 중국, 일본 그리고 베트남과도 다른 소승불교를 믿고 있는데, 이것은 힌두교의 영향을 받았기 때문이다. 자야바르만 7세부터 캄보디아는 이웃한 강대국인 베트남 왕국과 태국 왕국의 완충국가로 양국에게 조공을 바치며 명목상의 독립을 유지할 수 있었지만, 19세기 중반 프랑스의 진출로 인해 주권을 완전하게 상실한다. 밀톤·마이어, 『동남아시아 입문』, 한국외국어대학교 출판부, 1991, pp.43.

큰 타격을 입게 되는 것이다. 이러한 배경이 프랑스의 캄보디아 진출을 가속화 시켰고, 더불어 1860년 캄보디아의 두앙왕의 사후 혼란해진 정국과 잦은 폭동 등으로 인한 어수선한 캄보디아의 상황이 프랑스의 진출을 보다 용이하게 했다. 자국민의 지지를 얻지 못하고 폭동으로 태국으로 피신까지 했던 두앙의 적자인 노르돔(Nordom)과 프랑스는 캄보디아 왕정을 지켜주는 대가로 불평등 조약을 체결하게 된다[12]. 하지만, 비밀로 진행되었던 이 조약을 태국이 알게 되자 다시 노로돔은 태국의 왕에게 귀속된다.

12세기 말 자야바르만 7세(1181-1218) 이후 주변국인 베트남과 태국 사이에서 명목상 존재하던 캄보디아는 자국을 보호해 준다는 조건으로 프랑스의 보호국이 된 것이다. 그때부터 프랑스와 태국의 공동주권이 인정되어 1864년 태국과 프랑스인들이 참여한 가운데 노로돔 왕의 즉위식을 거행하게 된다. 캄보디아에서 프랑스를 몰아내기 위해 영국과 교섭을 하던 태국 정부의 부탁을 영국이 거절하고 또 1867년에 태국 왕이 사망하는 불운이 겹치면서 태국도 결국 프랑스에게 캄보디아를 양도하게 된다. 마침내 1867년 7월 15일 프랑스는 캄보디아의 종주권을 인정받게 된다. 태국으로부터 종주권을 이양 받는 것이 확실해지자 프랑스는 당시 프랑스령이었던 코친차이나가 캄보디아와 지리적으로 멀어 통치하기가 어렵다고 판단하여 조양합의를 한 달 남겨둔 1867년 6월에 코친차이나 제독인 그랑디에르가 코친차이나 서부 3개성을 무력으로 진압하여 6월 25일 코친차이나 전역이 프랑스 식민지라고 일방적인 선언을 한다.

이처럼 인도차이나에 대한 프랑스의 침략은 오랫동안 심사숙고

---

12) 양기식, 『캄보디아를 아십니까?』, 삶과 꿈, 1997, pp.89.

한 계획에 의해 진행 되었다기보다는 상황에 따라 또는 즉흥적인 필요에 따라 실행되었다고도 볼 수 있다. 그리고 프랑스는 인도차이나 반도의 각 국가 간의 복잡한 역학관계 속에서도 비교적 탄력있게 식민지를 개척했던 것이다. 여기에서 우리는 프랑스가 인도차이나에 진출하기 위해 각 인도차이나 국가들마다 취했던 방법이 서로 상이하였음을 알 수 있다. 베트남 진출을 위해서는 프랑스는 식민진출 이전부터 베트남 왕조의 권력을 분산 또는 약화시키는 전술을 사용했고, 캄보디아에서는 자국민이 원하지 않는 왕조를 유지시키면서 나아가 왕족과 귀족들의 권위를 더욱 강화시켜 캄보디아인들의 원성과 반란의 빌미를 제공하게 된다[13].

한편 베트남에서는 메콩강을 통해 무역로를 개척하고자 했던 계획은 이후 수정되어 홍하를 이용하고자 했다. 그러기 위해서 프랑스인들은 코친차이나에 만족하지 않고 통킹 델타를 지배하고자 했다. 결국 1873년 10월 20일 뒤프레 제독의 명령을 받은 해군대위 프란시스 가르니에(Francis Garnier)가 하노이 성을 함락하게 된다. 그러나 그해 12월 21일 중국의 흑기군이 베트남을 도와 하노이 성을 다시 함락시키고, 그 과정에서 가르니에가 전사하는 사건이 벌어졌다. 이 사건을 계기로 프랑스와 베트남 간에는 평화조약이 체

13) 1870년대를 전후하여 노로돔에 대한 폭동이 여러 차례 일어났지만 폭동은 곧 프랑스에 의해 진압되었다. 폭동의 원인은 주로 노로돔의 권위적인 통치방식에 반기를 든 것과 왕족과 조정의 부패와 불합리한 사회제도 등에 관한 것이었다. 또한, 프랑스의 보호정치를 비호하는 그의 태도에 대한 비난도 많았다. 그래서 그는 자신의 왕권을 강화하려는 움직임을 보였고 반대로 프랑스는 왕권을 보호해주는 은혜를 모르는 노로돔에게 왕권을 제한하고자 했다. 양기식, 『캄보디아를 아십니까?』, 삶과 꿈, 1997, pp.95.

결되었는데, 이것이 바로 "뒤프레조약" 또는 "제2차 사이공조약"이다. 이 조약의 주요 내용은 다음과 같다.

"조항1 - 하이 두옹(Hai-Duong), 닌 빈(Ninh-Binh), 하노이(Hanoi)는 프랑스인들에 의해 축출되었다.

조항2 - 안남의 왕인 S.M.은 프랑스에 의해 점령상태에 있는 코친차이나 영토에 대해 프랑스의 완전한 주권을 인정한다.

조항11 - 안남 정부는 빈 딘(Binh-Dinh) 지방의 티 나오(Thi-Naö) 또는 키 논(Qui-Nhon) 지역과 하이 두웅(Haï-Duoung) 지방의 닝 하이(Ninh-Haï 또는 하이퐁Haiphong) 지역 그리고 하노이 시에 대한 무역을 개방하고 해안에서 윤 남(Yun-Nam)에 이르는 니-하(Nhi-ha, 홍하)의 통행을 보장한다.

조항12 - 프랑스인이나 프랑스령 안남인 그리고 일반 외국인들은… 중국 국경과 하노이, 그리고 하노이와 해안 간의 모든 무역이 하상 통행을 한다는 조건과 일정한 세금 납부를 하면서 홍하를 통한 윤남(Yun-Nam) 지방과 해안 사이의 무역 및 통행이 가능하다.

조항13 - 프랑스는 무역이 개방된 각 항구에 영사나 그와 유사한 권한을 가진 대리인을 상주시킨다. 그리고 그 권한과 안전을 유지하기 위해 총 100명 이내의 인원을 상주시킨다.[14]"

---

14) "Article 1-Hai-Duong, Ninh-Binh, Hanoi sont évacués par les Français. Article 2-S.M. le roi Annam ne reconnaît la pleine et entière souveraineté de la France que sur le territoires actuellement occupé par elle en Cochinchine. Article 11-Le gouvernement annamite s'engage à ouvrir au commerce les villes de Thi-Naö(ou Qui-Nhon) dans la province de Binh-Dinh, de Ninh-Haï(Haiphong) dans la province de Haï-Duoung, la ville de Hanoi et le passage par le fleuve Nhi-ha(fleuve Rouge) depuis la mer jusqu'au Yun-Nam. Article 12-Les sujets français ou annamites de la France et les étrangers en général … pourront naviguer et commercer entre la mer et la province de Yun-Nam par la fleuve Rouge moyennant l'acquittement des fixés et à la condition de s'interdire tout trafic sur les rives entre la mer et

1874년 3월 15일의 이 조약에서 베트남은 프랑스가 점령한 통킹의 성들을 반환하는 조건으로 코친차이나의 6성을 프랑스의 주권으로 인정하고 항구개방 및 무역을 위한 홍하와 운남으로 가는 길을 개방하기로 했다.

한편, 1870년대에 들어서 프랑스의 인도차이나 지배는 더욱 치밀해지고 가속화 되었는데, 그 배경에는 보불전쟁의 패전 이후 프랑스가 막대한 전쟁 배상금 지불 압박을 받았기 때문이다.

이러한 프랑스의 본격적인 식민정책에 위협을 느낀 베트남의 왕 뜨 득 데가 1876년과 1880년 그리고 1883년 세 차례나 중국 청나라에 도움을 요청했고, 청은 1883년 3월 27일 남딘을 점령했다. 하지만, 그해 7월 16일 뜨 득 데가 지병으로 사망하자 다시 베트남 조정은 왕위계승 문제로 혼란에 빠지게 되며, 그 혼란은 1년 동안 왕이 네 명이나 바뀔 정도로 심각하였다. 결국 이러한 내분으로 인해 코앞의 적에게 허를 보인 베트남은 1883년 8월 25일 "제1차 후에조약"을 프랑스와 맺게 된다. 28개조로 구성된 이 조약에서 프랑스의 보호국임을 인정하고 모든 외교권을 프랑스에게 이양하며 안남지방 남부를 코친차이나에 그리고 북부의 3성을 통킹에 편입시켰다. 흔히 "아르망조약"이라고도 불리는 이 조약으로 인해 베트남은 코친차이나(1867년)에 이어 1883년부터 통킹도 프랑스의 보호령이 되고 또한 프랑스가 직접통치를 하게 된다.

한편 청은 베트남에 대해서는 자신들이 종주국임을 자처하며 프

Hanoi et entre Hanoi et la frontière de Chine··· Article 13-La France nommera dans chacun des ports ouverts au commerce un consul ou agent assisté d'une force suffisante, dont le chiffre ne devra pas dépasser le nombre de cent hommes, pour assurer sa sécurité et faire respecter son autorité. "MONTAGNON Pierre, France-Indochine, un siècle de vie communne(1858-1954), Pygmalion, 2004. pp.350.

랑스와 베트남이 맺은 조약이 무효라고 주장했다. 하지만, 1884년 3월 쿠베르의 후임인 프랑스 사령관 밀로(Millot)가 청의 국경과 인접한 랑 썬과 투엔 꽝 등을 점령하여 프랑스의 세력이 커지자, 청은 프랑스와 강화조약을 체결하게 되는데, 이것이 "제1차 천진조약"이다. 하지만, 강화조약에도 불구하고 청의 서태후가 이홍장에게 베트남을 넘겨주지 말라는 명과 함께 다시 전쟁이 시작되었다. 이 전쟁에서 결국 청이 패배하여 1885년 6월 9일 프랑스는 청과 "제2차 천진조약"을 맺어 통킹 및 안남 지방 등 베트남에 대한 모든 종주권을 청이 포기하게 한다. 그리하여 1858년에 무력으로 침공한지 27년 만에 프랑스는 베트남의 전 국토를 완전하게 식민화된다.

한편, 베트남의 식민지를 실현한 프랑스는 캄보디아의 보호령을 더욱 강화한다. 그야말로 피 한 방울 흘리지 않고 식민지를 만든 캄보디아에 명목뿐인 왕조를 앞세우고 혹독한 식민지 통치와 수탈을 자행했다. 또한, 1884년 베트남 주둔 사령관이었던 샤를 톰슨(Charles Thomson)은 캄보디아의 지배를 더욱 공고히 하는 개편된 조약문서의 서명을 노르돔으로부터 받아 내었다. 주요내용은 수출관세 징수, 토지 소유 제도화, 노예폐지 등이었으며 조약서의 2조항은 다음과 같다.

> "캄보디아 국왕은 모든 행정적, 사법적, 재정적, 경제적 개혁을 수락한다. 이 개혁사항에 대해서 프랑스 정부는 앞으로 프랑스의 보호정치가 성공할 측면에서 판단할 것이다."[15]

이 조약은 캄보디아의 전통을 붕괴시키는 개혁적인 내용을 담고

---

15) 양기식, 『캄보디아를 아십니까?』, 삶과 꿈, 1997, pp.92.

있었기에 전국에 걸쳐 수많은 폭동을 야기했다. 특히 1885년 초에 일어난 전국적인 저항으로 인해 캄보디아인들에게 오히려 민족의식이 형성되는 계기가 된다.

3. 프랑스의 라오스 진출 및 인도차이나 통치

계획보다 수월하게 베트남과 캄보디아를 통치하게 되자 프랑스는 이웃한 라오스[16]로 눈길을 돌렸다. 프랑스는 라오스의 일부 영토가 베트남의 지배[17] 아래에 있었던 사실을 이용하여 1886년 샤암 왕국에 압력을 가해 루엉 파앙에 부영사관을 설치했다[18]. 그렇다고 이것이 프랑스인들의 첫 진출은 아니었다. 프랑스가 베트남

---

16) 라오스는 14세기중엽 국토가 통일되었으며, 그 당시 영토는 지금의 라오스 전부와 태국의 북부 및 서부지역까지 포함되었다. 1355년 루앙 프라방(Luang Prabang)에 도읍이 정해지자, 불교의 선교사와 승려들이 앙코르에서 이곳에 와 불교를 전파하였다. 현재 전인구의 70%가 라오족으로 구성되어있으며, 메콩강과 주변 주요지에 거주하고 있다. 이들은 타이족의 한 부류이며 종교는 캄보디아처럼 소승불교였으나 사회주의 정권 이후 불교의 영향력이 약해지게 되었다. 1980년 이후에는 종교에 대한 규제가 많이 완화되어 사회주의와 공산주의가 공생의 관계로 나아가고 있다.

17) 베트남의 구엔시는 캄보디아 왕의 왕위계승 때 마다 캄보디아를 침공해 영역을 넓혔는데, 1672년 그 당시 캄보디아 영토였던 사이공을 점령하여 완전히 자신의 세력권에 넣었다. 1757년 다시 캄보디아의 왕위계승에 개입하여 이북 땅과 캄폿과 까머우 지역을 확보하여 캄보디아의 해변지역을 손에 넣고 그 세력이 사이암만까지 이르렀다. 구엔왕조 역시 남방정책을 되풀이했다. 예를 들면 쟈롱(Gia Long)황제는 1812년 베트남과 사이암의 양국 사이에서 균형정책을 취하는 캄보디아 정책에 불만을 품고 캄보디아에 군대를 진주시키고 캄보디아를 세력권 안에 넣었으며, 민망(Minh Mang)황제도 지정학적으로 인접한 캄보디아와 라오스에 침략적인 팽창정책을 썼다. 그러나 1841년처럼 캄보디아 군이 사이암 군의 원조를 받아 베트남 군대를 물리친 경우도 있다. 노시경, 『우리는 지금 베트남, 캄보디아, 라오스로 간다』, 민서출판사, 1996.

18) 양승윤 외, 『캄보디아·라오스』, 한국외대 출판부, 2005, pp.226.

에 진출했던 초기인 1866년 메콩강 하류 유역을 조사했을 시점부터 라오스에 대한 관심은 두고 있었다. 이 무렵 안남을 통한 프랑스 및 유럽인들의 진출은 이미 예견되고 있었다. 1886년 6월 29일 폴 베르(Paul Bert) 총독(통킹과 안남의 총독)이 트룽 빙 키(Truong Vinh Ky)에게 보낸 편지에서도 잘 알 수 있는데, "네, 어떤 일이 있더라도 유럽인들이 그곳을 통치하기 위해 안남에 들어올 것입니다… 그것은 오래 걸리지 않을 것이라고 저는 확신합니다, 하지만, 그곳을 통해 가야만 합니다. 안남은 그 운명에서 벗어날 수 없을 것입니다[19]"라고 기술하고 있다. 어쨌든 초대 부영사로 부임한 오귀스트 파비(Auguste Pavie)는 그 이듬해인 1887년 중국 변방의 오족이 침입하자 라오스의 루엉 파앙 왕가를 구출해 주었고, 이를 계기로 라오스에게 샤암의 지배권을 포기하도록 종용했다[20].

결국 1893년 샤암과 프랑스의 조약으로 메콩강의 좌안은 프랑스 보호령이 되었으며, 차후 점차 영토를 넓혀 지금의 라오스 영토 전역을 통치하게 된다. 프랑스가 라오스 전 지역의 식민통치를 위한 명분을 얻기 위해 이전 분할지역 중 하나인 루엉 파앙 지역의 왕을 라오스 국왕으로 승격시킨다. 1896년에 버마를 지배하고 있던 영국과 프랑스 사이에 영유권 분쟁이 생기자 메콩강을 사이에 두고 국경을 만들어 라오스는 두 제국 사이의 완충지역이 되어 버린

---

19) "Oui, quoi qu'il advienne, une nation européenne entrera en Annam pour y prendre une influence directrice… Cela na durera pas, j'en suis sûr, mais il faut passer par là: Annam ne peut échapper à cette fatalité." 1886년 6월 29일 폴 베르Paul Bert 총독(통킹과 안남의 총독)이 트룽 빙 키Truong Vinh Ky 가톨릭 신자에게 보낸 편지. BROCHEUX Pierre et HEMERY Daniel, Indochine : La Colonisation ambiguë - 1858-1954, La Découverte, 2001, pp.25.

20) 양승윤 외, 『캄보디아 · 라오스』, 한국외대 출판부, 2005, pp.226-227.

다. 그리고 1905년 추가 조약으로 루앙 프라방 서쪽 일부와 바삭 지방이 시암 지방으로 편입되면서, 사실상 지금에도 수많은 라오스 인들이 태국의 북동부 지역에 거주해야 하는 결과를 낳은 것이다. 그리고 프랑스는 라오스를 12개 주로 분할하여, 루엉 파앙은 보호령으로 그리고 나머지 지역은 직할령으로 삼았다. 프랑스의 라오스 지배는 베트남이나 캄보디아에 비해서는 비교적 덜 가혹했다고 볼 수 있다. 그 이유는 지배방식이 온건했다기보다는 "방치한" 결과이며, 인구밀도가 낮고 개발이 더딘 라오스에서는 실질적인 경제 이득을 볼 수 없는 이유로 등한시했기 때문이다. 오히려 이러한 상황으로 인해 왕실과 행정체제, 문화와 전통 등 많은 부분 그대로 유지될 수 있었을 것이다.

지금까지 프랑스의 인도차이나 진출에 대한 각 나라별 식민화 과정에 대해 간략히 살펴보았다. 프랑스의 인도차이나 진출은 인도차이나 국가들 간의 관계에도 적지 않은 영향을 미쳤다. 프랑스의 식민화는 분할통치정책의 일환으로 통킹의 하노이에서 라오스를 통치하고, 주요 관리도 역시 베트남인들을 채용했기 때문에 베트남인들과 라오스인들 간의 갈등을 더욱 심화시키게 되었고, 그러한 내재된 적개심은 오늘까지도 유지되었다[21].

---

21) 베트남인들 중 약 100만 명 정도가 캄보디아에 살고 있는 이유는 인도차이나 반도의 패권을 의식한 베트남이 캄보디아에 자국민들을 이주시킨 결과이다. 베트남은 호시탐탐 캄보디아를 손에 넣으려는 정책을 썼고, 국민들을 전략적으로 이곳에 정착시켰다. 이러한 베트남의 정책은 라오스에 대해서도 거의 유사하다. 홍하에서 출발한 다이비에트(Dai Viet)가 북쪽의 중국을 막고 남쪽으로 남진정책을 펴면서 현재의 베트남이라는 국가가 만들어졌다. 그래서 베트남은 현재에도 이웃한 캄보디아와 라오스를 그들의 영향권에 넣으려하고 있으나, 지금은 경제에 전념하느라 표면화되지 않을 뿐이다. 하지만, 인도차이나 반도에 대한 베트남의 영향력 확대는 지속적이고 또한 전략적으로 또 다시 진행될 것으로 본다. 노시

캄보디아는 코친차이나의 사이공으로부터 통치를 받았다. 앞서 말했듯 프랑스가 캄보디아에 진출한 목적이 경제적 주도권을 잡기 위해서였지만, 지정학적으로 캄보디아가 인접한 태국과 영국에 대한 완충지대라는 역할이 컸다는 이유도 있었다. 그래서 캄보디아는 프랑스의 관심에서 많이 벗어나 있었으며 통치방법 또한 프랑스인의 직접통치가 아닌 베트남 관리에 의한 간접통치를 받게 된 것이다. 노로돔 이후의 왕위는 그의 아들이 아니라 프랑스를 도와 반란군 진압에 도움을 준 노로돔의 동생 씨쏘왓이 임명(1902-1927년 까지 재임)되었고, 이후 그의 아들 씨쏘왓 모나옹(1927-1941년 까지 재임)에게 양위되었다. 하지만, 제2차 세계대전 이후 프랑스 정부는 시하누크를 새 왕으로 지목하였으며, 그는 1941년부터 2004년 까지 64년간 캄보디아 국왕으로 지낸 세계에서 최장기간 통치한 군주로 이름을 남기게 되었다[22].

여기에서 프랑스의 특징적인 식민 지배체제를 볼 수 있는데, 프랑스는 베트남에 각기 다른 통치체제와 행정 구조를 만들었다. 프랑스는 베트남에서 가장 먼저 점령한 코친차이나에 대해서는 직접적인 지배형태를 갖추어 프랑스 언어 및 프랑스 문화를 보급하여 일종의 "해외영토"가 되도록 시도했으며[23], 안남이나 통킹 등에는 보호국

경, 『우리는 지금 베트남, 캄보디아, 라오스로 간다』, 민서출판사, 1996.

22) 양승윤 외, 『캄보디아·라오스』, 한국외대 출판부, 2005, pp.57.

23) 17세기에 시작된 프랑스의 식민주의는 19세기 제국주의 시대에 와서 "동화주의"로 대표될 수 있는 식민체계를 구축하는데, 그 체계는 본국의 행정체계가 식민국에 직접적으로 연결되어 있어, 식민국의 정치, 행정, 문화까지도 지휘하는 형태가 된다. 그 대표적 모델이 현재의 프랑스 해외영토라고 할 수 있을 것이다. 현 해외영토의 행정체계는 매우 중앙집권적인 구조이며, 영토의 핵심 권력은 본국의 관리 아래에 있다. 그래서 해외영토의 지위는 본국의 레지옹(도)과 데파르트망(시)의 지위를 부여받고

체제가 들어서 프랑스인 총독(résidents-général)과 주차관(résidents)이 베트남인들을 지배하게 된다[24].

프랑스의 인도차이나 국가에 대한 식민정책은 구체적이고 체계적으로 진행되었는데, 프랑스는 통치강도가 강한 동화주의 정책(통치강도에 따라 분류하면 종속주의, 동화주의, 자치주의, 연합주의 순이다[25])을 실시하여 자국의 우월한 문명을 피식민지국가에 이식하여 일정 수준까지 끌어올리고 동화시켜 궁극적으로 자국과 피식민국가가 동등한 민족이 되는 것을 이상으로 삼았다. 동화주의 체제에 근거를 둔 이러한 프랑스의 집요한 식민 지배방식은 19세기 중반까지 일관되게 유지했던 영국의 자유무역 제국주의[26]나 그 이후 연합정책 그리고 미국이 필리핀에서 이행했던 자치화와는 구별된다. 이에 따른 동화주의 언어정책[27]은 피식민국가의 언어를 말살하고 자

있어 따로 떨어져있지만, 프랑스의 본토와 같은 행정체계이다. 제2장 "프랑스 해외영토의 어제와 오늘"의 '프랑스 해외영토의 정치와 행정 구조' 참조.

24) 강만길 외, 『일본과 서구의 식민통치 비교』, 선인, 2004.

25) 식민통치 체제는 일반적으로 종속주의, 동화주의, 자치주의, 연합주의라는 4단계의 발달 단계를 거치지만, 그렇다고 이러한 체제가 반드시 순서에 따라 행해지는 것은 아니며 또한, 통치 대상국가의 상황에 따라 다르게 적용된다.

26) 1824년 매콜리가 "우리는 전 세계에 제품을 공급하고, 세계무역을 독점하게 될 것이다"라고 선언했던 것처럼 영국의 제국주의는 무역에 발판을 둔 해외팽창 정책을 주로 취했다. 사이먼 스미스, 『영국의 제국주의 1750-1970』, 동문선, 1998, pp.114.

27) 인도차이나에 대한 프랑스의 언어정책은 세 시기로 나누어 구분되는데, 첫 시기는 베트남의 점령에서 시작하여 러·일 전쟁이 끝나는 시점으로 1861년에서 1905년이 된다. 이 시기의 언어정책은 동화주의 정책을 시행하였으며, 식민통치에 필요한 피지배국민의 하급관리, 특히 통역인들을 양성하였다. 두 번째 시기는 1905~1917년으로 보(Beau) 총독이 부임하여 동화정책에 대한 민중들의 불만을 해소하기 위해 협동주의 언어정책을 시도했던 시기이다. 마지막 시기인 1917년에서 1945년까지는 언어 정

국의 언어를 장려하며 궁극적으로는 프랑스어를 국어나 공용어로 만든다는 것이다. 이렇듯, 프랑스가 인도차이나에 집착한 이유는 인도차이나 반도가 지리적으로 요충지이기도 하였지만 무엇보다도 경제적 가치가 높았기 때문인데, 사실 인도차이나 반도에는 원유, 석탄, 철광석 등의 광물자원의 확보를 통한 무역의 활성화뿐만 아니라 풍부한 임산물과 농수산물의 착취가 목적이었다.

4. 인도차이나의 저항, 민족운동 그리고 독립

인도차이나 3개국의 대프랑스 저항 및 독립운동은 나라마다 뚜렷한 차이를 보이고 있다. 먼저 프랑스는 뚜렷한 경제적 이득을 취할 수 없었던 라오스의 경우, 개발은 등한시 하면서 오히려 세금은 가혹하게 거두어 들여 라오스인들의 반발이 심했다. 그 중에서도 카(Kha)족의 반란은 1901년 홍 케오(Ong Keo)에서 시작되어 무려 35년간 지속되었으며, 씨엥쾅 지역에서 흐몽(Hmong)에 의해 일어난 반란 역시 대규모였다. 특히 초기에는 라오스인들에게 프랑스로부터의 독립이라는 대의명분보다는 과도한 세금징수나 수탈에 따른 저항의 일환으로 그 성격이 베트남과는 상이하였다. 그래서 이들의 저항이 직접적인 독립으로 연결되는 데는 한계가 많았다.

1940년 제2차 세계대전이 발발하고 프랑스가 독일과의 전쟁에 패하여 비시(Vichy) 정권이 들어서면서 라오스의 독립은 서광이 비치는 듯 했다. 하지만, 곧 아시아의 제국주의자 일본이 이 지역을 점령하자, 패전으로 종이호랑이가 된 프랑스는 일본의 지배를 인정

책이 교육 정책과 맞물려 진행된 시기로 중앙과 큰 도시를 제외한 촌락에서의 교육은 프랑스어가 의무가 아니고 교과서도 피 지배국어로 편찬할 수 있는 유화적인 정책이 시행되었다.

할 수밖에 없었다[28]. 그 시점부터 자유 라오스라는 뜻을 가진 "라오 이사라(Lao Issara)" 운동이 본격적으로 시작되었으며, 결국 1945년 9월 1일 라오스는 독립을 선언한다. 하지만, 프랑스는 그 독립을 인정하지 않고 즉시 독립운동 세력들을 진압했다. 하지만, 베트남 공산정권의 지지를 받던 독립군들의 저항 역시 만만치 않아 결국 프랑스는 한 발 물러서 국방, 외교 등의 권리를 보존하는 조건으로 프랑스령 인도차이나 연방 내에서의 형식적인 독립을 인정하게 된다.

식민지배 배경에는 프랑스의 무력뿐만 아니라, 인도차이나 각 국가의 내부적인 취약성으로 인해 쉽게 외부세력에 그 한계를 드러낸 것이 한 몫을 하고 있다. 라오스의 경우 14세기 중엽 통일이 되어 비교적 안정된 국가였지만, 18세기 초 루앙 파르방(Luang Parbang)과 북부의 비엔티엔(Vientiane) 그리고 남부의 챰파사크(Champassak)라는 3개 지역으로 분할되면서 서로 간의 세력다툼이 시작되었다. 그리고 이 내분은 식민 통치자들에게 어부지리격의 호기로 작용되었음에 더할 나위 없다. 그리고 베트남의 경우에도 안남 왕국이 1873년에 와서 통킹(Tongkin)과 안남(Annam) 그리고 코친차이나(Cochia China)라는 3개 왕조로 분리되어 서로 세력다툼을 했다. 그래서 프랑스의 침략 시 단결하여 대항하지 못하고 서로 경쟁하여 싸우고 반목하는 상태였기 때문에 단결된 하나의 힘으로 저항하기에는 한계가 있었던 것이다. 게다가 이러한 3개 왕조 간의 갈등을 프랑스가 때로는 전략적으로 이용하여 그들의 힘을 분산시켰던 것이다.

베트남의 반 프랑스투쟁의 본격적인 시작은 20세기 초반 사회주

---

28) 양승윤 외, 『캄보디아·라오스』, 한국외대 출판부, 2005, pp.229.

의자들로부터 시작된다고 할 수 있다. 그렇다면 그 이전인 19세기 말까지의 투쟁은 어떠했는지 그리고 결과적으로 투쟁에 실패한 이유가 무엇이었는지를 살펴 볼 것이다. 결론적으로 투쟁의 실패는 각 저항 세력들 간의 연대투쟁의 실패, 지도자들의 자질부족, 자국 내에서 친프랑스 세력의 자국인 탄압, 무기의 빈약함, 프랑스의 가혹한 탄압 등으로 원인을 요약할 수 있다.

실상 베트남의 대프랑스 투쟁의 시작은 프랑스의 무력침공 시기와 같다고 할 수 있다. 초기 투쟁의 대표적 인물인 쯔엉 꽁 딘(Truong Công Dinh)은 1861년 2월 24일 프랑스와 스페인 연합군 약 4,000명이 다시 영토확장을 위해 끼 호아 요새를 공격하자, 방어에 참가하여 침략군들에게 많은 피해를 입혔다. 프랑스의 회유와 지속되는 침략 그리고 증강되는 프랑스 군대에도 불구하고 몇 해 동안 대항했지만, 근대적인 무기로 무장한 프랑스군을 대적하기에는 한계가 있었다. 그는 결국 1864년 10월 19일 배신한 부하 꽁 탄(Cong Than)이 끌어들인 프랑스 병사에 의해 사살된다. 하지만, 뒤를 이은 그의 아들이 저항군을 이끌고 1867년까지 투항하게 된다.

1885년까지의 대프랑스 저항은 지역적인 성격을 띠었지만, 7월이 되면서 중앙의 후에 조정으로 옮겨졌다. 프랑스군을 기습 공격했지만 반격을 견디지 못한 황제 똔 텃 뚜옛은 어린 왕자를 데리고 꽝 찌 지방에 거점을 마련하고 황제의 이름으로 저항 및 독립운동을 호소했는데, 근왕(Cân Vuong)이라고 불리는 이 독립운동은 전국적으로 확대되었다. 이 운동의 대표적인 인물로 판 딘 풍(Phan Dinh Phung), 데탐(De Tham)이란 이름으로 잘 알려진 호앙 호아 탐, 판 보이 쩌우 등이 있으며, 이들의 공로에 힘입어 학자, 농민, 지주 등 거의 모든 계층의 사람들이 합세하여 활발한 저항이 계속되었다.

20세기 초까지 지속된 이 독립운동의 과정에 호치민(Ho Chi Minh)이라는 이름으로 잘 알려진 독립의 아버지인 응우옌 아이 꾸옥(1890년 5월 19일-1969년 2월 2일)이 등장하게 된다. 그는 어려서 전통적인 유교 교육을 받고 프랑스에서 수학하며 서구의 문명과 문물을 접했다[29]. 프랑스에서 독립활동을 했고, 1930년 1월 인도차이나 공산주의 연맹을 결성하며, 제2차 세계대전, 인도차이나 전쟁 그리고 미국과의 베트남 전쟁까지도 선두 지휘했다. 이처럼, 베트남의 대프랑스 저항은 앞서 본 라오스의 경우와는 달리 일찍부터 독립을 위해 조직적이고 지속적인 저항의 형태로 전개되었다.

한편 베트남과는 달리 캄보디아의 경우에는 대프랑스 저항이 적었다[30]. 이는 캄보디아에 대한 프랑스의 초기지배가 일방적인 강점이 아니라 캄보디아 왕정의 무능으로 혼란의 시기에 야기된 지배였기 때문이다. 당시 캄보디아 왕조는 동서양 강대국들의 위협에 직면해 있었고, 프랑스는 베트남을 중심으로 인도차이나 반도에 대한 그들의 세력을 확장하고자 하는 시점에 있었기 때문에 보호조약은 아주 순조롭게 진행되었던 것이다.

하지만, 전체 캄보디아인들의 민족의식을 깨우친 사건은 1942년 7월에 있었던 승려들의 반프랑스 시위사건이었다. 이 사건을 일으킨 주동자였던 햄 치우(Hem Chieu)가 프랑스당국에 체포되자 천여

---

29) 유인선, 『새로 쓴 베트남의 역사』, 이산, 2002, pp.345.

30) "인도차이나의 민족주의 운동은 전체 인구의 3/4를 차지하고 있던 베트남인들에게 거의 한정되었다. 라오스와 캄보디아는 수십 년의 기간동안 정치적으로 침묵을 지켰다." 밀튼·마이어, 『동남아시아 입문』, 한국외국어대학교 출판부, 1991, pp.111.

명이 넘는 시위대가 그의 석방을 요구하며 지식인들 및 일반 시민들이 시위를 했다. 이 사건으로 프랑스 식민당국은 회유정책과 강경책을 동시에 식민정책에 반영하는 계기가 되었다.

이 시위사건 이외에도 소극적인 폭동은 계속 있어 왔다. 예를 들면 1866년에서 1870년까지 몇 번의 폭동이 있었지만, 이는 직접적인 프랑스 당국에 대한 불만이라기보다는 1863년 8월 프랑스와 보호조약을 맺은 노로돔 왕조에 대한 저항으로써 이들의 권위적이고 프랑스를 비호하는 정책에 대한 반기로 야기된 것이다. 하지만, 이 사건이 근본적으로는 프랑스에 대한 불만이 일부 내포된 것은 사실이다. 이어 1884년 프랑스 총독부의 수출세 징수 등 일련의 불합리한 개혁 조치에 반발하여 1885년부터 약 2년간 폭동이 지속되면서 캄보디아인들은 물론 프랑스 군인들도 약 4천 명이나 희생되었다. 이 사건으로 캄보디아인들은 엘리트를 중심으로 한 조직적인 저항이 시작되는 계기가 되었다.

그리하여 1916년 과도한 세금과 강제부역에 반발하는 대규모 농민시위가 발생하여 수만 명의 시위군중들이 프놈펜에 모여 불합리한 세금정책의 폐지를 요구했다. 그 이후 1925년 4월 프랑스 대리지사 루이스 바데즈가 체납된 조세를 강요하는 과정에서 크랑-라브(Krang-Laav) 지역의 주민들이 그를 폭행치사 시킨 사건이 발생하고, 이 사건에 연루된 자들 중 18명이 체포되어 사형에 처해진 사건들도 있었다.

앞에서 보았듯 강점 이후 초기 약 20년간은 캄보디아의 대프랑스 저항은 없었기 때문에 프랑스인들의 보호정치는 순조로웠다고 할 수 있었으며, 제2차 세계대전에서 독일에 점령당하기 전 까지만 해도 프랑스는 캄보디아의 영속적인 지배를 믿고 있었다. 그런 만큼 캄보디아의 상황은 힘들고 독립으로의 길은 험난했다[31]. 하지만, 캄보디아인들의 대프랑스 저항은 베트남에 비해 소극적이었지만 꾸준히 자주독립 투쟁을 진행했다.

그러나 제2차 세계대전에서 독일과의 전쟁에서 프랑스의 패배, 일본의 침략, 공동통치 등을 거치며 인도차이나에서도 독립 기운이 싹트면서 1945년을 전후해 베트남을 위시한 인도차이나 국가들이 독립을 선언하게 된다. 하지만, 1946년부터 시작된 프랑스의 재점령, 호치민이 이끄는 베트민과 프랑스의 제1차 인도차이나 전쟁으로 진정한 독립은 다시 묘연해져 버린다.

1954년 5월 7일 디엔 비엔 푸의 전투에서 베트남이 중무기와 참호 등으로 완전 무장한 프랑스군에 맞서 변변한 무기도 없이 크게 승리함으로서 세상을 놀라게 했다[32]. 그 해에 정치적 해결을 위해 소집된 제네바 회의에서 프랑스와 베트민의 휴전협정이 있은 다음에야, 인도차이나 3국의 독립과 통일을 인정하는 협정이 체결되었다.

베트남은 곧이어 미국과 제2차 인도차이나 전쟁인 '베트남 전쟁'을 치러야 했고, 이런 와중 1969년 9월 2일에는 베트남의 영웅 호치민이 사망하게 되며, 1973년 파리 평화협정 체결로 베트남은 미국과의 전쟁에도 승리하여 마침내 통일국가로 가는 길을 열었다.

---

31) 19세기 후반 서구 열강 세력들이 경쟁적으로 동남아로 몰려올 때, 프랑스는 베트남, 라오스, 태국을 묶어 프랑스령 인도차이나연방을 건설했고 캄보디아는 프랑스 식민지 국가라는 지위와 함께 이 연방에 편입되었다. 양승윤 외, 『캄보디아·라오스』, 한국외대 출판부, 2005, pp.63.

32) 제1차 인도차이나 전쟁으로 프랑스와 베트남의 피해는 심각했다. "프랑스와 프랑스 연방의 군대는 17만 2천 명의 사상자를 냈고, 호치민 정부군의 피해는 더 많아 사상자가 프랑스 측 사상자 수의 3배에 달했고, 베트남 민간인의 사망자도 15만 명에 이르는 것으로 보고 되었다." 유인선, 『베트남의 역사』, 이산, 2002, pp.388.

라오스는 1949년 7월 19일 비록 프랑스령 인도차이나 연합내에서 이지만, 형식적인 독립을 얻었다. 그러나 라오스 왕국의 비엔티엔 정부와 좌익의 공산세력의 대립이 격렬해지고 내전으로 결국 발전되었다. 남베트남이 패망하면서 라오스 왕과 우파가 물러나고 1975년 12월 좌익 정부인 "라오 민주 공화국"이 선포되었다. 이렇듯 라오스 정권은 베트남과 밀접한 관계를 가졌지만, 일반적인 생활, 문화, 전통에 있어서는 고유한 정체성을 유지했다.

한편, 1954년 제네바 회담에서 캄보디아에 대한 주권 문제는 주요 현안이 아니었지만, 관련국들의 이해관계에 얽혀 독립을 보장받게 된다. 그리고 이 회담 이후 공산 게릴라들은 대부분 캄보디아에서 베트남으로 철수하고 일부만 남아 지하에서 활동하게 된다. 1969년부터 캄보디아는 다시 베트남 전쟁에 말려들게 되었다. 미국은 캄보디아 공산당의 소탕을 위해 폭격을 실시하였고, 1970년에는 월남군과 연합하여 캄보디아를 침공한다. 그리고 캄보디아내 공산당의 소탕에는 실패했지만, 혁명세력인 크메르루즈를 내륙의 변방으로 몰아내게 되었다. 그때부터 처절한 싸움이 시작되었고, 1975년 4월 17일 크메르루즈가 수도 프놈펜을 점령함으로서 미국과의 전쟁은 끝이 났다. 하지만, 캄보디아는 폴포트(Pol-Pot)의 급진적인 사회개혁 아래 킬링필드라고 불리는 잔인한 숙청이 진행되어, 1975년과 1979년 사이 약 2백만 명의 캄보디아인들이 사망했다.

지금까지 각 국가별로 프랑스령 인도차이나 형성에서 식민 지배 그리고 각 국의 독립까지를 살펴보았다. 다시 한 번 간략히 정리하면, 1858년 베트남을 침공한 프랑스는 1885년이 되어 베트남 전역을 프랑스 보호령에 두게 되는 것에서 시작하여, 1887년 베트남과 캄보디아를 합쳐 프랑스령 인도차이나라는 연방을 만들고, 1893년에는 라오스까지 이 연방에 포함시키게 된다. 곧이어 프랑스 총독이 주도하는 식민정부가 인도차이나 연방의 베트남, 캄보디아, 라오스 왕조들을 지배하고 국방, 외교, 정치, 경제 등 모든 분야를 관리한다. 이에 대한 각 인도차이나 국가들의 저항은 지속적으로 전개되지만, 이들의 노력만으로 직접적인 독립을 획득하는 데는 한계가 있었다. 이후 국제정세의 변화로 독립과 통일을 이루지만 앞서 본 캄보디아의 비극처럼 인도차이나 각 국가는 프랑스의 철수 이후에도 진정한 독립과 통일을 위해서 더 많은 희생을 감수해야 했다.

II. 아시아 프랑스어권 국가들의 현재 그리고 미래

역사를 통해 익히 알려진 사실들이지만, 19세기 유럽, 특히 1870년대의 유럽은 제2차 산업혁명이 일어났던 시기였다. 전기, 제련 등의 기술혁명은 제조업 분야에 더 많은 원자재를 필요로 하는 경제체제가 되고 또한 원자재를 가공한 생산품의 판매를 위해서도 식민지 개발과 확대는 경제적 이익과 직결된 것이었다. 이러한 경제적 환경은 식민 지배국에게 너무 유리한 구조이자 피지배국의 관점으로 보면 너무나 불균등한 관계였음은 미루어 짐작된다. 식민 제국주의 체제에서의 피지배 국가와 마찬가지로 아시아 프랑스어권 국가 역시 자국에는 거의 이익이 없고 역할만이 강요되는 불평등한 관계 속에서 보냈으며, 지배국들은 평등이나 인권에 대한 인식은커녕 지배자로서의 그들의 행동에 타당성을 부여하고, 더 나아가 피지배국민들에게 근대화의 도움을 준다는 확신으로 식민지를 경영하고 착취했던 것이다.

착취된 원자재와 노동력 덕분으로 식민 지배 국가들은 다양한 산업을 지속적으로 발전 및 유지 시킬 수 있었던 것이다. 프랑스의 경우 아시아와 태평양 프랑스어권으로부터 코코아 야자나무에서 채취한 코프라로 비누산업에 엄청난 발전을 가능하게 하여 프랑스인들의 실생활에 청결 및 위생에 큰 변화를 주었다. 또한, 동남아시아에서 획득한 고무로 신발, 타이어, 수술 장갑 등으로 다양한 산업에 이익을 주었으며, 일상생활에도 효율적으로 활용되었다. 인도차이나로부터의 이러한 착취는 제2차 산업혁명으로 시작된 프랑스의 산업 전반을 지속적으로 발전시키는 계기가 되었으며, 이러한 현상은 프랑스뿐만이 아니라 식민 착취를 했던 유럽, 미국, 일본 등에 일어났던 보편적이고 일반적인 현상이었다. 반면 피지배국가들의 경우 노동력은 물론이고 경제권 착취, 자연의 황폐화 및 문화적 찬탈에 따른 전통문화의 상실 그리고 정치, 경제 체제의 변화를 온전히 감내해야 했다.

이러한 시간을 보내고 독립을 한지, 약 반세기를 보낸 지금 옛 피지배국들은 지배국들과는 어떤 관계를 유지하고 있는가라는 관점에서 진행될 이 장에서는 먼저 프랑스와 아시아 프랑스어권 국가들의 관계, 프랑스어권연합을 통한 이들 국가 간의 긴밀하고 상호 호혜적인 현대적 국제관계 그리고 각 아시아 프랑스어권 국가들의 경제적 난국을 타개하기 위한 자구책을 살펴 볼 것이다.

1. 프랑스와 아시아 프랑스어권 국가[33]

33) 프랑스와 아시아 프랑스어권 국가들 간의 외교 및 무역관련 자료는 프랑스

아시아 프랑스어권 국가의 대부분은 1990년대 소련의 해체와 공산주의의 몰락이라는 위기를 계기로 부분적이지만 경제의 자유화, 개방, 개혁이라는 일련의 초기 정책들을 추진했다. 그 과정에 프랑스는 과거 식민 지배국이었음에도 협력의 대상에 있어 예외가 되지 않았다. 어떠한 과정을 통하여 서로 동반자적 관계가 시작되었고 또 어떻게 유지해 가는지를 살펴보자.

베트남의 대프랑스 외교는 2000년이 시작되면서 급속히 발전한다. 2000년 5월 21일 베트남의 당서기장 레카피우의 프랑스 방문은 1954년 프랑스와 치른 인도차이나전쟁 이후 46년 만에 이루어지는 양국 간의 역사적 외교행사였다. 특히 2002년 10월 트랑 둑 루옹(Tran Duc Luong) 대통령의 프랑스 방문으로 양국의 외교는 새로운 국면을 맞이하게 된다. 그리고 2003년 1월에는 국새상서(법무부 장관에 해당) 페르벵(Perben)이 베트남을 방문했고, 같은 해 5월에는 상원의장 퐁세레(Poncelet)가 방문하는 등 많은 교류가 지속되었다. 최근 2005년 11월에는 보건위생부 장관 자비에 베르트랑(Xavier Bertrand)이 하노이를 방문했다[34]. 이처럼 양국 간의 관계는 최근 약 5년간 급속도로 친밀함을 보이고 있으며, 프랑스는 베트남의 정치개혁을 지원하는 역할과 국제기구에 베트남이 복귀하는데 기여를 했다.

경제 및 무역관계에 있어 양국의 교류는 2004년 기준으로 12억 톤의 교류물량을 넘어섰지만, 프랑스의 대베트남 수출은 3억 8천 4

외무부(http://www.diplomatie.gouv.f), 베트남 정부 사이트(http://www.vietnam.gov.vn), 캄보디아 정부 사이트(http://www.cambodia. gov.kh)를 주로 참고하였음.

34) 프랑스 외무부 사이트(http://www.diplomatie.gouv.f)의 베트남 정보 -프랑스와 베트남의 정치 관계 참고.

백 톤인데 반해, 수입은 8억 4천 3백 톤으로 보고되었다. 수출은 주로 산업자재와 의약품으로 베트남 시장의 점유율(1.9%)은 미미한 수준으로 미국이나 독일, 영국보다 뒤져있다. 수입품목은 주로 가죽, 섬유 및 의류, 식품류들이다. 프랑스는 베트남의 6번째 투자국이자 비 아시아권에서 최고의 투자국으로서 21억 달러 중 통신산업(33%), 호텔 및 관광(22%), 일반산업(19%)의 순으로 투자한다. 최대 투자회사는 프랑스 텔레콤(France Telecom), 부르봉 그룹(Groupe Bourbon) 그리고 프랑스 전력공사EDF이다[35].

베트남과 프랑스의 무역 교류는 해 마다 증가하는데, 2005년의 경우 전년도에 비해 5%의 증가율을 보였으며, 대프랑스 수출에 있어 베트남의 역동성(+22.4% 성장)이 돋보였고 수입통제를 통하여 무역적자를 대폭 감소시키는데 성공하였다. 2006년에는 프랑스의 소시에테제네랄(Société Général)은행이 베트남 남부의 롱안지역에 푸옹남(Phuong Nam)이라는 펄프 제조공장 건설과 관련 장비, 기술 등을 위해 5700만 유로의 중장기 대출을 승인하는 등[36] 프랑스의 대베트남 투자도 활기를 띠고 있다.

한편, 프랑스와 라오스 간의 외교관계는 1997년 캄타이 시판돈(Khamtay Siphandone) 수상의 프랑스 방문을 통해 재개되었다. 그때부터 라오스 장관들의 프랑스 방문과 프랑스 고위급 인사들의 라오스 방문으로 꾸준한 양국 간의 외교 진척을 보였다. 예를 들면 2002년 9월과 2005년 1월 라오스 부수상 솜사바 렌그사바드(Somsavat Lengsavad)와 외무부 장관의 방문이 있었고, 2003년에 두

35) *Ibid.*, 베트남 정보 -프랑스와 베트남의 경제 관계 참고.

36) 2006년 11월 10일자 아시아경제(www.akn.co.kr)의 "베트남 메콩델타, 펄프 제조 공장 건설" 참고.

명의 장관 그리고 2004년에 한 명의 장관 방문이 있었다. 프랑스 측에서는 2004년 2월 개발 및 해외협력부 장관 대행으로 피에르 앙드레 윌제(Pierre André Wiltzer)가 비엔티엔을 방문하여 정부의 여러 기관을 방문하고 라오스 대통령의 영접을 받는 등 지속적인 외교관계를 유지했다. 특히 프랑스와 유럽연합은 2004년 12월 라오스의 복수 정당제 창설을 주장하다 1992년 11월 14년 형을 선고받았던 랏사미 캄푸이(Latsami Kamphoui)와 펭 사크치타퐁(Feng Sackchittaphong)의 석방을 얻어내는데 성공하였다[37].

라오스와 프랑스 간의 무역은 아직 미미하고 또한 불안정하다. 2004년의 경우 프랑스의 수출은 7백 5십만 유로로 낮아졌고, 수입은 4천 3백만 유로였다. 하지만, 투자에 있어 프랑스는 라오스에서 최상위 투자국으로서 주로 관광, 섬유 그리고 보건위생분야에 투자한다. 그리고 최근 라오스가 추진 중인 남 튼(Nam Theun) 수력발전댐의 공사로 인해 프랑스와 라오스 간의 경제교류에 새로운 중요성이 부각되고 있다. 총액 13억 달러(한화 약 1조 2400억 원) 규모의 이 계획은 세계은행IBRD의 주도로 시작되어 프랑스 전력공사 EDF(35%), 라오스 국가(25%), 태국의 EGAT사(25%), 이탈리아-태국공동 개발사(15%)에 의한 다국적 컨소시움 형태로 건설된다. 이 사업의 완공 및 운영이 되는 2010년이면 생산되는 전력의 90% 이상을 이웃한 태국에 수출하여 25년간 약 20억 달러(한화 약 1조 9000억원)의 수입을 얻을 수 있다[38]. 라오스는 이 사업뿐만이 아니라, 메콩강의 풍부한 수력을 활용하여 오는 2020년까지 약 30개소의 수력발전소를 건설할 예정이며, 세계은행IBRD와 아시아개발은행

37) 프랑스 외무부 사이트(http://www.diplomatie.gouv.f)의 라오스 정보 -프랑스와 라오스의 정치 관계 참고.

38) *Ibid.*, 라오스 정보 -프랑스와 라오스의 경제 관계 참고.

ADB 등의 지원을 받아 프랑스도 적극 이 계획에 가담하고 있다.

캄보디아의 대프랑스 관계는 베트남이나 라오스에 비해 더욱 긴밀한 관계를 맺고 있다. 그 시작은 파리에서 캄보디아의 4대 정치세력이 평화협정에 조인했던 1991년 10월 23일까지 거슬러 올라간다. 라오스는 그 협정으로 1978년 말 베트남의 침공 이후 13년 동안의 캄보디아 내전이 종식되어 평화를 위한 기반을 마련하게 되었다. 이때 프랑스는 국제연합UN을 도와 여러 원조정책을 실행하였다[39]. 이러한 토대 위에 양국은 잦은 외교적 접촉을 통한 심도 깊은 정치담론을 형성했다. 예를 들면 행정부 및 고위간부 간의 담화는 1994년 4월 캄보디아 왕의 방문과 1996년 그리고 1999년 7월 훈센(Hun Sen)의 방문이 있었고, 하원 의장급 담화로는 1999년과 2002년 7월 왕자의 방문, 외무장관급 담화로는 1999년 1월과 3월 그리고 2001년 5월 호르 남홍(Hor Namhong)의 방문 등이 있었다. 2005년 9월 19일에는 훈센 수상의 공식적인 방문이 있었으며, 2006년 11월 20일에는 캄보디아의 왕 노로돔 시하모니의 공식방문이 있었다. 그는 20일 프랑스 대통령의 영접 및 저녁만찬을 시작으로 21일 프랑스 수상과의 대담 그리고 프랑스 정부의 주요관료 및 주요시설을 관람했다[40]. 이 방문은 10년 전 그의 아버지 노로돔 시하누크 왕의 방문 이후 처음 있는 국가수장의 방문이며 목적

39) UN안전보장이사회는 파리평화협정에 따라 군 병력을 포함한 2만 2000명의 요원을 파견해 과도행정기구(UNTAC)를 구성하였으며, 평화유지군의 감시 아래 자유 총선이 이루어졌다. 선거 결과 시아누크의 민족연합전선(FUNCIPEC)이 훈센의 캄보디아인민전선CPP를 누르고 승리했지만, 군부나 경찰 대부분을 장악하고 있는 훈센의 세력을 무시하지 못해 제1, 2 수상을 두는 특이한 의회 제도를 갖추게 된다. 얼 마 후 제헌의회에서 입헌군주제 헌법을 채택하고 9월 24일 시아누크가 국왕에 취임하였다.

40) 프랑스 외무부 사이트(http://www.diplomatie.gouv.f)의 캄보디아 정보 -프랑스와 캄보디아의 정치 관계 참고.

은 캄보디아와 프랑스 간의 협력과 긴밀한 우호관계를 유지하기 위한 것이었다.

밀접한 외교적인 관계만큼이나 경제와 무역 분야에 있어서도 특별하다. 캄보디아에는 약 20개의 프랑스 대기업이 있으며, 그 중 비시Vinci 그룹이 가장 많은 투자(프놈펜과 시엠립 공항 사업)를 하고, 탈레스(Thalès), 프놈펜 지역의 레이더 체계), 토탈피나엘프(TotalFinaElf, 정유사), 알카텔(Alcatel, 휴대전화 및 광섬유 케이블), 비방디(Vivendi, 프놈펜의 운하개설) 등에 투자하고 있다. 프랑스는 캄보디아의 10번째 수출국이자 비 아시아권으로는 첫 번째이며 4%의 시장 점유율을 가지고 있다. 프랑스의 대 캄보디아 수출품은 점차 증가하는 추세이며, 주로 약품 및 산업 재를 수출하고, 캄보디아의 대프랑스 수출은 주로 섬유와 신발이다[41]. 원조에 있어서도 프랑스는 일본 다음의 쌍무 원조국으로 지속적인 인간개발 및 제도 그리고 기반 산업의 개발을 원조한다.

지금까지 아시아 프랑스어권 국가와 프랑스의 정치 및 경제(무역) 관계에 대해 간략히 살펴보았다. 이들 국가 간의 관계가 극적으로 개선된 시점은 소련의 몰락과 동유럽의 변혁으로 아시아 프랑스어권 국가의 주요 외교통로와 수출입 시장의 붕괴로 인한 것이었다. 베트남의 경우만 보아도 1991년 40개국 정도의 무역 상대국에서 약 1년 동안 112개국까지 확대시킨 상황은 정도의 차이는 있겠지만, 아시아 프랑스어권 국가의 변화가 얼마나 절실했는가를 보여주는 단면이다. 이러한 상황에서는 비록 옛 지배국이었던 프랑스와의 관계개선도 예외가 되지 않았으며, 2000년대가 된 지금

---

41) *Ibid.*, 캄보디아 정보 -프랑스와 캄보디아의 경제 관계 참고.

에 와서는 다른 나라들보다 오히려 더 급진적인 협력관계를 보이고 있다. 그 배경에는 프랑스뿐만이 아니라 프랑스를 둘러싸고 있는 프랑스어권 국가와 프랑스어권연합이 있었고, 그 회원국들 간의 교류가 각 아시아 프랑스어권 국가의 개발에 직접적인 도움이 되었기 때문이다.

2. 프랑스어권연합(OIF)과 아시아 프랑스어권 국가

아시아 프랑스어권 국가가 모두 독립하면서 식민시대의 프랑스 잔재를 없애기 위한 일환으로 프랑스어를 멀리한 시기도 있었지만, 거의 반세기나 흐른 지금에는 프랑스어 그리고 프랑스 문화에 대해 점점 더 호의적이다. 현재 베트남에서는 베트남어[42], 캄보디아에서는 크메르어, 라오스에서는 라오스어를 국어로 사용하고 있으며, 베트남의 북부 지방 일부에서는 러시아어도 쓰이고 있다. 하지만, 인도차이나에서는 제2외국어로는 프랑스어가 자리잡고 있다. 베트남에서는 식민지 언어였다는 이유로 젊은이들이 영어를 선호하는 경향도 있지만 장년층의 의사, 법조인, 행정관리인, 언론인 등의 지식인들은 여전히 프랑스어를 사용하고 있으며, 사이공의 메아리(Saigon Eco)나 베트남 소식(Courrier du Viêtnam)과 같은 신문은

---

42) 베트남의 문자는 베트남어와 가까운 음을 가진 한자를 빌려서 쓴 문자이다. 그 한자가 가지는 본래의 의미와 구별하기 위해서 베트남어 의미와 가까운 뜻을 가진 한자를 다시 빌려 양자의 복합에 의한 새로운 문자를 만들었는데, 이것이 쥬놈(Chu Nom)이었다. 이 쥬놈이 오랜 동안 사용되다가 16세기부터 기독교 선교사들이 사용하기 시작한 로마자 표기로 점차 통일되어, 19세기에 프랑스의 통치 아래에서 국자(國字)로 보급되어 "끄옥으"로 불리게 되었다. 그 로마자 표기를 만든 로드(Rhodes, Alexandre de 1591.3.15~1660.3.5)는 아비뇽 출생의 성직자이며 동방전도, 특히 베트남에서의 활동으로 널리 알려졌다.

프랑스어로 발간되고 있고, 또한 TV에서도 드물지 않게 프랑스어로 방송되고 있는 실정이다.

캄보디아에서도 지식인들은 프랑스어를 사용하며, 특히 1970년 이전 출생한 많은 사람들이 프랑스어를 구사할 수 있다. 왜냐하면, 1975년까지 프랑스어는 제1외국어였기 때문이었는데, 그 이후 사라졌던 프랑스어는 1990년부터 프놈펜 대학 등에서 다시 교육되며 확산되고 있다. 라오스에는 현재에도 대다수 행정관리들이 프랑스어를 사용하며 약 24만 명이 프랑스어를 배우고 있다. 1975년에서 1989년 사이에 프랑스어가 사라졌으나, 프랑스, 스위스, 캐나다 등의 프랑스어권 국가의 협력으로 프랑스어가 다시 확산되는 추세에 있다.

이처럼, 제국주의 시대가 끝나고 전 세계 대부분의 국가는 독립했지만, 시간이 지날수록 전 세계의 프랑스어권 국가들은 프랑스와 긴밀한 관계를 계속 유지하고 또한 프랑스어도 지속적으로 확산되는 것이 특징이다. 그리고 아시아 프랑스어권 국가 역시 프랑스어권연합(OIF)에서 아래 프랑스의 주도 아래에 진행되고 있는 관계를 지속, 발전시켜나가는 과정에 있다.

아시아 프랑스어권 국가들은 탈냉전 이후 지역경제협력체나 국제기구에 가입하며 다원화되는 세계에 대한 준비를 서둘렀다. 그 중의 하나가 프랑스어권 국가연합으로의 가입이라고 할 수 있는데, 이 기구는 프랑스와 역사적으로 가까운 관계를 맺었던 국가 또는 프랑스어를 모국어나 공용어 또는 상용어로 사용하고 있는 국가와의 결속을 다지는 모름지기 범세계적인 국제기구이다. 2009년 8월 현재 프랑스어권 국가연합(OIF)은 56개 정회원국과 3개의 준회원국 그리고 입회국 자격으로 11개국이 가입해있다[43].

아시아 프랑스어권 국가 중 제일 먼저 베트남이 프랑스어권연합에 정회원(1970년 3월)으로 가입하였고, 그 뒤를 이어 라오스가 1972년 준회원국으로 가입하였다가 1991년 정회원국이 되었다. 캄보디아는 1991년 입회국의 지위에서 1993년 정회원국이 된다. 하지만, 프랑스어를 공용어로 사용하는 제1 프랑스어권에 비해 아시아 프랑스어권 국가의 프랑스어 사용자 인구는 현저히 적고[44], 분류상 제2 프랑스어권에 속한다. 하지만, 프랑스 및 프랑스어권연합과의 관계에 적극적인 경향을 보이고 있고, 프랑스나 프랑스어권연합 역시 이들 3개국과 동반자적 관계를 지속하기 위해 협력관계를 언어나 문화에만 국한시키지 않고 정치 및 경제적 관계로 발전시키고 있다. 그리고 프랑스어 사용자 층과 지역을 넓히고 프랑스어의 지위를 공고히 하기 위해 프랑스어 교육의 질을 높이고, 프랑스어를 사용하는 학생들에게 실습교육과 직업창출을 하여 "살아있는" 프랑스어가 되도록 노력하고 있다. 특히, 캄보디아의 경우 2005년 파리에서 개최된 4번째 프랑스-캄보디아 2개국 간의 쌍무위원회(Commission mixte franco-cambodgienne)에서 프랑스어 사용자들의 근

43) 첫 장의 "세계 프랑스어권 국가의 형성"에 대한 연구 참조.

44) 〈총인구 비례 프랑스어 사용인구〉

국명	총인구(명)	프랑스어사용자 / (비율)		프랑스어일부사용자 / (비율)	
베트남	80,300,000	144,500	0.2%	201,000	0.3%
캄보디아	13,800,000	41,500	0.3%	–	–
라오스	5,500,000	11,000	0.2%	–	–

위의 표에서 보듯 아시아 프랑스어권 국가 중 베트남의 인구비율이 절대적 우위를 차지한다. 그리고 프랑스어 사용자들은 캄보디아가 약간 높을 뿐 모두 유사한 비율을 보이고 있다. 하지만, 3국 모두 프랑스와 프랑스어권 국가의 지원에 힘입어 프랑스어 사용자들이 늘어나는 추세에 있다. 출처. HAUT CONSEIL DE LA FRANCOPHONIE, État de la francophonie dans le monde: données 2004-2005, Larousse, 2005, pp.23.

원적인 욕구, 즉 지식습득과 직업창출을 해결하기 위하여 프랑스어 교육에 통신 및 정보기술 분야를 강화하여 기능적인 프랑스어가 되게 한다는 구체적인 목표를 세웠다.

프랑스어 활성화 보다 더 구체적인 협력관계가 나타나는 부분이 경제 및 무역관계이다. 먼저, 프랑스어권연합에서 아시아 프랑스어권 국가의 역내 교역량을 살펴보자.

[표 4-1] 2002년 아시아 프랑스어권 국가의 역내교역(단위: 억 달러)45)

국명	역내 수출	역내수출 비율	역내수입	역내수입 비율	역내 무역 총액	역내 무역 비율	전년대비 (2000년)
베트남	1712	10.90%	794	3.97%	2506	7.02%	-0.74%
라오스	121.42	30.55%	90.45	12.30%	211.87	18.70%	-9.30%
캄보디아	102.91	5.92%	209.74	8.47%	312.65	7.42%	-

아시아 프랑스어권 국가의 프랑스어권 역내 교역량은 다른 프랑스어권 국가에 비해 상대적으로 적다. 그 이유는 역내 회원국에서의 무역을 선호하지 않는 것이 아니라, 다른 동남아 국가들 간의 지역 경제블럭이 활성화되어 있어 동남아지역의 역내무역 비율이 높기 때문이다. 그 대표적인 경제협력체가 ASEAN이다. 특히 2002년의 경우에는 프랑스어권 국가들 간의 역내무역 비율이 비교적 낮은 해였는데, 이는 아시아 프랑스어권 국가의 대유럽 무역이 전반적으로 감소했기 때문으로 보이며, 그 감소의 폭이 가장 큰 라오스의 경우 스위스와의 무역교류에서 전년대비 약 32%나 축소되었기 때문이다.

2002년을 기준으로 베트남의 국민총생산은 348억 달러, 캄보디

45) 역내수출 및 수입 비율은 국내 총 수출 및 수입액에 대한 비율이며, 단위는 "백만 달러"이다. 출처. *Ibid.*, pp.238-239.

아는 38억 달러, 라오스는 17억 달러였다. 이 나라들 중 베트남의 경우 앞으로 5년간 경제성장률이 아시아에서 중국 다음인 7%로 예상되고 2010년까지 베트남의 국민총생산은 853억 달러 그리고 1인당 국민소득도 1,000달러에 육박할 것이라고 드 이코노미스트(The Economist)가 예상한 바 있다. 이는 2002년 현재의 1인당 국민소득은 베트남이 430달러, 캄보디아는 300달러, 라오스는 310달러인 것을 보면 비약적인 발전임에 틀림이 없다.

사실 프랑스와의 관계에서 이미 보았듯, 아시아 프랑스어권 국가는 아직 적지 않은 부분이 원조에 의존하고 있다. 2002년 아시아 프랑스어권 국가들이 원조 받은 총금액을 각 국별로 살펴보면, 베트남에 12억 7천만 달러(쌍무 원조액은 7억 4천만 달러), 캄보디아에 4억 8천만 달러(2억 7천만 달러), 라오스에 2억 7천만 달러(1억 2천만 달러)였다[46]. 그 중 주요 원조국 및 원조 규모를 살펴보면 아래의 표와 같다.

[표 4-2] 아시아 프랑스어권 국가에 대한 원조현황[47]

원조 수혜국명	원조국명					총액	
	벨기에	캐나다	프랑스	룩셈부르크	스위스	수혜액	비율
베트남	11.56	20.00	77.80	5.26	12.40	127.02	9.95%
라오스	3.17	1.45	14.85	4.74	2.01	2.6	9.42%
캄보디아	3.14	4.94	24.64	0.19	3.23	36.14	7.42%

46) 쌍무 원조액은 개발원조위원회 CAD(Comité d'Aide au Développement)의 쌍무 프로그램을 통한 원조액을 지칭한다. 출처. HAUT CONSEIL DE LA FRANCOPHONIE, État de la francophonie dans le monde: données 2004-2005, Larousse, 2005, pp.255-256.

47) 본 표는 2002년 쌍무 원조 정책의 범위 내에서 개발 원조 수혜 국에게 프랑스어권 국가연합 회원국이 원조한 금액이며, 단위는 "백만 달러"이다. *Ibid.*, pp.257-258.

표에서와 같이, 이들 국가들에 있어 프랑스어권의 종주국이자 경제규모가 큰 프랑스가 최대 원조국이다. 특히 베트남에 대해서는 서방 국가들의 높은 원조가 눈에 띄는 것을 알 수 있고, 이들의 원조규모 보다는 미미하지만, 우리나라 역시 대베트남 원조는 1991년에 약 2만 달러의 원조로 시작하여 1992년 32만, 1993년 100만 등 비약적으로 발전했다. 그리고 2005년까지 총 5,934만 달러를 지원하여, 연평균 약 400만 달러가 되었다. 과거에도 아시아프랑스어권은 외국과의 전쟁, 내전 등으로 인해 황폐한 산업시설이나 사회간접자본 등을 재건하기 위해 외국에서 원조를 받아야만 했다. 예를 들어 캄보디아의 경우 시아누크 정부 때, 주로 프로젝트에 의한 원조가 프랑스로부터 있었으며, 원조금의 대부분은 프놈펜 공항의 확장, 콤퐁 항(Kompong, 옛 시아누크빌항)의 건설에 쓰였다. 그리고 론놀 정부 때에는 미국으로부터의 군사 및 경제원조가 이루어져 그 액수는 해마다 수억 달러에 달했다. 하지만, 이러한 원조 및 차관은 외채로 이어져 상환부담을 높이고 있다.

[표 4-3] 2002년 아시아 프랑스어권 국가의 외채 상황[48)]

국명	외채 총액	외채 / 수출비율	외채 / 국민총생산비율
베트남	133억 달러	61%	35%
캄보디아	29억 달러	114%	68%
라오스	26억 달러	236%	87%

표에서 보듯 캄보디아는 외채가 국민총생산에 비해 차지하는 비율이 높아 외채상환부담율이 크다. 캄보디아의 산업은 오랜 내전

48) 출처. HAUT CONSEIL DE LA FRANCOPHONIE, État de la francophonie dans le monde: données 2004-2005, Larousse, 2005, pp.259-260.

때문에 농업이외에는 전무한 상태였다. 하지만, 1990년대 중반부터 프랑스어권 및 선진국들의 원조와 차관에 힘입어 1995년 7.4%의 성장을 보인 후 줄곧 성장세로 이어지고 있다. 지금은 외국인의 직접투자와 봉제, 고무, 농산물 가공 및 음료 산업으로 발전되고 있으며, 아직 2차 산업이 총 GDP에서 차지하는 비율이 18% 이하이며 그 중 65% 정도가 실제 제조업이다. 이런 의미에서 볼 때 원조는 캄보디아에 산업성장의 밑거름이 되고 있다.

앞서 보았듯 캄보디아나 특히 라오스의 경우에는 외채상환부담율이 높아 국내투자 및 국제신용도가 떨어진다고 볼 수 있다. 반면 베트남의 경우 눈에 보이는 외채 총액은 많지만, 수출 및 국민총생산비율 모두가 낮아 외채상환부담율이 현저히 적다. 그리고 캄보디아(2004년 WTO 가입) 이후 베트남의 WTO 가입으로[49] 순조로운 경제성장 및 외국투자 유치가 활발할 것으로 예상된다. 이는 곧 경제의 고속성장을 의미하는 것이다.

이러한 고속성장의 배경에는 서방 프랑스어권의 원조나 투자에만 기인하는 것은 아니라, 과거의 상처에도[50] 아시아 프랑스어권

49) "떠오르는 신흥시장 베트남이 국내 로펌들에게 '황금 알을 낳는 거위'로 급부상하고 있다. 지난해(2006) 12월 세계무역기구(WTO)의 150번째 회원국으로 가입한 베트남의 투자 환경이 급격히 개선될 것으로 기대한 국내 기업들이 잇따라 베트남의 진출을 서두르고 있기 때문이다." 2007년 1월 25일자 매일경제의 사회면 A39 참고.

50) 프랑스의 인도차이나 지배 시 베트남이 1930년 인도지나 공산당 결성을 하고, 캄보디아와 라오스와 항불 독립투쟁에 상호 협력하였다. 하지만, 1975년 월맹과 크메르루즈 공산 세력이 공동으로 캄보디아에 군사공세를 감행하였다. 그리고 월맹은 라오스 공산세력을 적극 지원하여 라오스 연정을 붕괴시키고, 1975년 12월 인민공화국을 수립하게 된다. 뿐만 아니라, 1978년 12월 캄보디아가 독자적으로 공산화 정책을 추진함으로써 국경충돌 등 양국관계가 악화되어 베트남이 캄보디아를 전면 침공하게 된다. 그리하여, 소련의 지원 아래에 베트남은 강력한 인도차이나 연방을 구성하

3개국의 자발적이고 각별한 노력도 한 몫을 했다. 예를 들면 1990년대에 들어오면서 베트남, 캄보디아, 라오스 3국은 정치, 경제 등의 분야에서 정상급 인사교류 및 경제협력 등을 통해 양자차원의 관계를 긴밀히 했으며, 아세안(ASEAN)에서도 신규 회원국이자 후발 개도국이라는 공통점을 바탕으로 역내 회원국간 개발 격차를 줄이기 위해 공동입장을 견지했다. 그리고 2004까지 약 3차례 3국은 총리회담을 개최하여 '개발 3각 지대'의 구상을 실현하기 위한 도로망의 구축, 전력, 관광, 교역증진에 역점을 두었다. 3국은 매년 각료급 이상의 고위 인사들 간의 교류를 빈번히 하고 있고, 또한 경제·과학기술 공동위를 매년 개최, 경제 분야에서의 협력 방안을 논의했다[51].

지금까지 아시아 프랑스어권 국가의 프랑스어 사용실태, 프랑스어권연합으로의 가입 및 프랑스어권연합을 통한 프랑스어권 국가들 간의 역내교역과 원조 그리고 외채 등을 살펴보면서 그들 간의

기 위해 친중국 "폴포트" 정권을 축출하고 "헹삼린" 정권 수립한다. 하지만, 베트남은 서방제국의 경제제재 조치와 외교적 고립에 부딪혀 1982년부터 단계적으로 철군을 하여, 1989년 1월에야 완전 철군을 한다. 대한민국 외교통상부 국가/기구정보의 베트남 정보(http://www.mofat.go.kr) 참고.

51) 대한민국 외교통상부 국가/기구정보의 베트남 정보(http://www.mofat.go.kr) 참고. 그리고 2006년 12월 5일자 아시아경제(www.akn.co.kr)의 "베트남-라오스-캄보디아 경제 삼각지대" 참고. "응웬떤중 베트남총리, 부아쏘네 부파반 라오스총리, 훈센캄보디아총리가 5일 베트남-라오스-캄보디아 경제 삼각지대 형성을 논의하는 4번째 총리회담에 참석하기 위해 베트남 중남부 럼동성 다라트에 도착했다… 1999년 라오스 비엔티안에서 첫 번째 회담 이후 4번째로 성사된 이번 회담은 베트남-라오스-캄보디아의 협동과 협력 강화, 3번째 회담의 합의안 실행 재검토, 2004년 11월 발표한 '베트남 선언문' 실시 사전 점검 등의 성격을 가지고 있다. 다라트에서 열린 4번째 회담은 베트남, 캄보디아, 라오스의 수요와 관심거리를 조정하고 경제 삼각지대 형성의 실질적인 실행방법 협의와 평화협력의 강화를 도모할 것으로 기대된다."

특별한 관계 및 상호 호혜적인 상황들을 살펴보았다. 이러한 일련의 상황들이 역사적으로 볼 때, 아시아 프랑스어권 국가들의 상호협력은 단순한 선택의 문제였다기보다는 1990년대 공산주의의 몰락으로 인한 외교적 경제적 위기의 돌파구를 마련하기 위한 조치였을 것이다. 하지만, 2000년대에 들어오면서 특히 경제적인 부문에서의 성장을 보면 "자구책"이란 말이 무색할 만큼 괄목할 만한 성장을 보여주고 있다. 이러한 성장의 배경에는 그 이전부터 사회주의 체제에서 시장경제체제로의 변화와 개혁이 있었기에 가능했을 것이다.

3. 아시아 프랑스어권 국가의 자구책 모색

이제까지 살펴본 바와 같이 인도차이나로 대변되는 아시아 프랑스어권 국가의 역사적 상황은 그야말로 강대국들의 각축장이었다고 할 수 있을 것이다. 그것은 베트남, 라오스, 캄보디아가 지리적 요충지이기도 하거니와 무엇보다 경제적 가치가 높았기 때문이었다. 아시아 프랑스어권에서의 식민지배는 경제의 구조마저 바꾸어 놓았다. 아시아의 풍부한 자원들은 식민지배자들의 수탈의 대상이 되었고 이들의 경제구조는 물론 사회 및 인적구성 조차도 바꾸어 놓았다. 그럼에도 현대에 와서 베트남을 비롯해 캄보디아 및 라오스가 세상의 주목되고 있는 이유는 사회주의국가이면서 시장경제를 도입하고 있는 나라며 또한 그 발전 속도가 매우 빠르기 때문이다. 다원화되는 세계에서 그들이 경제적 능력을 키우며, 과거의 어둠에서 벗어나 경제적 자구책을 모색하는 노력을 간단하게 살펴보자.

2006년 현재 지구상에서 북한, 중국, 쿠바와 아울러 현재 공산주의 국가로 아직 남아있는 국가들이 베트남과 라오스이다. 이 두 아시아 프랑스어권 국가들은 중국의 개방형 경제정책을 공히 취해 왔다. 국제 인권단체들에 의해 그 폐쇄성을 지적받은 라오스 공산당 역시 경제개방의 중요성을 일찍 인식하고 베트남의 도이 모이 경제정책에 해당하는 경제 개방 및 개혁정책을 실행했다. 1986년 말 제4차 전당대회에서 개혁개방 노선을 선택한 이래로 자국 내에서는 국영기업의 민영화 및 재정과 금융 개혁을 단행하고, 대외적으로는 외국투자를 활성화하기 위해 지역경제협력체 및 서방과의 협력을 강화해 왔다. 신경제체제(New Economic System)라는 이름으로 실행된 이 정책의 일환으로 1990년대 초부터 정부는 가족중심 농장으로의 복귀와 외국인 투자법을 개정(1994년)하여 외국인 투자를 허용하는 등 경제자유화 조치를 시작했다. 그리하여 1996년에는 수력발전소 등 대형 사업을 중심으로 약 30개국으로부터 총 58억 달러의 외자를 유치하는 성과를 얻게 되며, 현재까지 지속적인 경제성장을 하게 된다.

라오스의 경우처럼 아시아 사회주의 국가의 시장경제로의 체제 전환(system transformation)은 1980년대 후반 이후 구소련 및 동구권과 같은 시기에 본격적으로 추진되어 왔다. 같은 시기였음에도 베트남의 경우를 들어보면 캄보디아나 라오스와 유사한 전형적인 농업국가로서 낮은 저축수준, 저생산성, 경제하부구조의 미비 등 경제개발과 공업화에 많은 문제점을 안고 있어 지속 가능한 성장기반을 초기에는 마련하지는 못하였다[52]. 하지만, 베트남이 1986년 제6차 당 대회에서 채택한 "도이 모이"[53]의 개혁을 시작한 이후 베트남은 연평균 6.5%의 성장을 이룩하고 있으며, 특히 이러한 성장

---

52) 〈국토 및 농경지 면적〉

이 연평균 8.65%라는 상대적으로 안정적인 물가 속에 이루고 있다는 것이다. 1989년이 되면서 베트남 경제가 가격자유화와 재정·금융개혁이 추진되면서 기존의 계획경제체제에서 시장경제체제로의 전환이 본격화되었다. 한편 1995년은 제4차 경제개발계획이 끝나는 연도로서 연평균 8%이상의 경제성장률을 기록하면서 고도성장의 국면에 들어선 시점이라고 할 수 있다. 이것은 도이 모이 노선 이후 베트남에서 거시경제의 안정화와 구조조정의 문제는 개혁초기 상호보완적인 측면을 가지면서 물가안정 및 재정·통화안정에

국명	총면적(㎢)	육지면적(㎢)	농경지(㎢)	경지	수원지	비농경지(㎢)
베트남	331,690	325,490	88,950	67,000	21,950	236,540
라오스	236,800	230,800	10,010	9,200	810	220,790
캄보디아	181,040	176,520	38,070	37,000	1,070	138,450

아시아 프랑스어권 국가의 농경지 사용 면적이 상대적으로 높은 이유는 전통적인 농업국가에다 아직도 농업 종사자들이 70%가량이나 되기 때문이다. 농경지 사용면적을 국가 별로 보면 베트남 22%, 캄보디아 21% 그리고 라오스가 4%이다.

동남아시아의 농업은 일반적으로 화전농, 수도작, 농장농업(수출 위주의 현금작물 재배를 말하며 커피, 설탕, 고무 등)이라는 세 가지 형태로 나눌 수 있는데, 고산지대에서의 이전 농업이 화전농이며 수도작은 베트남에서 주로 하는 농업방식이다. 이것은 자가소비 위주이며 관계시설, 화학비료, 이모작 등을 하며 생산성을 높이는 것이다. 아시아 프랑스어권의 농업은 1990년대에 들어 높은 생산증가율을 보였는데, 캄보디아는 2% 그리고 베트남과 라오스는 4-5%의 높은 성장률을 보였다. 위 표의 수록시점은 2002년 이며, 참고사항으로 10km²는 1,000ha에 해당하며, 총면적은"국토내의 수면을 포함한 국토의 총면적", 육지면적은"국토내의 수면(강, 호수 등)을 제외한 면적", 농경지는 "작물용, 목축용, 채소밭 및 5년 이내의 휴작지 포함", 비농경지는 "육지면적중 농경지를 제외한 면적"이다. 국제식량농업기구(FAO)의 농업통계(http://faostat.fao.org) 참고.

53) 1986년 12월 제6차 전당대회에서 당이 지도노선과 방법에 있어 과오를 인정하고 새로운 경제구조와 경제 운용방식 그리고 법률체계를 확립하기로 했다. 따라서 복합경제구조와 시장 기능을 받아들임으로서 국가 보조금에 의존하고 수입과 외국원조에 의존하던 베트남의 경제구조를 수출과 균형 지향적인 구조로 바꾸게 되는 계기가 된다.

기여했기 때문이라고 할 수 있다. 흔히 베트남을 중국과 함께 점진적인 개혁을 추구한 아시아의 이행 경제라고 부르고 있으나, 베트남의 개혁과정을 살펴보면 중국과는 다르다는 것을 알 수 있다. 흔히들 사회주의의 중앙집권적 계획경제를 시장경제로 이행하는데 필수적인 가격 자유화, 사유화 그리고 개방화의 세 가지 개혁정책을 추구하는 데 있어서 비록 동구나 러시아와 같이 급진적인 개혁유형 보다는 그 속도와 범위가 크게 뒤떨어지나, 중국에 비해서는 보다 과감한 개혁을 하면서 경제개혁에 효율성을 높이고 있다.

그리고 캄보디아는 오랜 내전으로 인해 산업시설과 사회간접자본의 파괴로 인한 경제여건은 그야말로 최악이었다. 풍부한 천연자원과 노동력 등으로 그 잠재력을 인정받아 프랑스 영국 일본 등의 선진국들이 일찍부터 캄보디아의 전후복구사업을 위해 진출을 했다. 그리고 캄보디아인들은 그 해 1991년부터 시작된 경제개발 5개년 계획의 일환으로 주요 산업시설의 건설과 수출입 물품들의 원활한 수송을 담당할 도로, 철도, 항만 등 사회 간접자본의 확충했다. 그리고 캄보디아의 최대항구인 콤퐁(Kompong)항의 확충 및 정기선에 대한 대대적인 서비스를 시작했다. 뿐만 아니라 외국인들의 직접투자를 늘이기 위해 캄보디아개발위원회CDC의 설립을 추진하여 투자법(1994년 12월 29일 시행령)을 발표했다. 이러한 노력의 결과로 2000년대에 들어서 아시아 프랑스어권 국가의 경제는 농업에서 공업으로의 비중이 높아져 캄보디아와 라오스는 그 비중이 약 20%대 그리고 베트남의 경제는 37%까지 높아지게 되었다. 또한, 수출에 있어서도 높은 성장률을 보였는데, 예를 들면 라오스의 경우 수출 성장률이 1980년대 11.2%에서 1990년대에 18.3%의 증가를 보였다. 라오스의 무역의존도 역시 1990년에 32%에서 2000

년에는 53%로 증가되었고, 캄보디아는 동년도 22%에서 40%로 베트남은 80%에서 96%로 높여 1990년대에 모든 아시아 프랑스어권 국가들이 비약적인 발전을 보였다[54].

이러한 눈부신 경제성장의 배경에는 아시아 프랑스어권 국가들이 모두 가입해 있는 ASEAN이 있다. 1967년에 창설된 이 지역협력체는 초기에 동남아 몇몇 약소국가의 협력체제의 실험장이었지만, 지난 80년대 중반 이후 성장률이 연평균 7-8% 신장의 고도성장을 실현했고 중국 및 아시아 신흥공업국들ANIEs과 함께 그 경제의 역동성 및 성장잠재력으로 인해 세계의 주목을 받아왔고, 90년대 이후 새로운 국제질서 속에서 가장 성공한 지역협력기구로 변모하였다. 비록 97년 이후 동남아시아뿐만 아니라 동북아까지를 휩쓴 외환 및 금융위기로 인해 유례없는 경제적 침체를 경험했지만, 내부적인 구조조정 및 대외 경제여건의 개선 노력으로 다시 과거와 같은 성장으로의 회복이 기대되고 있다. 뿐만 아니라 초기 5개 회원국에서 시작하여 1984년 브루나이, 1995년 베트남, 1997년 라오스와 캄보디아, 그리고 1999년에는 미얀마를 회원국으로 영입함으로써 'ASEAN 10'을 완성했다. 인구 5억 1,480만 인구(1999년)의 거대시장을 포용하게 됨과 동시에 풍부한 자원과 경쟁력 있는 양질의 노동력을 상품화함으로써 본격적인 경제 경쟁시대에 능동적으로 대비하고 있다. 이렇게 "하나의 동남아시아(One Southeast Asia)"를 이루려는 ASEAN 창설자들의 웅대한 꿈을 외형적으로라도 실현하게 되었다.

이들의 노력은 ASEAN이나 앞서 본 프랑스나 여타 프랑스어권 국가들에게만 한정되지 않는다. 베트남의 외국인 투자를 보면 2005

54) World Bank, World Development Indicators, 2002년 참고.

년 말 74개국이 6,162개 프로젝트에 투자를 하여 총 526억 달러에 이르게 되었다. 그 중, 한국의 대베트남 투자가 두드러지는데 한국은 1,095개 프로젝트에 56억 달러의 등록자본으로 제4위의 투자국이 되었다[55]. 1992년 12월 한국과 정식으로 외교관계를 수립하였고, 날로 그 관계가 발전하여 2001년 8월에는 랑뒥루옹(ran Duc Luong) 베트남 국가주석 방한 시 한국과 베트남의 양국 정상은 양국을 '포괄적 동반자' 관계로 규정했다. 이 관계는 기존의 경제 분야 위주[56]에서 탈피하여 나아가 정치, 군사, 문화, 교육, 예술, 언론, 학술, 관광 등 다양한 분야에서 교류와 협력을 폭을 확대하자는 의미이다. 2005년 현재 한국인들의 베트남 방문인구가 30만 명을 넘고 있으며 투자 또한 매우 활발하다.

캄보디아의 경우, 1994년 8월부터 2000년 12월까지 우리나라의 대캄보디아 투자액은 총 신고 기준으로 총44건 약 54백만 달러로서 캄보디아에서 제5위 투자 승인국이었으며, 연도별로 점차 증가 추세에 있고 투자분야도 다양해지고 있다. 우리나라의 대캄보디아 수출동향을 간단히 보면 2000년 수출실적은 전년대비 19.6%가 증가한 약 96백만 달러이며, 주요 수출품목은 중고직물, 섬유제품,

---

55) 주한 베트남 대사관, 『베트남 투자법』, 세종문화사, 2006, pp.1.

56) 경제 무역 관계를 간단히 살펴보면, 베트남에서 우리나라는 일본, 미국, 중국, 싱가포르, 대만에 이은 6위의 교역국(2003년 말 기준)이며, 그 규모는 일본(59억불), 미국(50.8억불), 중국(48.7억불), 싱가포르(39억불), 대만(36.6불), 한국(31.2 억불)이다. 한국에서 베트남은 제25위의 교역상대국임(수출 15위, 수입 35위)이며, 수출증가에 따라 무역흑자규모도 1999년 11.8억불에서 2003년 20.5억불로 거의 2배가량 확대(베트남은 우리나라 무역상대국중 제5위의 흑자 국가)되었다. 양국의 교역은 한국은 자본재 및 원부자재 수출, 베트남은 농수산물 등 1차 상품과 일부 전자부품을 수출하는 전형적인 선-개도국 간 무역형태를 나타내고 있다. 대한민국 외교통상부 국가/기구정보의 베트남 정보(http://www.mofat.go.kr) 참고.

수송기계, 정밀기계, 섬유사, 의약품, 플라스틱 제품 등이다. 수입은 2000년의 경우 전년대비 55% 감소한 2,311천 달러이며, 주요 수입품목은 천연고무, 시계, 편직물이었다. 그러나 위의 실적은 2,960천 달러의 화물선 수입 실적이 포함된 것으로 2000년 말 현재 전년 동기 대비 55.0% 감소한 2,311천 달러의 실적을 보이고 있다[57]. 현재 캄보디아 정부는 적극적인 외국인 투자유치 노력을 보이고 있어 투자가 날로 늘어날 전망이다.

라오스의 경우[58], 2005년 양국간 총 교역량은 1천 6백만 달러로 2004년의 1천 달러에 비해 50% 이상이 증가하였으며, 우리나라는 라오스에 대해 계속 무역흑자를 누리고 있는 실정이다. 우리나라의 주요 수출품은 자동차가 60%를 차지하고 있으며, 석유화학제품이 11.2%로 증가했고, 기타 자동차부품, 직물, 컴퓨터, 농약, 철강판 등이 있다. 그리고 라오스로부터의 수입품으로는 휴대용품과 담배, 커피 등 기호식품, 의류 및 목재류 등이 있다. 하지만, 우리나라 기업의 대라오스 투자는 총 8천5백여만 달러로 ASEAN 전체의 0.68%에 불과하며, 2005년에는 투자실적이 거의 전문한 것으로 집계되고 있다[59].

---

57) 대한민국 외교통상부 국가/기구정보의 캄보디아 정보(http://www.mofat.go.kr) 참고.

58) 라오스의 2006년 말의 거시경제는 대체로 안정적이며, 지난 5년간 연평균 6.1%의 경제성장률을 보였으며, 앞으로 연 7%의 경제성장률을 유지할 수 있을 것으로 전망된다. 하지만, 라오스는 여전히 농업이 전체 국가산업의 절반(약 50%)을 차지하고 있으며, 주요 수출품도 광물, 전력, 목재, 섬유, 농산물 등 부가가치가 낮고 국제가격 변동에 취약한 1차 산업에 집중되어 있다. 안정적이고 계속적인 경제성장을 위해서는 시장경제체제의 확립과 무역투자환경의 개선, 내수시장 확대, 경제다변화와 부가가치 산업의 개발, 인적자원 개발 등이 필요하다. 대한민국 외교통상부 국가/기구정보의 라오스 정보(http://www.mofat.go.kr) 참고.

59) 대한민국 외교통상부 국가/기구정보의 라오스 정보(http://www.mofat.

이렇듯, 한국과 아시아 프랑스어권 각 국들 간의 정치 및 경제 관계는 서로 차이를 보이고 있고, 특히 우리나라는 베트남에 대한 경제적 잠재력은 어느 정도 인식하고 있지만, 다른 두 국가에 대해서는 그 중요성을 간과하고 있다. 그러한 배경에는 베트남에 비해 타 지역의 시장이 협소한 탓도 있겠지만, 행정에 있어서도 기업이 원활하게 활동하기에 제약이 되는 관련 법규나 인력 및 기술의 미비함 그리고 사회간접자본의 취약함 등의 걸림돌이 있기 때문이다. 하지만, 아시아 프랑스어권 국가들은 국내외 시장개방이나 외교적 협력관계를 통해 경제적으로는 적어도 자유경쟁체제로의 역동적인 발전을 이룩하고 있다. 세계가 무한 경제경쟁시대로 돌입하면서 국제 경제 요소 또한 다원화 되어, 구시대의 자본과 기술 이외에도 자원·시장·노동력이라는 새로운 경제 요소가 등장했기 때문에 이 요소를 감안해 보더라도 아시아 프랑스어권 및 동아시아 지역이 가지고 있는 정치·경제적 역량은 선진대륙의 경제협력체들인 EU나 NAFTA에 결코 뒤지지 않는다. 그러므로 지역협력이 이루어진다면, 이 지역이 세계경제질서의 중요한 한 부분을 담당하게 될 것이고, 우리나라와도 효과적인 관계가 구축된다면 이들은 국제사회에서 새롭고 강력한 우리의 동반자 역할을 하게 될 것이다. 이와 같이 이들 국가의 지역 연구의 부재라는 학문적 공백을 상쇄하는 차원을 넘어 국제 관계 속에서 역동적인 경제 협력 관계를 이해하는 관점을 아우르는 연구는 실질적인 한국의 국가 이익 발전에 기여할 수 있으며, 궁극적으로 동남아공동체와의 협력을 통한 실질적인 세계화의 대안으로 등장할 수 있을 것이다.

---

go.kr) 참고.

나오며

아시아 프랑스어권을 주제로 3개국의 통사적 및 공시적 상황을 다루는 것은 각 지역의 정치와 경제 등을 간략히 소개하는 정도의 내용에 그칠 수도 있다는 취약성을 가지고 있었다. 그럼에도 이 지역들의 연구, 특히 프랑스어권 이라는 중심테마를 두고 관련 국가를 조명하는 것은 이들 국가의 근원적이고도 다양한 문제를 보다 심층적으로 이해할 수 있는 기반이 된다. 즉, 과거 지배국인 프랑스와 피지배국들의 관계를 통해 현재의 외교 및 경제를 둘러싼 이해관계를 보다 용이하게 이해할 수 있다.

특히 대프랑스, 대프랑스어권연합 그리고 대EU와의 협력을 가속화하면서 경제적 중요성과 잠재력을 극대화하고 있는 아시아 프랑스어권 국가는 1990년대에 들어서 세계 제1의 경제성장지역이 되었으며, 2000년대에는 그 발전 속도가 더욱 빨라지고 있다. 우리에게 이 지역이 가지는 중요성은 아시아 프랑스어권 국가의 경재구조가 많은 부분 우리나라와 상호보완성이 보장되고 현재 경제발전에 보이는 역동성은 직접적인 투자나 진출로 효과를 볼 수 있는 지역이기 때문이다. 베트남의 경우 인도네시아를 제외하고는 동남아시아 최대 산유국이며, WTO가입으로 인한 개방경제체제, 정치 및 경제의 투명성도 보장될 전망이다. 캄보디아는 전체 인구의 60% 이상이 30대 이하의 연령대를 보이고 있어 인적자원 개발이 체계화 된다면 그 성장잠재력이 높을 것이다. 그리고 동양 최대의 톤레샵 호수를 이용한 관개수로사업, 농경지 정리 사업이 활성화될 경우 세계적인 식량공급지가 될 가능성도 크다. 마지막으로 라오스는 인도차이나 반도에서 각 국을 연결하는 지정학적인 장점으로

도로 및 철도 등 교통과 메콩강의 수력을 이용한 수많은 댐공사, 잘 보존되고 있는 천연자원을 이용한 농업, 임업, 목축업 등 적지 않은 성장 잠재력을 가지고 있다.

그리고 통상관계에 있어 베트남은 세율이 다른 개도국에 비해 그리 높지 않다. 평균관세율은 19%이며 농산물은 25% 일반 공산품은 15% 수준이다. 베트남은 세 가지 관세방법은 취하는데 기본관세, 우대관세, 특혜관세가 그것이다. 특혜관세는 ASEAN의 역내무역에 적용되며 우리나라가 해당되는 우대관세는 기본관세 보다 약 50% 인하된 관세로서 이는 베트남과 양자협약을 맺고 있는 69개 국가에 적용되고 있다[60]. 또한 베트남의 경제구조는 토지소유에 대한 규제 및 과다한 국영기업 등의 몇 가지 특징만을 제외한다면 대부분의 경제활동은 자본주의 국가와 유사한 시장경제체제를 가지고 있다. 그리고 법률 및 서비스 시장 등 일부 분야에서는 우리나라보다도 더욱 적극적인 개방을 해왔다. 하지만, 아직 시장경제체제가 완전하게 정착하지 않았기 때문에 법과 제도의 정비가 부족하며, 자국민의 시장경제에 대한 이해도 낮은 상황이다. 그래서 베트남에 대한 직접투자 및 거래 시 가급적 계약조건과 분쟁해결절차 등의 사항들에 대한 사전 준비가 요구된다[61]. 캄보디아의 경우는 베트남과는 달리 경제자유지수가 높은 저개발 국가이기에 시장개방에 매우 적극적이며 고로 특별한 관세장벽이 없는 것이 큰 장점이다. 뿐만 아니라 외국인 투자기업에 대해서는 세제 혜택까지도 부여하고 있어 투자에 좋은 환경이다[62]. 현재 캄보디아의 외국 투자진출 사례는 거의 전무하며 국내기업의 해외진출 규정도

60) 외교통상부, 『외국의 통상환경』, 2004년 판, 2004, pp.225.

61) *Ibid.*, pp.240.

62) *Ibid.*, pp.225.

존재하지 않고 또한 상용비자 및 면허증과 관련된 제도상의 특별한 장벽도 없다. 그리고 외국의 대 캄보디아 투자진출도 그리 많지는 않지만, 최근(2005년 기준) 앙코르와트와 톤레샵 호수의 관광에 힘입어 시엠립 등의 관광지에는 숙박업소, 식당 등에 외국 투자자본이 들어오고 있으며 빠른 개발이 이루어지고 있다.

이러한 잠재력으로 인해 아시아 프랑스어권 국가는 개발 및 투자 1순위로 거론된다. 1억이 넘는 인구의 시장규모와 한반도와 그리 멀지 않다는 지리적 장점 또한 서방 국가보다 한국, 중국, 일본 등 아시아인들에 더 많은 문화적 동질성을 보이고 있어, 진출에 더욱 호의적이다.

이러한 아시아 프랑스어권 국가의 지역연구는 학문의 영역뿐만이 아니라, 다각적이고 실용적인 방향으로 활용 될 수 있으며 또한 최근에 늘고 있는 해외 취업을 통한 기회의 확대에도 큰 기여를 할 것으로 보인다. 날로 다변화되어지고 있는 인력의 해외 수출은 영어권 국가에 대한 정보는 어느 정도 갖추어져 있다고 볼 수 있지만, 그 외의 국가 특히 아시아 프랑스어권 국가에 대한 정보는 매우 미흡한 것이 현재 우리의 실정이다. 이런 점에서 아시아 프랑스어권 연구는 학계뿐만 아니라 한국의 산업계에도 실질적인 도움을 줄 수 있을 것으로 사료된다. 그리고 이민이나 해외취업의 잠정적인 희망자들에게도 훌륭한 정보를 제공하는 등 사회적인 기여도 적지 않을 것이기에 지속적인 연구가 요구된다.

참고문헌

강만길 외, 『일본과 서구의 식민통치 비교』, 선인, 2004.
구성렬 · 김달중, 『베트남 · 캄보디아 · 라오스』, 법문사, 1992.
김기주, 『프랑스식민지하의 베트남민족운동 연구』, 중앙대학교대학원 박사학위논문, 중앙대학교, 1986.
김승민, 이복남, 한양환, 『세계 프랑스어권 지역연구』, 푸른길, 2003.
김용복 · 구갑우, 『동아시아지역 국제경제기구의 형성 및 제도화, -유럽통합의 경험』, 서울대국제지역원, 2001.
김윤지, 『캄보디아의 "베트남화": 제3차 인도차이나 전쟁에 대한 정치사적 연구』, 한국외대 박사학위논문, 한국외국어대학교, 2002.
김진수, 「프랑스의 식민지 언어정책: -베트남을 중심으로」, 『프랑스문화예술연구』제8집, 프랑스문화예술학회, 2003.
노시경, 『우리는 지금 베트남, 캄보디아, 라오스로 간다』, 민서출판사, 1996.
밀톤 · 마이어, 『동남아시아 입문』, 한국외국어대학교 출판부, 1991.
사이먼 스미스, 『영국의 제국주의 1750-1970』, 동문선, 1998.
송정남, 『베트남의 역사』, 부산대출판부, 2000.
안정남, 「프랑스의 베트남 식민지 개발」, 『부산사학』제38권, 부산사학회, 2000.
야프 반 히네겐, 김정태(역), 『인도차이나 현대사』, 여래, 1985.
양기식, 『캄보디아를 아십니까?』, 삶과 꿈, 1997.
양기웅 외, 『동아시아 협력의 역사 · 이론 · 전략』, 소화, 1999.
양승윤 외, 『캄보디아 · 라오스』, 한국외대 출판부, 2005.
에드워드 사이드, 『문화와 제국주의』, 도서출판 창, 1995.
오구라 사다오, 『베트남사』, 일빛, 1999.
오스카베겔, 『인도차이나: 베트남 · 캄보디아 · 라오스』, 겨류성, 1997.
외교통상부, 『외국의 통상환경』, 2004년판, 2004.
원용걸, 「ASEAN 주요국의 교역장벽 연구」, 『동아시아연구』, 제12권 2호, 한국동남아학회, 2002.
유인선, 『새로쓴 베트남의 역사』, 이산, 2002.

이영일 외, 『개방속의 동아시아』, 한울아카데미, 2002.
조홍국 외, 『메콩강과 지역협력』, PUFS, 2002.
주한 베트남 대사관, 『베트남 투자법』, 세종문화사, 2006.

BERNARD-MAITRE Henri, Les Français en Indochine, 1860-1910, Belles Lettres, 1989.

BROCHEUX Pierre et HEMERY Daniel, Indochine : La Colonisation ambiguë - 1858-1954, La Découverte, 2001.

CESARI Laurent, La Guerre d'Indochine, Belin, 2000.

DRUON Maurice et ALII, Pour la compréhension de l'Indochine et de l'Occident, Hachette, 1973.

FLEURY Georges, Un enseignement colonial : l'expérience française en Indochine (1860-1945), Perrin, 2003.

GODART Justin, Vorapheth, Commerc et colonisation en Indochine (1860-1945), L'Harmattan, 2000.

HAUT CONSEIL DE LA FRANCOPHONIE, État de la francophonie dans le monde: données 2004-2005, Larousse, 2005.

HEDUY Philippe, Histoire de l'Indochine, Albin Michel, 1998.

HEMERY Daniel, Brocheux Pierre, Les trois guerres d'Indochine, La Découverte, 2004.

MARCHAND Colonel, L'Indochine en guerres, 1945-1993, Editions J. Peyronnet, 1949.

MONTAGNON Pierre, France-Indochine, un siècle de vie communne(1858-1954), Pygmalion, 2004.

ROUSSEL Gilbert, Indochine. Vietnam, Laos, Cambodge, Editions du Pélican, 2000.

VALLAUD Pierre, Indochine Française 1856-1956: Guerre, mythes et passion, Perrin, 2003.

인터넷 참고사이트

대한민국 외교통상부 및 재외공관 사이트, http://www.mofat.go.kr.
베트남 정부 사이트, http://www.vietnam.gov.vn.
주라오스 대한민국 대사관, http://www.mofat.go.kr.
캄보디아 정부 사이트, http://www.cambodia.gov.kh.
프랑스 외무부, http://www.diplomatie.gouv.fr.

제5장
태평양의 프랑스어권

들어가며

폴리네시아, 뉴칼레도니아 등 태평양 제도를 떠올리면 작열하는 태양과 쪽빛 바다, 갈색 피부의 원주민들 그리고 그들의 낙천적인 웃음과 현란한 율동을 연상하며 이내 낭만 속으로 빠져든다. 하지만, 이러한 원시적 자연과 주민들의 순진한 모습을 뒤로 하고, 한 발짝 좀 더 현실적인 그들의 삶 속으로 들어가 보면 우리가 알고 있는 상황은 짐짓 보기와는 다른 것을 알게 된다. 그들은 왜 그러한 춤을 추며, 왜 저런 옷을 입으며, 어떻게 살아가느냐는 기본적인 호기심에서 출발한 물음에서, 그들이 현대 문명과는 얼마나 떨어져 있으며, 어떠한 정치체제에서, 어떤 나라와 교류하며 또한 교역을 하는지. 또한, 경제체제는 어떻게 유지되느냐는 등의 현실적 물음을 해결하기에는 이해의 바탕이 협소한 상태이다. 따라서 태평양 지역에서의 프랑스어권 국가의 심층적인 이해를 위한 기반작업으로 그들의 문화와 경제, 정치 등의 특징적인 체제를 이해하고 또한 피상적인 수준에 머무르고 있는 이 지역에 대한 국내의 인식 수준을 높이기 위해서 그 문화와 학문적 영역에 대한 보다 구체적이고 체계적인 소개와 정보가 필요하리라 사료된다. 태평양 프랑스어권 국가는 독립국인 바누아투를 제외하면 사실상 프랑스의 해외영토[1]에 속해 있어 완전한 자주권 행사도 하지 못하고 있으며, 경제규모 역시 지극히 적은 실정이다.

이 지역에 관한 정보의 필요성은 지구에서 가장 거대한 태평양이 한반도가 접한 유일한 대양이라는 필연에서부터 시작된다. 태평양은 특정 국가보다는 해양 그 자체가 군사 전략적, 정치적, 경제적 가치를 제공하며, 또한 해양에서 영향력을 높이는 방법이 결국 이와 인접한 국가나 지역과의 관계 속에서 결정된다는 것을 부정할 수 없을 것이다. 우리는 태평양을 얼마나 알고 있는지, 아니 심지어 이 대양 내의 국가는 모두 몇 개국이나 되는지를 묻는 질문에도 자신 있게 대답하기는 어려울 것이다. 왜냐하면, 이제까지 우리는 강대국과 선진국들을 산업화와 선진화의 모델로 정하여 반세기 넘게 그들을 이해하며 배우려는 연구로 매진해 왔기 때문에 우리의 20세기는 해양과 그곳의 작은 도서들에 관심을 줄 여력이 없었던 것이다. 하지만, 산업화 이후 청정지역인 해양에 대한 관심이 증가되고 무엇보다도 21세기형 군사전략과 이를 둘러싼 열강들

---

1) 프랑스의 해외영토는 먼저, 북아메리카 대륙 및 북대서양: 생-피에르-미크롱(St-Pierre-et-Miquelon), 남아메리카 대륙 및 서인도제도 카리브: 과들루프(Guadeloupe)와 마르티니크(Martinique) 그리고 기아나(Guyane), 아프리카 및 인도양: 마요트(Mayotte)와 레위니옹(Réunion), 남태평양제도의 뉴칼레도니아(Nouvelle-Calédonie)와 프랑스령 폴리네시아(Polynésie Française) 그리고 월리스-푸투나(Wallis-et-Futuna), 남극대륙 및 남빙양: 프랑스령 테르-오스트랄-앙타르티크(Terres Australes et Antarctiques Françaises)이다.

간 힘의 재편성을 이유로 태평양의 가치는 갈수록 높아가고 있다.

하지만, 이러한 중요성에도 한국의 태평양에 대한 관심은 수적으로도 몇 안 되는 논문이 말해주 듯, 일부 태평양 국가의 신화나 문화의 소개 등에 국한되어 있어 그야말로 미미한 수준에 그치고 있다. 이것은 분명 영미 문화권 일대를 중심으로 한 특정 국가 중심의 편협한 세계관의 결과가 틀림없다. 지금부터라도 진정한 의미의 세계화를 위해서 프랑스학, 지역학 그리고 해양학에서 쌓은 태평양 지역의 연구와 이들 지식의 활용 등이 활성화 되어야할 것이다.

본 연구는 태평양 프랑스어권 국가의 역사, 정치, 경제, 사회 및 정체성 확립에 있어 프랑스의 영향을 살펴보고, 이를 통해 실질적으로 한국의 태평양 프랑스어권 지역으로의 효율적인 진출 가능성과 그 방법을 모색하는데 도움이 되고자 한다. 과연, 프랑스의 관련성을 배제한 태평양 프랑스어권 국가에 대한 진정한 이해는 가능할까? 실질적으로 불가능하다고 본다. 왜냐하면, 태평양 프랑스어권의 뉴칼레도니아(Nouvelle-Calédonie), 프랑스령 폴리네시아(Polynésie Française, 소시에테, 투아모투, 마르키즈제도 포함), 월리스-푸투나(Wallis-et-Futuna)는 현재 프랑스의 해외영토로서 정치, 사회, 경제, 문화에 이르기까지 거의 모든 분야에서 프랑스의 직접적인 영향권에 놓여있다. 그리고 바누아투Vanuatu도 체제형성 및 문화까지 프랑스의 큰 영향을 받았다. 이러한 영향은 오랜 세월을 두고 태평양 프랑스어권 지역의 생활, 문화 속에 깊이 자리 잡아 세분하여 나열하기가 쉽지 않지만, 일반적으로 정치, 경제, 사회, 법률, 행정조직 그리고 유럽의 과학과 기술에 관련된 일련의 분야로 열거될 수 있을 것이다. 이러한 영향은 단지 과거에만 국한된 상황이 아니라, 현재에도 이 지역은 프랑스어권연합OIF(Organisation Internationale de la Francophonie)의 회원국으로 그리고 프랑스와 각별한 관계를 맺고 있는 데서도 알 수 있다. 이러한 맥락에서 보면 프랑스와의 관계를 떠나서는 정체성조차 확립하기 어려울 정도로 각별하다.

본 장에서는 먼저, (1) 태평양에서의 프랑스 해외영토의 형성에서 독립까지 각 지역의 특수한 상황과 차이점을 살펴볼 것이다. (2) 그 다음으로는 각 지역들의 산업 및 경제 그리고 경제체제의 한계 및 앞으로 발전 가능성을 타진해볼 것이다. (3) 마지막으로는 프랑스의 영향력과 태평양 프랑스어권의 관계를 고찰하며, 오늘날의 상황 및 그들 관계의 특징을 살펴볼 것이다.

I. 태평양 프랑스어권의 형성에서 독립까지[2)]

태평양 프랑스어권은 오세아니아 또는 남태평양 제도에 있는 뉴칼레도니아, 프랑스령 폴리네시아, 월리스-푸투나 그리고 바누아투이다. 이들 중 바누아투는 식민지배를 벗어난 독립국이며, 반면 그 외 세 지역은 현재 행정적으로 프랑스 해외영토에 편입되어 있다. 위의 세 지역 이외에도 프랑스는 전 세계에 약 7개의 해외영토를 더 소유하고 있어, 프랑스의 총 면적(2000년 현재)은 약 668,000㎢이며, 이 중 17%의 면적이 해외영토(118,283㎢)[3)] 그리고 태평양의

---

2) 태평양 프랑스어권의 형성에 관련된 역사부분은 프랑스 정부 해외영토 부(http://www.outre-mer.gouv.fr)와 프랑스 해외영토 라디오방송RFO(http://polynesie.rfo.fr과 http://wallisfutuna.rfo.fr 그리고 http://nouvellecaledonie.rfo.fr) 그리고 위키페디아의 지역정보(http://fr.wikipedia.org)를 주로 참조.

3) 프랑스해외도DOM(Départements d'Outre-Mer)는 마르티니크(1,100㎢), 과

해외영토는 22,780㎢이다.

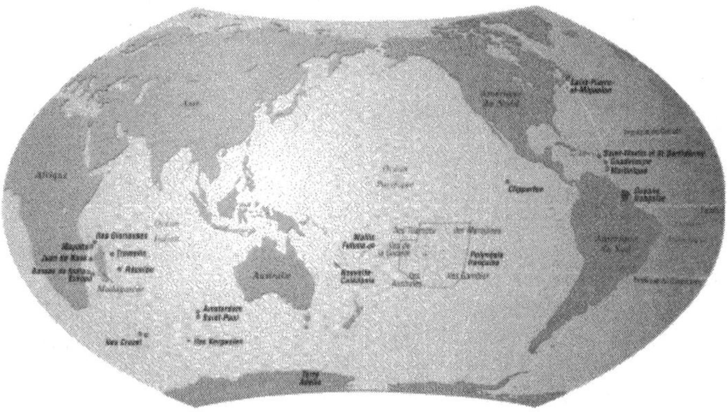

[그림 5-1] 프랑스 해외영토의 지리적 위치 1[4]

프랑스 해외영토의 형성 시기는 프랑스의 식민 및 제국주의가 시작되는 시기와 같다[5]. 16세기 초, 프랑스는 유럽의 몇몇 식민국

들루프(1,704㎢), 레위니옹(2,512㎢) 그리고 기얀느(90,000㎢)이며 총 면적은 95,316㎢이다. 그리고 해외자치도TOM(Territoire d'Outre-Mer)는 마요트(374㎢), 생피에르미크롱(242㎢)으로 총 616㎢이다. Doumenge, *L'Outre-Mer français*, Paris, Armand Colin, 2000, pp. 10.

4) http://fr.images.search.yahoo.com 참조.

5) 식민주의와 제국주의 개념에 대해 간단히 정의를 내리면, 식민주의(Colonialisme), 즉 식민지라는 뜻의 라틴어 Colony에서 파생되어 "다른 곳에 정착하기"라는 의미로 로마시민들이 사용하였다. 그 후 16세기 유럽의 세계 팽창주의 시대에 다시 사용되어 모국에서 다른 나라로 이주한다는 의미로 쓰였고, 여기에서는 토착민들의 땅을 빼앗는다는 의미도 내포되어있다. 한편 제국주의(Impérialisme)라는 단어는 1840년대 프랑스에서 나타난 어휘로 나폴레옹 제국을 회상하며, 그 때의 영광을 회복하고자하는 나폴레옹 3세의 야망을 의미했으며 또한 프랑스의 한 정치 유형이기도 했다. 하지만, 1900년에 이르러 이 단어는 세계적으로 그 시대의 식민 지배를 지칭하는 보편적인 언어가 되었다. 아직까지 학계에서도 두 개념에 대한 정의가 확실하게 되지

들의 뒤를 이어 아메리카 등지에 식민지를 구축했고, 그 이후 19세기에 아프리카 및 태평양으로 진출하게 된다. 프랑스 이전 유럽인들의 태평양 진출은 16세기로 거슬러 올라간다. 마젤란(Magellan)이 이끄는 함대가 태평양을 횡단하고 1522년 귀국했으며, 그 이후 영국의 드레이크(Drake)가 1577년에서 1580년까지 이곳을 탐험했다. 그리고 17세기에는 타스만(Tasman), 18세기에는 쿡(Cook)의 탐험으로 태평양 제도들은 베일을 벗겼다.

프랑스의 태평양 진출 배경에는 19세기 제국주의 정책이 있으며, 이 정책의 중앙에는 식민영토확장의 야심이 남달리 많았던 나폴레옹 3세가 있다. 그의 야심으로 프랑스는 타히티를 중심으로 하여 태평양 동부의 섬들을 차지하기 시작했고, 현재의 뉴칼레도니아, 프랑스령 폴리네시아나 윌리스-푸투나는 그리고 바누아투는 프랑스어권이 되었다. 먼저 각 프랑스어권 지역에 대한 프랑스의 진출 시기 그리고 특징적인 식민지배하의 상황을 살펴본다.

1. 타히티와 프랑스의 첫 태평양 진출

프랑스가 태평양 제도들 중 가장 먼저 보호국으로 만든 지역이 폴리네시아의 타히티[6]였다. 프랑스는 18세기 대혁명에서 시작하여

않아 학자들마다 의견이 분분하며 두 단어의 쓰임도 별 구분 없이 쓰이고 있다. 본 연구에서는 식민주의라는 단어를 이베리아인들이 1492년 경 아메리카를 발견한 시점을 시작으로 하여 자국민이 이주하여 지배, 피지배 관계를 이루었던 18세기까지를 지칭하는데 사용할 것이다. 그리고 제국주의는 보편적인 군대의 총수 또는 총독이 정치적으로 다른 나라를 직접 지배하는 19세기와 20세기에 한정하여 사용할 것이다.

6) 공식명칭이 프랑스령 폴리네시아인 타히티는 남태평양 동쪽 4백만 ㎢에 흩어져 있는 총 118개 섬(총 면적 4천 ㎢로 유럽만한 크기)으로 이루어져 있다. 이들 섬들은 각각 소사이어티 군도, 오스트랄 군도, 말퀴세스 군도,

국내 정파 간의 정쟁 그리고 독일과의 분쟁 등으로 19세기 중반에 이르기까지 영국이나 네덜란드 등 다른 여타 유럽 국가들 보다 늦게 제국주의 대열에 참여했다. 그 당시 오랜 경쟁 관계였던 영국은 이미 태평양 도서의 통가(Tonga)와 피지(Fidji)를 정복한 상태였다. 타히티에 유럽인으로 제일 먼저 도착한 영국의 사무엘 윌리스(Wallis)는 1767년 타히티 섬의 마타바이 만에 정박했고, 그 다음해인 1768년에 프랑스의 부갱빌(Bougainvill) 제독, 1769년 영국의 쿡 선장, 1791년 프랑스의 마르샹(Marchand) 제독[7], 1797년 영국 선교사, 1830년 프랑스의 가톨릭사제 등이 릴레이식으로 오면서 양국간의 긴장이 시작되었다. 그러는 와중 영국 선교사들에게 설득된 여왕 포마르 4세(Pomare IV)가 프랑스인 사제들을 추방하자, 프랑스 기독교 선교사들이 타히티에서 선교활동을 보장해 달라는 목소리를 프랑스 정부에 높이게 되었다. 이러한 상황에서 프랑스의 왕 루이 필립은 1838년 군함을 타히티로 보내어 바로 여왕과 협정을 채결하고는 1843년에 그곳을 보호령으로 삼았다. 하지만, 프랑스령 폴리네시아 전체의 지배는 그로부터 약 40년을 더 기다려야 했다. 이윽고 1877년 여왕이 사망하자 그녀의 아들이 포마르 5세(Pomare

투아모투 군도, 만가레바 군도 등 5개의 제도로 나누어지며 이중 소시에테 군도에 가장 많은 인구가 살고 있다. 수도인 파페테가 있는 제도 타히티는 프랑스령 폴리네시아 섬 중 가장 큰 섬으로 남위 17도 32분, 서경 149도 34분에 위치해 있고, 캘리포니아로부터는 6,520㎞, 호주로부터는 5,390㎞, 일본으로부터는 9,500㎞, 유럽으로부터는 17,700㎞ 떨어져 있다. 이 제도는 1946년 프랑스 해외자치영토의 지위를 받았고 1984년 9월 6일부터 아래의 5개 섬들로 이루어진다고 규정하고 있는데, 이를테면 수르방(Sous-le-Vent)제도, 오스트랄(Australes)제도, 투아모투(Tuamotu)제도, 감비에(Gambier)제도, 마르퀴즈(Marquises)제도이다.

7) 프랑스와 영국이 대치했던 식민전쟁의 와중에 1791년 마르샹 제독이 마르키즈 제도들을 프랑스 왕의 이름으로 점유했다. 위키페디아의 지역정보(http://fr.wikipedia.org/wiki/polynesie-francaise) 참조.

V)로 왕위를 물려받았다. 그 이후 3년이 지난 1880년 12월 30일 왕은 수르방, 오스트랄, 투아모투, 감비에, 마르퀴즈 제도들 모두를 프랑스에 양도하였고, 결국 1885년 12월 28일부터 이 지역들이 프랑스의 관리 아래에 놓이게 되었다.

그리고 약 60년이 지난 1946년 4월 12일 프랑스의 96-312호 법령으로 프랑스령 폴리네시아는 해외자치영토TOM(Territoire d'outre-mer)로 편입되었다. 이후 이 해외자치영토는 1957년에 새로운 권한(Compétences)을 가지게 되고 1984년에 내부자치권 지위(Statut d'autonomie interne)를 가지게 된다. 이것은 자치권이 한층 더 강화된 지위로써 외교, 국방 등을 제외한 사회, 경제, 세제 등의 영역에서 이 지역의 지도자들이 자유롭게 권력을 행사할 수 있는 것이다. 그리고 1996년 4월 12일 96-313호의 개정된 법령으로 더욱 자치성이 보장된 추가적인 권한을 가지게 되었으며, 2년 후인 1998년에는 뉴칼레도니아의 경우처럼 더욱 자치권이 보장되는 새로운 개혁을 프랑스에 요구하게 된다. 그 결과로 민족적 특성과 정체성이 회복되어 프랑스령 폴리네시아의 고유한 국기를 달고 또 국가를 연주할 수 있게 되었다.

이윽고 2004년 2월 27일 프랑스공화국 내부에서 해외영토국(Pays d'outre-mer au sein de la République)이란 새로운 지위를 갖게 된다. 이 지위는 프랑스령 폴리네시아 지역민들의 투표를 통해 의원들을 선출하고, 그 대표자들이 자유롭게 정부를 이끄는 자치권으로 거의 독립에 준하는 지위이다. 이제 프랑스령 폴리네시아의 대통령은 국민이 뽑은 의회의 의원들에 의하여 당선된다. 그는 해외자치국 CTOM을 대표하며 행정 및 정부의 활동을 통치하고, 필요할 경우 부통령이 그의 권한을 대신할 수 있다. 그리고 의회는 5년의 임기로 직접선거에 의해 선출된 57명의 의원으로 구성되며 역할은 국가의 회계 및 예산을 표결한다. 그리고 의회는 행정부와 대통령의 권한을 통제하면서 행정부와 평의회에 의해 통치되는 법치국가에 기반을 두고 의결을 통해 정부활동을 조정한다. 특히 더욱 완벽한 법치국가의 면모를 갖추기 위해 상원[8]을 창설하여 행정부와 대통령의 자문 역할을 맡고 있다.

지금까지 간략하게 프랑스령 폴리네시아의 식민화라는 "어두운" 역사적 배경과 자치권의 확립 과정을 살펴보았다. 하지만, 프랑스령 폴리네시아, 특히 타히티를 정작 유명하게 하는 일들은 이외에도 많이 있다. "바운티 호의 반란"[9]의 비극과 프랑스 화가 고갱(Gauguin)[10]과 연인들, 영국 작가 몸(Maugham)의 "비", "백경"의 작가인 미국의 멜빌(Melville) 등 무수한 낭만과 열정을 만들어 내는 배경이 되었다. 오늘날에도 역시 타히티는 세계인들의 시선과 마음을 뺏는 남태평양의 마지막 낙원으로 자리 잡고 있다.

---

8) 상원은 국민들의 충분한 주거지 확보와 부동산의 양도 그리고 취업에 관련된 대책들을 우선적으로 고려하여 국민들의 삶을 보다 윤택하게 하는 의무를 가진다. 프랑스 해외영토 라디오방송RFO의 지역정보(http://polynesie.rfo.fr) 참조.

9) 쿡 선장의 사망 후, 그의 항해장으로 있었던 블라이가 1787년 12월 23일 바운티 호를 몰고 1788년 타히티에 도착했다. 하지만, 엄격한 블라이는 선원들을 혹독하게 대하고, 특히 타히티 여인들과의 접촉을 금했기에 크리스천이라는 24살 된 젊은 승무원이 주동이 되어 반란이 일어난다. 결국 블라이는 추종하는 몇몇 선원들과 함께 작은 보트를 타고 떠나야했다. 한편 반란자들은 타히티 여인들을 동반하여 좀 더 안전한 핏케인(Pitcairn) 섬으로 가서 살아간다. 권주혁, 『여기가 남태평양이다』, 서울, 지식산업사, 2002, pp. 41-57.

10) 고갱(1848-1903)은 유럽에 대한 혐오를 느끼고 1891년 타히티에 가 "망고를 가진 여인", "타히티의 여인들"이란 걸작들을 남긴 프랑스 화가이다.

2. 멜라네시아인들의 저항과 독립운동

프랑스령 폴리네시아에 이어 그 다음으로 프랑스가 진출한 지역은 뉴칼레도니아[11]이다. 진출의 시작은 오랜 기간 경쟁 관계였던 영국이 호주를 정복하고 그곳을 개척할 의도로 본국의 죄수를 이송하는 것을 보았기 때문이다. 그래서 나폴레옹 3세도 유형지를 만들 목적으로 이곳에 눈독을 들이게 되는데, 차후 5천 명의 코뮌주의자들을 이곳으로 유형 보낸다. 1853년 9월 24일 나폴레옹 3세의 명령을 받든 페브리에 데프엥트(Febvrier-Despointes)는 수많은 전함과 함께 그랑테르(Grande Terre)의 북쪽 극단인 발라드(Balade)의 움베이프(Umbeip) 언덕에 처음으로 도착하여 이곳을 점령하게 된다. 카낙(Kanak)인들[12]의 반발이 초기에는 비교적 거세지 않아, 그는 바로 이 섬 전체를 점령하기 위해 타르디 드 몽트라벨(Tardy de Montravel) 선장과 43명의 식민지 개척자들을 하선시켰다. 그 이후 1860년에 뉴칼레도니아는 프랑스 식민지로 공표되고, 이때부터 뉴칼레도니아인들의 문명과 자유는 프랑스에 의해 잠식당하기 시작한다.

---

11) 1774년 유럽인으로 처음 뉴칼레도니아를 발견한 쿡 선장은 이 섬의 긴 형상이 칼레도니아(스코틀랜드의 옛 이름)와 닮았다는 이유로 이 이름을 붙였다. 4년 후인 1788년 프랑스의 라페루즈가 왔으나 바니콜로 근처에서 사이클론으로 탐험에 실패하고, 1793년 프랑스의 해군제독 돈트레이카스토가 뉴칼레도니아의 서북쪽에 있는 발라데에 상륙했다.

12) 프랑스 전함들이 그랑테르(Grande Terre)에 도착했을 무렵, 이 섬에는 이미 3,000 여 년 전부터 거주해 온 멜라네시아인 약 5만 명이 살고 있었다. 그들과 얼굴 및 외모가 유사한 사람들을 뉴기니나 호주 또는 폴리네시아에서도 볼 수 있었다. 이런 검은 얼굴 때문에 초기 선교사들이 경멸적인 의미가 담긴 뜻으로 그들을 "카낙(Canaques)"이라 불렀는데, 이 지역 언어로 "땅-짐승"이라는 뜻이다. 프랑스 해외영토 라디오방송RFO의 지역정보(http://nouvellecaledonie.rfo.fr) 참조.

그 이전에도 이곳에 유럽인들의 발자취는 찾아 볼 수 있었다. 이곳을 거쳐 간 주요 탐험가들로는 1774년 쿡선장, 1776년 라페루즈(Lapérouse), 1792년 앙트르카스토(Entrecastaux) 등이 있으며 그리고 블랙버드(Blackbirders)라고 불리는 호주의 노예상인들이 드나들며 뉴칼레도니아인들을 잡아 백단나무 채취자들이나 고래상인들에게 팔아넘기기도 했다. 그리고 기독교 선교사들이 원주민들을 개종시키고자 다녀갔지만, 이 지역에 대한 문화나 언어에 대한 준비가 없었기에 많은 어려움이 있었고 또한 카낙인들의 저항도 만만치 않았다. 제국주의자들에게도 땅은 중요했겠지만, 이 지역 주민들에게는 땅의 의미는 삶의 근본일 뿐만 아니라 대대로 내려왔던 선조들의 터전이며 또한 땅을 지키는 것이 하나의 명예이기도 하였다. 그래서 양보할 수 없는 싸움이 시작된 것이다. 1855년이 되자 카낙인의 유명한 지도자였던 페리프 부에옹(Felipe Bouéon)이 저항을 위해 주민들을 모았지만, 제국주의자들의 무자비한 진압에 힘없이 무너졌다. 하지만, 이것은 시작에 불과했다.

그 이듬해 프랑스 항구(나중에 누메아Nouméa가 됨)에서 다시 소요가 있었고, 또 8월과 9월 프랑스 인사들(선교사 및 군인)이 공격을 당했다. 하지만, 이러한 저항은 번번이 실패하여 이 지역 주민들의 마을이 불타거나 농경지가 훼손되는 피해로 이어지는데도 그들은 저항을 멈출 수가 없었다. 왜냐하면, 멜라네시아인들의 관점에서는 땅은 인간이 주인이 아니며 소유되어지는 것이 아니라 같이 공존하는 삶 자체이기 때문이다[13]. 이러한 카낙인들의 관념과는 아랑

---

13) 그들은 자신들이 자연에게 귀속되고 또한 자연의 자손이라고 생각했기 때문이다. 즉 인간이 돌이나 거북 또는 나무의 자손이 될 수도 있다는 생각을 가진 이들이었다. 결국 자연은 인간을 이루는 한 부분이며, 그러한 이유로 물, 바람, 태양, 계절, 삶 등을 찬양하기 위해 대지에 감사의

곳없이 밀려오는 프랑스 제국주의자들의 공격은 누메아부터 그랑테르의 서남쪽까지 점유한 1870년부터 더욱 공격적이었다. 프랑스 군인들에게 빼앗긴 카낙인들의 신성한 땅은 다시 제국주의자들이나 풀려난 도형수들에게 분배되었고, 이러한 모욕적인 착취는 1878년 7개월 동안 지속되는 반란을 야기했다. 그러나 저항은 결국 카낙인들의 큰 피해로 이어졌다. 일례로 카낙인들에게 저항의 상징이자 정신적인 지주였던 코말의 위대한 지도자 아타이(Attaï)가 이끈 싸움 또한 큰 참패를 했고, 이 싸움으로 카낙인구의 5%에 해당하는 사람들이 희생되었다.

하지만, 저항은 지속되었고, 20세기에 들어오면서도 카낙인들의 삶은 점점 더 나빠지고 있었다. 1916년 제1차 세계대전 때에는 몇몇 지역 지도자들만의 동의를 얻은 프랑스가 카낙인 보병 2,170명을 차출한 뒤 프랑스 군대에 편입시켰고, 전쟁에서 그 과반수는 사망했다. 그리고 제2차 세계대전 동안에는 미국과 연합군들이 이 섬을 전략적으로 사용하면서 약 5만 명의 미군들이 체류하기도 했다. 세계대전이 끝난 1946년 뉴칼레도니아는 프랑스의 해외자치도 TOM의 지위를 갖게 되어 프랑스는 카낙인들에게 프랑스 시민권을 부여했다. 하지만, 카낙인들은 독립을 원했고 1953년에 이르러 정당까지 결성하면서 독립을 주장했다. 그리고 1968년 창설된 붉은 스카프(Foulards rouges)와 1974년 창설된 1878그룹(Groupe) 1878이 독립연합위원회로 통합한 뒤 뉴칼레도니아 다인종연맹(Union multiraciale de Nouvelle-Calédonie)과 연합하여 1970년대는 훨씬 더 조직적이고 강력한 독립운동이 전개되었다[14]. 하지만, 더 큰 적은 내부에 있었

기도를 올렸다. 그래서 대지는 하나의 종교이며 카낙의 역사이기에 팔려질 수 있는 것이 아니라, 자손들에게 대물림되는 삶의 터전이고 또 선조들의 휴식처가 되는 것이다. *Ibid.*, 뉴칼레도니아의 지역정보.

다. 프랑스의 그늘을 바라는 칼도슈(Caldoches)라고 불리는 프랑스 및 유럽인들은 독립을 원하는 카낙인들과 종족 자체도 다른데다 전혀 다른 공감대를 가졌기 때문이다. 그들과의 불화와 갈등은 폭력으로 표출되어 1984년 급기야 비상사태까지 선포되게 했다. 그리고 1988년 봄에 있었던 저항이 절정을 이루었는데 카낙 해방론자들이 우베아 섬에서 27명의 경관들을 인질로 잡았고, 그 사건으로 프랑스 측은 경관 4명, 군인 2명 그리고 19명의 해방론자들의 사상자를 내고는 결국 반란은 실패로 돌아갔다. 하지만, 이때 살해된 해방론자들은 카낙인들의 뇌리에 깊이 각인되어 반란의 상징이 되었다.

그 이후에도 다시 카낙의 비극은 지속되었다. 해방에 있어 절대적 지도력을 가진 지도자였던 장-마리 치바우(Jean-Marie Tjibaou)가 멜라네시아 정당의 회원에게 살해된 것이었다. 이 사건은 치바우가 주도하던 프랑스와의 협상을 거부하고 항쟁을 계속하겠다는 암살자와 과격 해방론자들의 생각을 대변한 것이었다. 그의 사후에 프랑스와 지속되는 협상을 통해 1988년 6월 26일 조인된 마티뇽 협상은 뉴칼레도니아 정부의 존재는 인정했지만, 법, 공공체제, 통화, 국방 등 대부분의 권리는 프랑스 정부가 그대로 유지했다. 하지만, 카낙인들의 정체성을 공식적으로 인정하게 되는 계기가 되어 사회와 경제 부분의 자치권은 획득한 셈이었다.

그 이후에도 끊임없이 독립투쟁을 벌이는 카낙인들을 달래기 위해 프랑스 정부가 토착민들의 전통과 문화 그리고 정치 및 경제 분야 등 과감한 자치권을 허용하게 된다. 말하자면 1998년 5월 5일의 누메아협약(Accord de Nouméa)을 통해 뉴칼레도니아는 자치권

---

14) 위키페디아의 지역정보(http://fr.wikipedia.org/wiki/nouvelle-caledonie) 참조.

을 더욱 넓혀 나갔다. 이 협약문의 발효는 헌법개정(1998년 7월 20일의 98-610호 법령)을 통해 이루어졌으며 뉴칼레도니아에 고유하고 유일한 지위가 부여되는 계기가 되었다. 이 협약 문에서 또한 프랑스가 카낙인들의 존엄성을 해쳤고 또한 정체성을 박탈했다는 것을 시인함으로서 호혜와 평화의 기운이 형성되었다. 그래서 1998년 각 주는 자치 행정부 및 수상을 뽑을 수 있으며 정치, 경제, 외교 그리고 화폐도 독립적으로 사용할 수 있을 뿐만 아니라 국제적으로 독립적인 카낙-뉴칼레도니아(Kanaky-New Caledonia)라는 국명을 사용할 수 있게 되었다. 그 이후 2000년에 들어서 새로운 권한이 뉴칼레도니아에 주어졌는데, 특히 민간인의 관습법, 외국인의 노동법, 국제무역 등에 대한 자치권이 주어졌다.

그리고 차후 2004년과 2014년 사이 뉴칼레도니아와의 협약으로 결정된 새로운 권한들의 발생이 일정에 따라 계속 진행될 것이다. 그리하여 평화적이든 무력에 의해서든 뉴칼레도니아는 독립의 가능성이 더 한층 높은 지역이 되었으며 또한 독립을 하든 그렇지 않고 프랑스에 귀속되든 거의 독립국에 가까운 자치권을 가지게 되었다. 이러한 자유는 이제까지 카낙인들의 삶과 정체성마저 상실시켰던 수많은 고통을 이겨낸 인내와 독립을 이루고자 노력했던 숭고한 희생 덕분이었다. 프랑스 역시 이들의 고통과 노력을 인도적 차원에서 이해하고 발전시킴으로서 양국 간의 긴장이 풀리고 더 나아가 선린 우호 관계를 창출할 수 있는 발판을 마련했다. 이로써 약 150년간의 프랑스 지배를 받았던 뉴칼레도니아는 적지 않은 자유를 되찾게 되었다. 하지만, 총 인구 약 20만 명 중 43%가 멜라네시아인 그리고 37%가 칼도슈인으로 구성되어 있어 이 두 상이한 집단 간의 긴장 및 충돌 가능성은 배제되지 않고 있다.

3. 월리스-푸투나의 무저항 그리고 정체성 유지

프랑스령 해외영토로는 1887년에 마지막으로 편입된 월리스-푸투나[15)]도 사실 프랑스의 첫 진출은 1842년 4월 5일로 오히려 뉴칼레도니아보다 시기적으로는 한 해 앞서 이루어졌다. 그리고 현재 월리스-푸투나는 여타 해외자치영토TOM와는 달리 왕국이 아직 유지되고 있으며 또한 민법은 전통적인 관습법을 유지하면서도 형법은 프랑스를 따른다. 그리고 또 지역민 모두가 프랑스 국적을 가지고 있다는 특징이 있다. 어떠한 역사적 상황이 이러한 특수성을 부여했는지 간략히 살펴보자.

앞서 밝혔듯 프랑스와의 첫 만남은 월리스-푸투나 왕국이 프랑스에 보호국으로 요청을 했던 1842년이다. 그 이후 1887년 월리스의 아멜리아(Amélia) 여왕과 프랑스의 협약에 의해 이 지역에 분쟁이 있을 시 프랑스가 월리스-푸투나인들을 보호하기로 하는 한편 이것을 계기로 태평양에서의 프랑스 위상은 더욱 강화되는 계기가 된다. 당시 월리스-푸투나는 행정적으로 뉴칼레도니아에 편입된 상태로 남게 되었기 때문에 뉴칼레도니아를 지배했던 프랑스의 행정과 형법의 영향 아래에 고스란히 놓이게 된 것이다. 이러한 배경에 의해 월리스-푸투나의 경우 뉴칼레도니아처럼 프랑스의 지배에 대한 저항은 없었다. 제2차 세계대전 때 월리스 섬이 연합군인 미국의 항공기지로 이용하게 되면서, 약 6,000명의 미군들이 주둔하

---

15) 월리스 또는 우베아(토착민이 부르는 이름)라고 부르는 이 섬은 푸투나 섬의 동북쪽에 위치하고 있으며 96㎢의 면적을 가지고 있다. 월리스란 이름은 1767년 유럽인으로 처음 이곳에 왔던 사무엘 월리스 선장의 이름을 붙인 것이다. 푸투나는 월리스의 남서부 약 230km 지점에 있다. 2km의 운하에 의해 알로피 섬과 분리된 이 섬은 네덜란드 선원들에 의해 1616년 발견되었고, 그들은 이 두 섬들을 "오르Horn" 섬들이라 불렀다.

게 되었지만, 이때 피해보다는 차라리 실질적이고 근대적인 산업시설을 갖추게 되는 기회가 된다. 1959년 12월 27일 월리스-푸투나인들은 다른 프랑스 해외영토들처럼 해외영토의 지위를 받게 되는데, 이것은 프랑스의 강요가 아니라 주민들의 투표에 의해 해외자치영토TOM의 지위를 스스로 선택한 것이다. 그것도 유효표 약 95% 이상의 대다수 표결에 의해 결정되었다.

이로써 월리스-푸투나는 1961년 7월 29일의 61-814호 법령으로 프랑스의 해외영토가 되었다. 이러한 특이한 배경으로 인해 이들은 프랑스령 해외영토임에도 자신들의 고유한 문화, 즉 관습법인 민법 및 전통적인 제도를 보존하게된 것이다. 이는 어쩌면 프랑스가 그들의 특수성에 순응된 셈이라고도 할 수 있을 것이다. 이들은 전통적인 모든 왕조들을 유지하고 있으며, 이는 월리스의 우베아(Uvéa) 왕국 그리고 푸투나의 시가베(Sigave)와 알로(Alo) 왕국이 그것이다[16]. 하지만, 2005년처럼 월리스에서도 정치적 위기는 있었다. 46년 동안이나 집권했던 우베아의 왕 토마시 쿠리모에토케 2세(Tomasi Kulimoetoke II)가 자신의 아들을 보호하기 위해 이곳에서 프랑스의 철수를 요구했던 것이다. 하지만, 이것은 시민이나 귀족들 등의 다수 의견이 아니었고 또한 프랑스 본국의 재정 원조에 종속되어 있는 경제구조로 인해 그의 요구는 설득력을 가지지 못했다[17]. 이런 특별한 사건 이외에 월리스-푸투나에서 프랑스의 존

16) 이 왕국들은 각각 귀족들에 의해 선출된 한 명의 왕과 대신들이 있으며, 이들의 역할은 일반적으로 전통적인 규범을 유지하는 것이었다. 프랑스 해외영토 라디오방송RFO(les radios de Réseau France Outre-mer)의 지역정보, http://wallisfutuna.rfo.fr참조.

17) 이 사건은 술에 취한 왕의 아들이 행인을 살해하면서 시작이 되었다. 살인범이 된 그의 아들은 왕궁으로 피신하였고, 왕은 아들의 체포를 거부하였다. 그리고 그의 요구가 관철되지 않자 프랑스의 철수를 요구하였던

재는 과거나 현재에도 갈등의 요소로 작용하지 않는다. 이러한 상황이다 보니 월리스-푸투나 제도의 사람들은 뉴칼레도니아처럼 프랑스로부터의 독립이란 형태의 저항은 없으며 어쩌면 그 필요성조차 인지하지 못하고 있다는 것이 적절한 표현일 것이다.

4. 바누아투의 이중성

앞서 본 세 지역과는 달리, 바누아투[18]는 대부분의 프랑스 해외 영토들이 원했던 자주적인 독립을 이룩한 나라이다. 영국과 프랑스의 공동 통치 아래에 있었던 바누아투는 1980년 7월 30일 독립하였다. 공용어로는 프랑스어와 영어 그리고 비슬라마어(피진 영어)를 사용하고 있으며 현재 프랑스어권연합OIF의 회원국이다.

유럽인으로 처음 바누아투에 왔었던 스페인의 페르난데스 데퀴로스 이후, 1768년 프랑스 탐험가 부갱빌이 바누아투의 동쪽 섬인 마에오 섬에 도착하였다. 1774년 7월에는 영국의 제임스 쿡 선장

것이다. 이 사건으로 왕의 반대파 수장들은 고위관리의 동의를 얻어 새로운 왕을 즉위시키고자 했지만, 한 프랑스인의 중재로 이 사건은 일단 무마되었다. 하지만, 2006년 현재에도 이 사건은 잠재적 문제를 안고 있으며 아직 긴장이 완전히 가시지 않은 상황이다. 위키페디아의 지역정보(http://fr.wikipedia.org/wiki/vanuatu) 참조.

18) 바누아투의 조상은 약 4만 년 전 동남아시아에서 뉴기니를 거쳐 남태평양으로 이동한 사람들이며, 이들이 약 3,000년 전 카누를 타고 이곳에 도착했다. 그 이후 유럽인으로 처음 이곳에 온 사람은 1606년 페르난데스 데 퀴로스(Fernandez de Quiros)였다. 그는 스페인 국왕과 페루에 상주하던 스페인 총독에게 오랫동안 간청하여 세 척의 배에 300여명의 선원, 군인, 성직자 등을 태우고 페루에서 출발했다. 14개월 후인 1606년 5월 1일 그가 발견한 곳이 현재 바누아투의 제일 큰 섬인 에스피리투산토였고, 그는 그곳에 스페인 식민지를 건설하려했으나 원주민들과의 마찰과 부하들의 반란으로 인해 일찍 실패하였다.

이 이 지역을 조사하며 섬에 영국식 이름을 붙였는데, 그 이름들이 오늘날까지 그대로 사용되고 있다. 바누아투의 옛 명칭인 "뉴헤브리디즈(Nouvelles-Hébrides)"도 그가 지은 이름이다. 이곳이 유럽인들과 외부에 알려진 것은 약 15년 후 바운티호의 반란으로 우리에게 잘 알려진 블라이 선장의 바누아투 방문 이후였다.

그리고 프랑스의 첫 바누아투 진출은 여전히 경쟁관계인 영국과의 마찰에서 시작되었다. 18세기에 먼저 태평양지역에 진출한 영국이 호주와 뉴질랜드를 중심으로 사업을 키워가고 있었던 19세기 중반, 오세아니아에 막 진출한 프랑스가 영국인들에게는 심히 거슬리는 존재였다. 양국 간 몇 번의 마찰이 있은 후, 1878년 태평양 제도의 주권에 대한 존중이란 주제로 두 나라 간의 협정이 채결되었다. 하지만, 1882년 뉴헤브리디즈(독립 이전의 바누아투 국명)에 프랑스는 뉴칼레도니아의 회사를 설립하고 점차 식민화를 진행하고 있었다. 다시 반복되는 마찰과 갈등이 있었다. 하지만, 서로 양보하여 결국 1914년 8월 영불조약을 체결하였고, 이를 통해 바누아투를 유럽의 두 나라가 공동 통치하게 되었다.

19세기 초부터 많은 유럽의 선교사들과 상인 그리고 농장주들이 이곳에 왔을 무렵, 100만 명이 넘었던 바누아투의 인구가 한 세기가 지나자 약 40만 명으로 감소되어버렸다. 이는 유럽인들에 의한 질병 전파와 블랙버드라고 불리는 노예상인들에 의한 노예매매 때문이었다. 이러한 희생에도 바누아투인들은 두 제국주의 국가의 식민정책에 저항하며, 결국 독립으로 가는 길을 열었는데, 근대의 독립과정을 살펴보면 다음과 같다.

제2차 세계대전 때 다른 프랑스령 해외영토들처럼 이곳에도 미군이 진출하여 전략적인 기지로 사용하였다. 그 이후 1960년대 말

나그리아멜(Nagriamel) 운동이 북쪽지역의 섬에서 시작되고, 이 운동의 지도자였던 일명 모세라고 불리는 지미 투푸 파툰툰 스티븐스(Jimmy Tupou Patuntun Stevens)가 토지 소유권에 대한 권리를 주장하며 유럽인들이 정착하지 못하게 하였다. 하지만, 이 운동은 점차 정치적인 성향을 띄며 변화되어 갔고, 1971년에는 유엔에 바누아투 군도의 독립에 대한 '자유선택 조항'을 청원하게 된다. 그리고 영국과 프랑스는 1974년과 1975년까지 뚜렷한 이유 없이 개헌을 유보하며 질질 끌었지만, 섬 주민들이 좀 더 많은 권리를 얻기 위한 요구가 계속되자 결국 선거를 승인하게 된 것이다.

1977년부터는 급진 개혁을 주장하는 영국 측의 바누아쿠 당을 중심으로 독립운동이 고조되었고 실제 행정은 자치정부에서 행하여지게 되었다. 1979년 총선 결과 이 바누아쿠 당이 압승을 하여 당시 여당이었던 프랑스 측에게 참패를 안겨다주었다. 그리고 분리 독립파의 반란과 두 통치 국의 무리한 요구 등이 야기한 폭력과 강탈을 저지할 수 없게 되자 지역정부는 질서를 회복하기 위해 파푸아뉴기니(PNG)에 군대를 요청하게 된다. 이 사건으로 영국과 프랑스는 독립 승인을 하지 않을 수 없게 되었고 결국 1980년 7월 30일에 독립을 한다. 독립 이후에도 사회의 불안은 한동안 지속되었지만[19], 2000년대에 들어와서는 점차 안정을 찾아가는 추세이다[20]. 독립이전 바누아투의 모든 행정은 프랑스식 또는 영국식이

---

19) 특히 1996년 준 군대라고 볼 수 있는 바누아투 이동 군이 혁명을 일으켜 계엄령이 선포되었던 정치적으로 불안의 시기가 있었다. 그리고 정부의 고위 간부였던 카로 코만(Carlot Korman)의 대규모 은행사기 사건 등으로 사회가 동요했다.

20) 바누아투는 공화국이며 내각책임제이다. 18세 이상의 모든 시민들에게 투표권이 부여되며 국가의 수장은 대통령이며 5년 임기로 선출된다. 또한, 정부의 수장은 수상이며 대통령의 역할이 수상보다 축소되어있다.

라는 “이중 체제”가 들어서면서 교육기관은 물론 경찰, 세관원의 제복 심지어 영화관들도 프랑스 또는 영국 영화로 구분되어 상영되었다. 이러한 영향은 독립을 한 지금까지도 유지되어 수많은 반목과 충돌을 야기하는 원인이 되고 있다[21].

지금까지 프랑스의 태평양 진출 그리고 오세아니아인들의 저항에서 독립까지를 살펴보았다. 이미 독립을 한 바누아투, 독립을 향해 나아가고 있는 뉴칼레도니아, 프랑스령 폴리네시아 그리고 독립의 필요성을 인지하지 않는 월리스-푸투나와 같은 민족들이 혼재해 있는 태평양 프랑스어권은 다른 대륙의 옛 식민 피지배국들과는 시대적 유명을 달리했다.

20세기 중반 제국주의 식민체제는 전 세계적으로 위기를 맞게 되는데, 바로 피지배국들의 독립운동과 제2차 세계대전으로 인한 국제적인 파시즘 세력이 파괴되면서였다. 이런 불리한 상황에서 몇몇 식민 지배국들은 아시아, 아프리카 등지에서 군사적 행동, 폭력 등 무력으로 제국주의적 식민지배를 유지하고자 했다. 하지만, 결국 실패로 돌아갔으며 프랑스라고 예외가 아니었다. 프랑스의 경우에도 식민지배를 유지하기 위해 이미 독립을 선언한 인도차이

그리고 법률구조는 프랑스와 영국의 법률을 기초로 하여 세웠으며 입법부의 권한은 매 4년마다 개정되는 52석의 의회에 의해 행사된다. 정당은 중도연합당, 국가연합당, 바누아쿠당, 멜라네시아진보당이 있다. 주 파피뉴기니 대한민국 영사관의 국가정보(http://www.mofat.go.kr) 및 위키페디아의 지역정보(http://fr.wikipedia.org/wiki/vanuatu) 참조.

21) 프랑스와 영국의 공동통치 아래에서 독립을 했기 때문에 2개 문화권 간의 대립구조가 그대로 남았다. 그리고 정부 역시 근대국가형태의 조직이 아니라 구식민지 정부의 정치제도를 새로운 정부에 그대로 접목하는 방식으로 이루어졌다. 김진호, 「태평양 도서국가의 국제관계: 국제환경의 변화와 국제기구를 통한 자구노력을 중심으로」, 『동아시아연구논총』 제7집, 제주, 1996, pp. 48.

나에 다시 재침공하여 전쟁을 일으켰지만, 결국 1954년 5월 7일 디엔 비엔 푸 전투에서 베트남에게 참패를 당한다. 이 인도차이나 전쟁의 끝으로 아시아의 베트남, 캄보디아, 라오스 3개국은 프랑스로부터 진정한 독립을 쟁취하였고, 아프리카 지역 및 알제리 역시 이 시기에 독립하게 된다.

하지만, 태평양의 경우는 달랐다. 그들의 독립요구는 번번이 묵살되었고 조직적인 저항도 비극으로 끝나 결국 범세계적인 식민 피지배국들의 독립기류에 편승하지 못한 채, 아직도 독립은 묘연한 상태이다. 바누아투의 경우만 하더라도 1960년대보다 훨씬 지난 1980년에야 독립을 하게 된 것을 보더라도 태평양 소국들에 대한 제국주의자들의 지배는 사실상 집착에 가깝다고 할 수 있다. 반면 그와 비례하는 피지배국들의 고통은 더 큰 것은 미루어 짐작하기에도 충분하다. 어쨌든 이곳에서 프랑스가 지배했던 대부분의 지역들은 독립의 열망에도 지역 내 프랑스계 이주민의 방해와 프랑스 정부의 회유적인 정책 앞에서 수많은 희생을 감수해야 했다. 하지만, 지금에 와서는 무력적인 저항의 형태는 거의 자취를 감추었다. 이것은 프랑스 정부의 "지방분권정책"[22]과 무관하지 않으며, 이런 정책으로 인해 태평양의 프랑스령 해외영토들은 주변국들보다는 경제적 안정을 누리는 반면 민족의 정체성은 저당 잡히고 있고, 독립의 목소리는 더 이상 이 지역 주민들에게 조차 설득력을 가지지 못하는 실정이다.

22) "1982년 프랑스의 사회당정부가 추진한 지방분권정책은 각 해외영토에 최대한의 자치를 보장함으로써 독립요구를 무산시키는 효과를 발휘했다." 김승민, 이복남, 한양환, 『세계 프랑스어권 지역연구』, 서울, 푸른길, 2003, pp. 295.

Ⅱ. 태평양 프랑스어권의 산업 및 경제적 한계 그리고 가능성

1. 태평양 프랑스어권의 산업

앞서 보았듯 각 프랑스어권 지역에서 프랑스의 진출 시기, 해외 영토에 편입되는 상황, 투쟁형태, 독립시기 등이 다르고 지리, 문화[23], 경제 등에도 적지 않은 차이점이 있다. 지리적으로 볼 때 프랑스령 폴리네시아와 월리스-푸투나는 오세아니아[24]의 폴리네시아 지역[25]에 그리고 뉴칼레도니아와 바누아투는 멜라네시아 지역[26]에

23) 태평양 프랑스어권 지역은 오랜 식민통치에 의해 태평양의 고유한 문화에다 서양, 특히 프랑스 문화와의 혼합 현상이 두드러지는 큰 특징이 있다.

24) 태평양에는 가장 큰 섬인 호주를 비롯해 수많은 섬들이 있으며 이들은 오세아니아라고 불린다. 오세아니아는 다시 폴리네시아(많은 섬들), 멜라네시아(검은 섬들), 미크로네시아(작은 섬들) 지역으로 나누어지는데, 이 명칭들의 어원은 그리스어에서 왔으며 명칭에 공통으로 들어있는 "네시아"는 섬이란 뜻이다.

25) 폴리네시아인들은 멜라네시아인들에 비해 피부가 희고 체구가 건장하며 활동적이다. 그리고 외모가 수려하고 일반적으로 전쟁을 싫어하는 기질을 가지고 있다. 최근 오스트로네시아 어족의 분석 결과 태평양 도서 주민들의 궁극적 기원은 타이완에서 시작된다는 사실이 밝혀졌으며, 그곳에서 필리핀, 뉴기니 등 여러 도서를 지나 피지, 타히티, 뉴질랜드 그리고 태평양 남동부의 이스터 섬까지 건너갔다. 이 과정은 폴리네시아인들이 카누를 타고 우연히 바람에 떠밀려 도착한 곳에 정착했던 것이 아니다. 그들은 별들의 이동, 파도의 방향 그리고 새들의 비행까지 이용한 뛰어난 항해술과 쉽게 저장할 수 있는 음식으로 약 3만 년 전부터 멜라네시아의 섬들까지 여행을 할 정도로 항해술이 뛰어났던 것이다. 이렇게 오래전부터 항해하면서도 정작 이곳에 완전히 정착한 시기는 불과 3천 년 전이었다. 브라이언·페이건 공저, 『고대세계의 70가지 미스터리』, 서울, 오늘의 책, 2003, pp. 208.

26) 폴리네시아인들에 반해 멜라네시아인들은 피부가 검고 코가 납작하고 곱슬머리여서 이들의 조상이 아프리카에서 왔다는 설이 설득력을 얻고 있

속해 있는 도서 지역들이다.

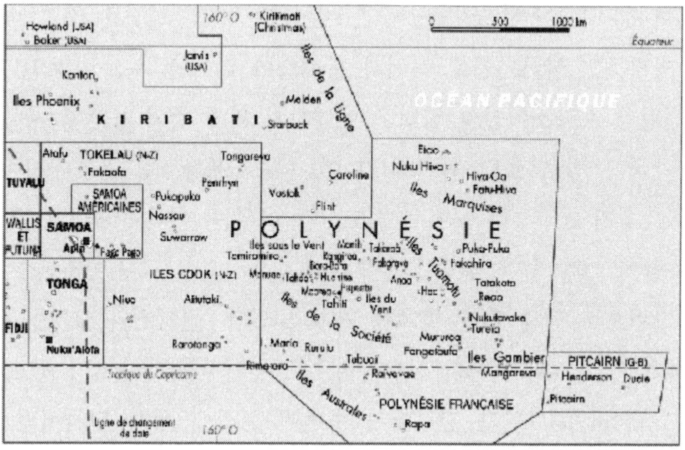

[그림 5-2] 프랑스 해외영토의 지리적 위치 2[27]

오세아니아의 섬들을 육도, 화산도, 산호도라는 세 종류로 구분할 수 있다. 프랑스어권의 뉴칼레도니아와 바누아투[28]가 있는 멜라네시아는 원래 대륙이었던 육지가 해수면 등의 변화로 인해 생긴 섬들이기에 이러한 육도는 지형의 굴곡이 심하고 일반적으로 산맥이나 산이 많다. 그래서 면적에 비해 개발된 농경지가 적은 편이다. 그리고 프랑스령 폴리네시아[29]와 월리스-푸투나가 있는

다. 하지만, 섬마다 종족들이 다르며, 거의 수백 종에 가까운 인종들이 폴리네시아에 살고 있다.

27) http://fr.images.search.yahoo.com 참조.

28) 뉴칼레도니아의 면적은 18,580㎢이며 멜라네시아제도에서 파푸아뉴기니(463,000㎢)와 솔로몬제도(28,500㎢)에 이어 세 번째로 큰 도서이다. 그리고 바누아투는 12,190㎢으로 멜라네시아제도에서 피지(18,400㎢)에 이어 다섯 번째로 큰 섬이다.

폴리네시아는 화산도이기에 토양이 기름지고 물도 풍부하여 농사를 짓기에 유리하다. 그리고 토양도 거칠고 물도 부족한 산호도들이 미크로네시아에 많이 있는데, 여기에 사는 주민들은 주로 바다를 의지하고 살아가기에 어업과 항해술이 뛰어난 특징을 보인다.

태평양 프랑스어권의 산업을 이해하기 위해 먼저 농경지 사용면적을 국가 별로 보면 뉴칼레도니아 0.1%, 프랑스령 폴리네시아는 0.5%, 윌리스-푸투나 25% 그리고 바누아투는 0.9%이다[30]. 농경지 사용율이 가장 높은 윌리스-푸투나(20,600명 대 14,500명)이지만 지리적 고립으로 인해 많은 한계를 가지고 있다. 윌리스의 크기는 100㎢에 약간 못 미치는데, 산호방벽으로 둘러쳐진 함수호가 있으며, 최고 150m의 고도가 전부이고 주변에 화산에 의해 만들어진 이 섬은 산호로 된 암초로 둘러싸여있다. 그리고 푸투나(64㎢)와 사람이 살지 않는 알로피(51㎢) 역시 약 100개의 암초로 둘러싸여 있어 바다에서 접근하기가 매우 힘든 지리적 한계로 인해 경제적 발전에 많은 제약을 받고 있다.

윌리스-푸투나의 경제는 세 분야에 기반을 두고 있는데 어업, 농

---

29) 폴리네시아 제도에서 가장 큰 면적을 가진 섬이 프랑스령 폴리네시아(4,000㎢)이며, 그 다음으로 사모아(2,900㎢), 통가(750㎢), 니우에(260㎢) 그리고 윌리스-푸투나(200㎢) 순이다.

30) 아래 표의 수록시점은 2002년 이며, 참고사항으로 10km²는 1,000ha에 해당하며, 총면적은 "국토내의 수면을 포함한 국토의 총면적", 육지면적은 "국토내의 수면(강, 호수 등)을 제외한 면적", 농경지는 "작물용, 목축용, 채소밭 및 5년 이내의 휴작지 포함", 비농경지는 "육지면적 중 농경지를 제외한 면적"이다.

국명	총면적(㎢)	육지면적(㎢)	농경지(㎢) 경지 수원지			비농경지(㎢)
뉴칼레도니아	18,580	18,280	90	50	40	18,190
프랑스령 폴리네시아	4,000	3,660	250	30	220	3410
월리스-푸투나	200	200	60	10	50	140
바누아투	12,190	12,190	1,200	300	900	10,990

국제식량농업기구(FAO)의 농업통계(http://faostat.fao.org) 참조.

업 그리고 관광이다. 어업은 이곳에서 전통적인 방식에 의존하고 있어 연간 200-300톤 정도의 어획량을 보이고 있다. 그래서 수출은 불가능하고 전량을 내수시장에서 수용하는 형편이다. 2000년 트로카(Trocas) 조개의 경우는 사정이 조금나아 69톤을 수출하고 36톤을 수입했다. 농업 역시 어려운 사정은 마찬가지인데, 그 이유는 무엇보다 국토 면적의 협소함과 지표의 심한 기복 때문으로 한 가구당 0.25에서 0.50헥타르 밖에 토지를 사용하지 못한다. 그래서 필요한 식량, 특히 신선한 과일이나 야채 등은 배나 항공기를 이용하여 뉴칼레도니아나 뉴질랜드 또는 호주로부터 수입을 해야 하는 실정이다. 관광의 경우도 이 섬이 남태평양의 주요 제도로부터 너무 멀리 떨어져있고[31] 또한 외진 곳에 위치해 관광객이 별로 없다. 그럼에도 이곳의 장점은 주민들이 전통적인 삶의 방식을 유지하고 있어 독창적인 문화를 볼 수 있다는 것 그리고 알로피 해변이라든가 초호, 분화구에 있는 호수 등 매력적인 자연들이 잘 보존되고 있다는 것이다.

프랑스령 폴리네시아의 경제는 관광, 진주양식 그리고 어업이라는 세 분야에 기반을 두고 있다. 그 중 관광산업은 오늘날 폴리네시아의 경제에 있어 매우 주요한 자리를 차지하는데, 그 이유는 국내 총생산의 20%에 해당하기 때문이다. 2001년의 경우 지난해보다 9.7% 줄어든 227,658명의 관광객(2000년의 경우 252,000명)이 방문했다. 2003년의 경우 300,000명의 예상 관광객에 5,000개의 객실을 확보할 만큼 발전을 보이고 있다. 그리고 진주양식은 1970년 프랑스령 폴리네시아에서 급성장하면서 세계시장에서 명성을 얻었다.

31) 윌리스-푸투나에서 피지는 800km, 프랑스령 폴리네시아는 2,800km, 뉴칼레도니아는 2,100km에 위치하고 있다. 프랑스 정부 해외영토 부(http://www.outre-mer.gouv.fr) 참조.

이 산업은 1999년 12억 CFP프랑의 수익을 내고 경제활동 인구의 12-13%에 해당하는 7,000명이 이 산업에 종사하고 있다.

어업의 경우 내수를 위한 전통어업과 수출을 목표로 하는 원양어업으로 나누어진다. 2000년의 경우 1,500톤의 어획고를 올려 주로 미국과 일본으로 수출하였다[32]. 약 50년 전 프랑스령 폴리네시아와 월리스-푸투나에서는 코프라(코코넛 야자열매의 알맹이를 말린 것)의 생산, 뉴칼레도니아에서의 커피 생산과 보벵이라는 소의 사육, 그리고 자가소비를 하는 농업생산 위주였다. 하지만, 월리스-푸투나를 제외하고는 농업은 감소 추세를 보이고 있다. 그 이유는 이제 농업보다 돼지 사육 등 축산에 더 많은 주민들이 종사하게 되었고 또 최근에 3차 산업이 많아져 관공서나 건강 및 교육관련 산업과 상업, 유통, 기업 등에 많은 사람들이 종사하게 되었기 때문이다.

한편 뉴칼레도니아에서는 니켈 야금을 제외하고는 산업이 크게 발달하지 못했다. 농업은 경작할 수 있는 경작지의 부족[33]으로 아예 발달하지 못했기 때문에 적지 않은 식료품들은 수입(소비의 약 20%의 수입)에 의존한다. 그리고 원료와 에너지 자원 부족, 비싼 노동력, 한정된 내수시장, 막대한 운송비 등 산업 개발을 저해하는 요소가 많다. 그런데도 뉴칼레도니아가 GNP 2만 달러 이상이나 되는 아주 국민소득이 높은 이유는 1874년부터 채굴되기 시작한 니켈 덕분이다. 니켈의 발견은 1864년 프랑스 엔지니어였던 쥘 가

---

32) *Ibid.*, 프랑스령 폴리네시아 지역정보.

33) 그렇지만 남쪽지방의 경우 기계화된 커피 경작을 시작한 르로이(Leroy) 커피가 1킬로 당 70,000 CFP프랑에 거래되고 카티모르(Katimor)나 로비스타(Robust)a에 기반을 둔 북쪽지방의 "전통적이고" 가내 중심적인 커피 생산으로 주요한 자리를 차지할 만큼 커진 경우도 있었다. 프랑스 해외영토 라디오방송RFO의 지역정보(http://nouvellecaledonie.rfo.fr) 참조.

르니에(Jules Garnier)가 했고, 1878년 프랑스인들이 처음으로 누메아에 니켈 용해공장을 세우게 된다.

현재 매년 500-600만 톤이나 생산되며 이는 전 세계 생산량의 약 30%에 해당한다. 니켈을 생산하는 대규모 회사가 2개 및 5개의 소규모 회사가 생산하는 양이 뉴칼레도니아의 총 수출 중 약 90%를 차지하고 있다[34]. 1990년대에 들어와 니켈 시세의 하락으로 경제의 어려움이 있었지만, 니켈은 여전히 뉴칼레도니아의 주요 수출품목이다. 그리고 어업과 관련하여 뉴칼레도니아의 남부가 새우양식에 적합한 환경을 갖고 있어 1,800만 평에 달하는 넓은 면적에 새우를 생산하여 유럽이나 아시아 등지로 수출하고 있다. 이곳의 최저 임금은 미화로 약 800달러나 되고 주민들은 무상교육 및 무상진료가 이루어지는 등 생활이 안정되어 있다. 그리고 주요 관광객들은 일본, 호주, 뉴질랜드에서 온다.

마지막으로 월리스-푸투나에 비해 농경지 사용 면적이 적은 바누아투는 농업, 목축업, 어업 등 주로 1차 산업에 기반을 두고 있으며 특히 농업에서 코프라, 커피, 카카오 등 환금 작물 위주로 재배한다. 바누아투는 험한 지형에도 불구하고 주요한 경제활동도 농업에 의존하고 있다. 전 국토의 45%를 경작하여 농산물 수출이 총수출의 75%를 차지하고 있다. 여기에서는 주로 타로감자, 얌, 바나나, 커피 등이며 코프라를 생산하기 위해 대규모의 농장을 경영하고 있다. 코프라는 생산량이 3만 톤을 넘으며 코코아는 약 800

34) 앞서 보았듯, 뉴칼레도니아의 끊임없는 저항에도 불구하고 아직 독립이 되지 못한 큰 이유 중하나가 이곳에 매장된 다량의 니켈 때문이다. 프랑스는 니켈운반을 용이하게 하기 위해 누메아 항만 시설에 많은 투자를 하였는데, 항구의 길이가 무려 750미터로 프랑스 해외영토 중 가장 큰 규모이며 물동량은 약 450만 톤에 이른다. 권주혁, 『여기가 남태평양이다』, 서울, 지식산업사, 2002, pp. 327.

톤 그리고 커피는 약 50톤을 생산하는데, 농산물 수출품 중 코프라의 비중이 약 65-75%를 차지하며 주로 프랑스 등 유럽으로 수출된다. 그리고 축산의 경우 약 10만 마리가 사육되는 소는 주요 수출 품목이며 주로 냉동 및 가공된 상태로 수출된다[35].

2. 태평양 프랑스어권의 경제적 한계 그리고 가능성[36]

앞서 보았듯, 태평양 프랑스어권의 경제는 섬이라는 지형적인 한계와 자국 내 시장의 소규모 성으로 인하여 태평양지역의 다른 제도들처럼 경제적 영세성을 벗어나지 못한다는 문제를 공통적으로 안고 있다. 하지만, 특이한 점은 수출을 통한 수익과 주민들의 생활수준이 상당히 차이가 난다는 것이다. 말하자면 높은 국민소득이 산업, 즉 수출을 통한 것이 아니라 프랑스 정부의 소득재분배 정책에 기인한다는 것이다. 니켈 매장량은 전 세계의 20%에 해당하는 뉴칼레도니아도 실제 경제 원동력은 수출활동에 있는 것이 아니다. 예를 들면 2000년처럼 광산 채굴이 왕성한 해에도 수출을 통한 수익은 수입의 65% 정도만 만회했을 뿐이다. 니켈 생산의 "위기"가 왔던 몇 년 동안에도 정부의 소득재분배를 통해 경제가 유지 되었으며 또한 태평양시험센터 활동의 중단 이후 프랑스 정부는 1년에 180억 CFP프랑을 10년 동안 제공했다. 그래서 2000년에는 주민 1명당 515,900 CFP프랑에 해당하는 금액을 프랑스가 지

---

35) 프랑스 외무부의 바누아투 지역정보(http://www.diplomatie.gouv.fr) 참조.

36) 태평양 프랑스어권의 경제부분 자료는 프랑스 정부 해외영토 부의 지역정보(http://www.outre-mer.gouv.fr), 위키페디아의 지역정보(http://fr.wikipedia.org) 그리고 『태평양의 프랑스 해외영토』의 경제부분(GIRARDIN Brigitte, *L'outre-mer français dans le Pacifique*, Paris, L'harmattan, 2003)을 주로 참조.

원했는데, 그 금액은 수출과 관광수익이 부가되면서 1인당 총 812,230 CFP프랑이나 되었다[37]. 하지만, 이러한 소득재분배 형태에 의존하는 경제구조가 미래 발전적인 분야에 투자가 잘 되지 않아, 불평등한 소비를 유발시키고 생산능력 및 자원의 채굴의욕마저 저하시켰다. 그래도 뉴칼레도니아의 경우는 나은 편이라 프랑스 본국에 의존하는 재정이 국내 총 생산의 약 35%로 다른 해외영토들 보다는 훨씬 적은 수준이다[38].

프랑스령 폴리네시아 역시 산업 및 수출을 통해 국민소득이 지금처럼 높아진 것이 아니라, 프랑스 본국의 소득재분배에 의존한다. 프랑스 정부가 소비를 권장하는 형태로 정책을 편 결과 임금을 상승시키며 결국 경쟁력을 하락시켰다. 2000년의 경우 인건비가 높아져 양계장의 50%는 사육을 포기했고, 내수시장에서 필요한 1만 천 톤의 닭 소비 중 단지 120톤만 이 지역에서 생산하게 되었다. 그래서 프랑스령 폴리네시아는 주민 1인당 년 110,500 CFP프랑[39] 어치의 식량을 수입해야 했다. 이런 문제를 극복하고 이곳의 실질적인 산업 및 경제 발전을 위해서는 중단되었던 투아모투-감비에서 진주양식을 다시 착수해야 한다. 뿐만 아니라 해마다 줄어드는 관광객의 감소[40]를 회복하기 위해 관광에 대한 과감한 투자를 하고, 환경을 보호하면서 아직 개발되지 않은 제도개발에 중점

37) GIRARDIN Brigitte, *L'outre-mer français dans le Pacifique*, Paris, L'harmattan, 2003, pp. 235.

38) 위키페디아의 지역정보(http://fr.wikipedia.org/wiki/nouvelle-caledonie) 참조.

39) 프랑스령 태평양제도의 식민지 프랑으로 1,000 CFP프랑은 8,38유로EURO이다.

40) 프랑스령 폴리네시아를 방문한 관광객은 2003년 212,767명, 2004년 211,893명, 2005년 208,067명으로 해마다 그 수가 감소하고 있어 적극적인 투자가 요망된다. 위키페디아의 지역정보(http://fr.wikipedia.org/wiki/polynesie-francaise) 참조.

을 두아야 할 것이다. 그리고 프랑스령 폴리네시아의 인구 2십 5만 명 중 3분의 2가 타히티에 살고 있다. 그 중 2002년을 기준으로 47%의 인구가 20세 이하로 이들에 대한 인적자원 개발이 적절하게 이루어진다면, 이를 바탕으로 한 경제적 성장 잠재력은 매우 크다고 본다.

월리스-푸투나의 경제도 예외는 아니어서 프랑스 정부의 소득재분배 정책에 크게 의존하고 있다. 다른 영토들에 둘러싸여 있으며 항공 및 해양 교통의 연결이 어렵고 또 열악한 부동산 문제로 인해 이 지역 영토의 생산력은 아주 감소되어있다. 그래서 거의 정부의 소득재분배에 의해서 전통적인 삶을 유지하고 있으며, 주민의 약 70%가 화폐경제(L'économie monétaire)에도 종사하지 않는 실정이다. 국제무역에서 보자면 월리스-푸투나의 역할은 뉴칼레도니아에 건축이나 철강 그리고 광산분야의 발전을 위해 노동력을 제공하는 수준밖에 되지 않는다. 이러한 현실적인 문제는 곧바로 이주의 형태로 이어져, 월리스-푸투나에 거주하는 주민 약 1만 4천 5백 명보다 더 많은 1만 7천 명의 주민들이 뉴칼레도니아에서 살고 있다. 이 인구는 뉴칼레도니아에서 멜라네시아인들과 칼도슈인들을 제외하고 제일 많은 수치인데, 그 다음으로는 인도네시아인, 폴리네시아인, 베트남인, 바누아투인 순이다. 어쨌든 월리스-푸투나는 지속적인 발전정책을 세워 프랑스 본국에 의지하지 않고 스스로 경제구조를 견고히 해야 만 할 것이다.

바누아투의 소득은 프랑스 해외영토들보다 낮고 경제도 불안하며, 앞서 보았듯 농업(특히 생계형 농업)에 주로 의존하는 상태이다. 1900년대의 경제성장이 평균 3%였다. 하지만, 2001년 -5%의 성장, 2002년에는 -2.8%, 2003년에는 +2.6% 그리고 2004년에는 +4%의 성장으로 이제는 안정적인 발걸음을 하고 있다. 성장에도 불구하고 무역은 아직 적자 상태이다[41]. 어쨌든 2005년에 들어서는 부동산 투기현상과 관광객 증가 그리고 카카오, 카카오 기름 그리고 코프라 생산 등 1차 산업의 지속적인 성장으로 인해 2005년의 경제는 약 3%의 성장을 예고하고 있다. 이러한 성장에 한 몫을 하는 분야가 관광이다. 1997년 5만 명의 관광객에서 2005년에는 10만 명의 관광객(2004년 대비 20% 성장)을 유치하였다. 수도인 포트빌라, 에파테, 산토 등에는 맑고 깨끗한 바다를 끼고 있으며, 이곳의 아름다운 자연 경관은 남태평양에서도 손꼽히는 천혜의 관광지라 하기에도 손색이 없다. 이러한 주요 관광지를 개발한다면 보다 안정적이고 지속적인 경제성장을 보장해 줄 것이다.

이처럼 독립국 바누아투(1,070달러)에 비해 프랑스 해외영토의 소득은 프랑스령 폴리네시아 18,712달러, 뉴칼레도니아 16,516달러로 바누아투뿐만 아니라, 인근 오세아니아 제도들 보다 훨씬 높은 수준이다. 그 이유는 태평양 프랑스어권 국가들이 모두 프랑스 본국에서 오는 소득재분배 정책에 의한 재정적 지원에 의존하는 경제이기 때문이다. 2000년을 기준으로 했을 때 최저임금(SMIG)이 프랑스령 폴리네시아에서 100,000 CFP프랑까지 높아졌고 뉴칼레도니아에서는 78,414 CFP프랑 그리고 월리스-푸투나에서는 58,178 CFP프랑이었다. 이곳의 세 명 중 두 명의 봉급생활자들이 월 94,000 CFP프랑이 넘는 수당을 받으며 공공분야나 공공근무에 준하는 곳에서 일한다. 이들의 생활은 교육이나 건강 그리고 교통 등 여러 분야에서 프랑스어권이 아닌 다른 이웃 나라들보다 훨씬 높은 수

---

41) 2005년의 경우 수출액이 수입의 3분의 1에 속하는 3천 2백만 유로이다. 프랑스 외무부의 바누아투 지역정보(http://www.diplomatie.gouv.fr) 참조.

준의 삶을 유지한다. 하지만, 수출보다 수입이 많아 항상 만성적 적자상태에 있다[42]. 이처럼 태평양 프랑스 해외영토들의 공통적인 문제는 프랑스 정부의 소득재분배 정책인 직접(건설 장비를 동원하여 도로, 병원, 중학교, 고등학교 등의 건설) 또는 간접(주요한 공공기관 종사자의 급여 증대)적인 형태의 분배가 결국 소득 상승으로 이어지고, 또한 수입의 증가는 수입 소비재의 막대한 과세와 운송비를 수반해 프랑스 본국보다 생활비가 더 높게 만들었다. 그래서 젊은 오세아니아인들은 사기업에 비해 일의 조건이 좋고 급여가 더 많은 공공기관에 들어가기를 원하고 농업이나 제조업을 기피하게 된 것이다. 이러한 현상으로 경제 활동자 중에서도 약 70%가 정부의 공공기관에서 일하게 되었으며, 그 나머지 역시 그와 유사한 공사 또는 사기업에 종사하는데, 특히 진주 및 조개양식에 관련된 일을 한다. 이 문제를 해결하기 위해서는 정부의 소득재분배와 관련된 재정적인 투자가 이농의 방지책과 영토의 구획정리 등과 같이 경제구조를 견고히 하는 방향으로 사용되어야 할 것이다.

어쨌든 프랑스 해외영토들의 이러한 경제적 취약성에도 불구하고, 독립과 종속의 차이가 막대한 소득격차로 나타나고 있어 바누아투인들의 상실감 또는 박탈감이 당분간은 존재할 것으로 보인다.

---

42) 높은 소득의 부정적인 요소로는 이로 인해 노동력과 생산가가 너무 비싸지게 되었다는 것이다. 그래서 수익성이 보장되는 검은 진주나 니켈을 생산하는데, 2000년을 기준으로 하여 이 두 품목의 수출은 뉴칼레도니아 90%이며 프랑스령 폴리네시아에서는 92%에 이른다. 그러나 수출을 통한 수익률이 수입을 감당하지 못하고 있어 프랑스 해외영토의 무역수지는 1999년 수출 대 수입비율은 뉴칼레도니아에서 40% 그리고 프랑스령 폴리네시아에서 26.4% 밖에 되지 않았다. GIRARDIN Brigitte, *L'outre-mer français dans le Pacifique*, Paris, L'harmattan, 2003, pp. 234.

III. 프랑스와 태평양 프랑스어권의 관계

영국과의 식민지 경쟁과 나폴레옹 3세의 영토 야심에서 발단이 된 프랑스의 태평양 진출 이후, 현대에 들어오면서 프랑스 해외영토의 가치는 전략적 목적이 하나 더 추가되는데, 이것은 드골의 "강대국 정책[43]"과 관련이 있다. 미·소 양극체제에서 벗어나 독자적으로 제3의 강대 세력으로 부상하려는 강대국 정책의 일환으로 드골은 프랑스 식민지들의 지위를 격상시키고, 프랑스 공화국내의 해외영토로 편입하면서 프랑스의 세력을 넓히고자 했다. 결국 드골의 이상적인 제국정책은 실패했지만[44], 최근에도 프랑스는 해외영토와 프랑스어권연합OIF과 긴밀한 관계를 유지하고 또 경제 원조를 통한 협력체제 구축으로 유대관계를 강화하면서 정치적, 문화적 공동체를 강화해 나가고 있다. 이는 해외영토의 지위가 변화되거나 자치권이 더욱 확보되는 방향으로 나아가고 있다. 이러한 화해 분위기는 프랑스와 프랑스어권 지역들 간의 일시적인 이해관계를 반영한 것이라기보다는 미래를 향한 새로운 동반자적 관계로 나아가려는 움직임으로 보인다. 그들의 특별한 관계를 살펴보기 전에 프랑스의 영향을 가늠하기 위해 간략히 이 지역에서의 프랑스어 사용실태를 살펴본다.

---

43) 제2차 세계대전 이후 프랑스의 외교정책을 강대국 프랑스를 만드는데 초점이 맞추어졌으며, 그 목표를 달성하기 위한 과제로 안전보장, 경제번영, 프랑스의 명예회복 및 위대한 프랑스의 재건이었다. 이호영, 「프랑스 정부의 대외원조정책: 세력권 견지」, 『사회과학연구』 제3집, 창원, 창원대학교사회과학연구소, 1996, pp. 99.

44) "이상주의적 정책은 프랑스의 영광과 위대성을 유지할 수 있는 제국을 보유하는 것이다. 이를 위해 그는 해외영토들에 대해 연합, 동화 또는 국제주권을 부여함으로써 공동체를 건설, 유지하고자 했으나 끝내 실패하였다." 허만, 『드골의 외교정책론』, 서울, 집문당, 1997, pp. 229.

1. 태평양 지역에서의 프랑스어

태평양 프랑스어권 지역에서 길게는 약 150년 전부터 프랑스의 영향을 받았으며, 이러한 프랑스어의 사용은 단순한 통화 수단을 넘어 프랑스의 문화가 어떻게 받아들여지고 또 어떻게 이식되었는가를 보여주는 척도라고 할 수 있을 것이다. 처음으로 프랑스어가 이 지역에 사용된 시기는 프랑스 제국주의자들의 진출 이전, 프랑스 선교사들에 의해서였다. 타히티에서는 1842년 처음으로 선교사가 들어왔고, 얼마 후 뉴칼레도니아에서는 두아르(Douarre) 신부가 선교 및 프랑스어를 전파하기 시작했다. 하지만, 일부 신도들을 제외하고는 프랑스어가 그리 빨리 전파되지 못했는데, 그 이유는 원주민들의 전통적인 삶이 유지되고, 대부분의 주민들이 사회적으로 낮은 계층에 속해 있어 일부 엘리트 계층을 제외하고는 프랑스어를 상용화하지 않았기 때문이다. 하지만, 제2차 세계대전 이후 라디오, TV, 메스미디어의 발전과 함께 프랑스어의 보급은 급속히 진행되었다. 또한, 1970년대를 전후한 프랑스의 프랑스어 확산 정책과 취학 아동의 증가 등으로 프랑스어가 널리 사용되는 계기를 마련하였다. 그렇다고 해서 토착 언어의 사용이나 사용자 자체가 줄어들었다고 보기는 힘들다. 그 이유는 토착 언어가 실생활에 깊이 뿌리박혀 있었고 또한 공용어인 프랑스어 사용요구에 대항하여 원주민들이 다양한 전통언어를 보존하려던 노력이 한 몫을 했기 때문이다.

프랑스어권 지역과 마찬가지로 오세아니아에는 다양한 언어들이 존재한다[45]. 뉴칼레도니아의 경우만 하더라도 약 30개의 다양한

45) 오세아니아의 섬들에서 사용되는 토속 언어는 약 1,300종이나 되며, 그

토착 언어들이 있었으며 지금까지도 상용되고 있다. 이러한 현상은 윌리스-푸투나나 프랑스령 폴리네시아도 예외가 아니다. 프랑스령 폴리네시아의 경우 프랑스어뿐만 아니라 토속어인 타히티어[46]도 공용어인데, 이 토속어는 1980년에야 공용어가 되어 학교에서 본격적으로 교육되었다. 그 외에도 투아모투어 및 마르퀴즈어 그리고 몇몇 아시아 방언들까지도 자주 이곳에서 상용어로 사용된다. 각 지역의 프랑스어 사용자를 보면 다음과 같다.

[표 5-1] 총인구 및 프랑스어 사용인구[47]

국명	총인구(명)	프랑스어사용자/(비율)		프랑스어일부사용자/(비율)	
프랑스령 폴리네시아	230,000	184,000	80%	23,000	10%
뉴칼레도니아	208,000	166,000	80%	21,000	10%
윌리스-푸투나	15,000	11,000	71.4%	3,000	21.4%
바누아투	200,000	90,000		45%	

프랑스 해외영토의 인구를 포함한 프랑스의 총 인구는 약 6천 7십만 명이며, 이 중 태평양 프랑스 해외영토의 인구는 4십 5만 명으로 이는 총 인구의 0.7%를 차지하고 있다[48]. 그 중 위의 표에서

중 약 300종류가 오스트로네시아 어족이다. 이 오스트로네시아 어족의 언어는 주로 프랑스령 폴리네시아와 윌리스-푸투나가 있는 폴리네시아와 미크로네시아 그리고 동부 멜라네시아에서 사용되고, 파푸아 어족이라고 불리는 다른 1,000종류의 언어들은 주로 서부 멜라네시아에서 사용된다.

46) 타히티어 혹은 폴리네시아 어라고 불리는 이 언어는 몸짓과 행동으로 자주 표현되기 때문에 이곳의 문화를 모르는 외국인들의 경우 이해하기가 더욱 힘들다. 예를 들면 머리는 끄덕이는 것이 "안녕"에 해당하는 인사이고, 눈썹을 위로 치켜뜨는 것은 앞서 말한 사실에 대해 찬성 또는 동의한다는 뜻이다. 프랑스 해외영토 라디오방송RFO, http://polynesie.rfo.fr 참조.

47) HAUT CONSEIL DE LA FRANCOPHONIE, *État de la francophonie dans le monde: données 2004-2005*, Paris, Larousse, 2005, pp. 23.

보듯 태평양 프랑스어권 국가의 프랑스어 사용인구는 프랑스 및 일부 유럽 프랑스어권을 제외한 아프리카 등 다른 프랑스어권 국가 보다 높은 수치를 보이고 있다[49]. 그리고 태평양의 프랑스 해외영토에 비해 프랑스어 사용자들이 적은 바누아투의 경우 1970년 이후 프랑스 교육제도를 보다 개선시켰고 해방이 되던 1980년에는 인구의 43%가 프랑스어로 교육을 받았다. 그 이후 학교에서 영어권 학교에서는 프랑스어를 프랑스어권 학교에서는 영어를 교육하며 오세아니아에서 유일하게 2개 국어 사용 국가를 추구하고 있다[50]. 그런 이유로 바누아투에서의 프랑스어 상용어 인구를 포함한다면 그 수는 전 인구의 45%보다 훨씬 많다. 위의 표에서 보듯 해방을 맞이한 지 약 25년이 지났지만 영국과 프랑스의 공동통치로 인해 양분되었던 역사적 특수성에 따라 프랑스어 사용자 역시 지역민의 절반이란 사실이 인상적이다.

2. 태평양 지역에서 프랑스의 영향력[51]

프랑스와 프랑스 해외영토 간의 관계는 정치 및 경제적 관점 등

---

48) 프랑스해외도DOM인 마르티니크(382,000명), 구아델루프(422,000명), 레위니옹(705,000명) 그리고 기얀느(158,000명)로 총 1,667,000명으로 프랑스 총 인구의 2.7%에 해당된다. 그리고 해외자치도TOM는 마요트(136,000명), 생피에르-미크롱(6,300명)으로 총 인구142,300명이며 인구의 0.3%에 해당된다.

49) HAUT CONSEIL DE LA FRANCOPHONIE, *État de la francophonie dans le monde: données 2004-2005*, Paris, Larousse, 2005, pp. 23.

50) 이창순, 『프랑스어사 개요』, 서울, 신아사, 2000, pp. 145.

51) 프랑스 및 프랑스어권 국가들 간의 외교관계는 주로 프랑스 외무부의 바누아투 지역정보(http://www.diplomatie.gouv.fr) 및 HAUT CONSEIL DE LA FRANCOPHONIE, *Etat de la francophonie dans le monde: donnees 2004-2005*, Paris, Larousse, 2005를 참조.

거의 모든 부분에서 뗄 수 없는 관계임을 보았기 때문에 지금부터는 프랑스와 프랑스로부터 독립을 한 바누아투52) 간의 정치적 그리고 경제적 관계를 간략히 고찰해본다.

바누아투와 프랑스 간의 외교 및 정치관계는 독립을 한 상태지만, 적대적이라기보다는 실질적으로는 긴밀하며 진지한 협상이 가능한 관계이다. 그것은 바누아투가 프랑스뿐만 아니라 프랑스어권연합 회원국들의 원조 및 차관 등을 통해 우호적인 관계를 유지했기 때문이다. 이러한 관계로 인해 바누아투의 독립 이후에도 프랑스가 최고 투자자 자리를 꾸준히 지켰고, 근자에 들어서야 호주에게 그 자리를 물려준 사실에서도 증명된다. 그리고 최근 들어서는 호주의 영향력이 너무 커지고 있는 상태에서 바누아투는 이를 견제하기 위한 수단으로 프랑스와 프랑스어권연합에 오히려 더 호의적이다. 그래서 2004년 9월 14일 해양구조 및 탐사에 관련하여 프랑스-바누아투 간 쌍무 협정을 맺었고, 최근 파페테에서 프랑스 대통령의 약속 이행차원에서 프랑스는 오세아니아의 정부들과 어업영역에 대한 감시를 강화한다는 등의 협상에 조인하며 적극적인 행보를 보였다.

바누아투-프랑스 간의 경제교류는 아직 미약하여 몇몇 프랑스 대기업들, 예를 들면 프랑스 전화국(France Telecom) 그리고 통신관

52) 공식명칭: 바누아투 공화국. 인구: 210,000(2004년 기준). 수도: 포르빌라 Port-Vila. 공용어: 비슬라마어(피진영어), 프랑스어, 영어. 통화: 바투Vatu (0.78유로). 인구증가율: 연간 2.7%. 평균수명: 67.2 세. 문자 해독 율: 74%(2003년 기준). 종교: 기독교 및 가톨릭. 국내 총생산: 2억 7천 6백만 유로. 1인당 총생산: 2,944 달러. 경제성장률: 4%. 주요수출국: EU(44.9%), 호주(12.1%), 일본(6.8%), 뉴칼레도니아(4.6%). 주요수입국: 호주(42.5%), 뉴질랜드(13%), 피지(8.6%), 싱가포르(6.2%). 경제활동분야: 농업(15%), 산업(12%), 무역(30%), 금융(9.3%). 프랑스 외무부의 바누아투 지역정보 (http://www.diplomatie.gouv.fr) 참조.

련 회사 알카텔(Alcatel) 등이 진출해 있다. 하지만, 바누아투와 프랑스 간의 무역불균형이라는 장애에도 불구하고 양국 간의 경제적 교류는 최근 들어 많은 발전을 이루고 있다[53].

바누아투는 아직 프랑스와의 직접적인 무역 교류보다도 원조(프랑스령 해외영토는 소득재분배에 의존)에 의존한다[54]. 2002년의 경우 바누아투에 원조된 금액은 2천 7백만 달러였다[55]. 그 중 주요 원조국은 프랑스이며 그 규모가 5백 2십 6만 달러로 총 원조액의 20.14%이다[56]. 최근까지의 이러한 원조는 프랑스어권의 유지 및 확대라는 기본적인 목표[57]도 있었겠지만, 독립 이후의 혼란한 바누아투의 정치 및 경제를 도우기 위한 원조정책과도 관련이 있다. 바누아투는 1980년 독립이 되고 나서도 1990년대까지 혼란한 정치적 상황을 겪는다. 1996년의 반란과 정부 간부의 대규모 금융사기

---

53) 프랑스의 대 바누아투 수출: 6백 3십만 유로. 프랑스의 대 바누아투 수입: 1백 2십만 유로. *Ibid.*, 바누아투 지역정보.

54) 개발도상국 또는 제3세계에 대한 원조가 제국주의 열강으로 구성되었던 신식민주의자들에 의해 만들어진 기구라는데, 이견이 없을 것이다. 예를 들어 개발기금위원회EEC, 개발원조위원회OECD, 국제부흥개발은행IBRD 등이 그것들이며 초기에는 제3세계의 자본을 자본주의 구도에 편입시키고자하는 의도가 있었다. 하지만, 최근에도 프랑스 해외영토나 아프리카에 대한 프랑스의 원조 형태를 보면 옛 식민지를 유지하거나 그에 준하는 영향력 그리고 경제적 이익을 추구하기 위한 의도가 있다.

55) 쌍무 원조액은 개발원조위원회CAD(Comité d'Aide au Développement)의 쌍무 프로그램을 통한 원조액을 지칭한다. 출처. HAUT CONSEIL DE LA FRANCOPHONIE, *État de la francophonie dans le monde: données 2004-2005*, Paris, Larousse, 2005, pp. 255-256.

56) *Ibid.*, pp. 257-258.

57) 프랑스 원조정책의 목표는 프랑스어권 국가를 통한 프랑스 세력유지 및 강화였지만, 1990년대에 들어와 원조 당사국과 협력하며 국제기구가 제시하는 기준을 준수하며 조건적 원조를 하는 방향으로 선회했다. 이호영, 「프랑스 정부의 대외원조정책: 세력권 견지」, 『사회과학연구』 제3집, 창원, 창원대학교사회과학연구소, 1996, pp. 111.

사건 등으로 인해 국제 신뢰도의 하락으로 외국투자가 줄어들었다. 그래서 국제적인 원조 및 차관마저 빌리기가 힘들었기 때문에 90년대 말에 들어서 적극적인 경제 부문의 구조조정을 진행하고 있다.

흥미로운 사실은 경제와는 무관하게 세계 233개국 중 국내 총생산이 207위에 해당하는 바누아투가 2006년 영국의 신경제재단NEF이 실시한 행복지수를 조사한 결과 178개국 중 1위가 되어 화제에 오르기도 했다. 바누아투의 경우 소득세나 초과이득세, 상속세 등이 없고 환 관리도 전혀 하지 않아 세무의 천국이라 불린다. 이런 사회적 환경이 개인의 행복에 영향을 미쳤다고 생각한다면 지나친 비약일까. 어쨌든 삶의 만족도와 평균 수명 그리고 에너지의 소비 등을 통해 종합적인 산출방식을 취한 이 조사는 바누아투에서 경제 지수와 삶의 만족과는 상관관계가 없다는 것을 보여 주고 있다.

최근 프랑스는 태평양제도의 프랑스어권 지역뿐만 아니라 태평양포럼(Forum des Iles du pacifique)을 통해 모든 태평양제도들과 긴밀하고 적극적인 동반관계를 구축하고 있다. 예를 들면 프랑스 해외영토 부 장관인 프랑스와 바루앵(François Baroin)이 2006년 3월에 호주 그리고 4월에 뉴질랜드를 방문하여 태평양제도에서의 불법어업에 공동 대응하기 위한 협정서에 조인했고, 2006년 6월의 프랑스-오세아니아 정상회담을 통해 한층 강화된 동반자적 관계를 형성했다[58]. 그리고 프랑스는 프랑스 해외영토에 실질적인 자치권을 행사할 수 있는 지위를 부여함으로써, 정치, 경제 그리고 다른 국가들과의 원활한 외교를 가능하게 하였다. 그리고 이제까지 원조 형태의 소득재분배를 지양하고 해외영토의 자치정부가 재정을 보

58) 프랑스 외무부의 바누아투 지역정보(http://www.diplomatie.gouv.fr) 참조.

다 자율적으로 관할함으로써 산업을 위한 인프라구축 및 교육, 연구, 보건 등에 투자하여 지속적인 발전 가능성을 제시하기도 하면서 이곳에서의 영향력을 높이고 있다.

지금까지 태평양 프랑스어권 지역에서의 프랑스어 사용, 바누아투와 프랑스 그리고 프랑스어권연합과의 정치, 경제, 외교를 중심으로 그들 간의 특별한 상황 및 상호 호혜적인 관계들을 살펴보았다. 하지만, 뉴칼레도니아, 프랑스령 폴리네시아, 월리스-푸투나는 경제적으로 프랑스의 경제에 의존하고 있으면서, 그렇다고 다른 해외영토들처럼 유럽연합에 속해 있지 않은 조금은 모호한 관계에 있다[59]. 그 이유는 다른 지역의 프랑스 해외영토들 보다 태평양지역의 해외영토들이 거의 독립에 준하는 자치권을 확립하고 있는 지위에 있기 때문이다. 경제 역시 이러한 현상이 반영되어 태평양 프랑스어권의 수출은 프랑스나 유럽이 아닌 일본으로, 수입은 호주와 뉴질랜드에서 하는 무역관계로 나아가고 있다.

나오며

지금까지의 태평양 프랑스어권 상황을 간단히 요약한다면, 1960

---

59) 태평양의 프랑스 해외영토들이 다른 지역의 해외영토들에 비해 다른 점은 프랑스와 "덜 긴밀한" 관계에 있고 또한 자치권도 더 많다는 것이다. 예를 들면 프랑스의 해외 도들은 프랑스로부터 가장 오랫동안 식민지배를 받으면서 프랑스와의 동일시 경향이 강하다. 그리고 프랑스 본국과 꼭 같은 지위를 인정받아 유럽연합으로 간주되는데, 그 해당 지역은 카리브 해의 과들루프, 마르티니크, 프랑스령 기아나 그리고 인도양의 레위니옹 섬이다.

년대의 범세계적인 독립의 기류에 편승하지 못한 채, 바누아투를 제외한 프랑스 해외영토들은 자치권의 확보에도 완전한 독립은 아직도 묘연한 실정이다. 과거 주민의 수적 열세 그리고 프랑스 정부의 치밀한 회유정책으로 독립을 위해 적지 않은 희생을 감수해야 했고, 프랑스의 핵실험으로 주민들의 삶 자체가 위협받는 등 수많은 갈등이 있었다. 하지만, 핵실험 동결과 프랑스의 유화정책 그리고 경제적 지원으로 지금에 와서는 무력적인 저항은 거의 자취를 감추었다. 이는 민족의 정체성을 저당 잡히는 대신 주변국들보다 나은 경제적 안정을 누리기 때문이다.

이러한 최소국들[60] 중 바누아투처럼 독립한 국가의 상황이 오히려 더욱 힘겨운데, 공통적인 문제는 독립을 하고도 경제가 정체되고 부채는 늘어나지만, 외국의 원조나 외국자본의 유치 그리고 차관조차도 얻기 힘든 이유에 기인한다. 게다가 정치가와 공무원들의 부정과 부패가 만연하여 당분간 빠른 경제 성장이나 사회발전은 기대하기 힘든 실정이다. 사정이 이렇다 보니 태평양의 프랑스 해외영토들의 독립 의지는 희박해 질뿐더러 또한 프랑스가 이러한 실정을 잘 알고 이들 지역에 신식민주의적인 정책처럼 원조를 통한 지원을 많이 하고 있다. 그래서 어느 정도 경제적 안정을 누리는 것은 사실이지만, 실질적으로는 프랑스 본국에서의 소득재분배 정책에 의존하는 경제로 인해 높은 국민소득에도 이곳의 경제 구조는 매우 취약하다. 이런 의존성이 개선이 되지 않는다면 만약 있을 수 있는 독립 이후에도 태평양 프랑스어권 지역의 경제적 혼

60) 독립 또는 준독립을 달성했지만, 아직 정치 및 경제적으로 종속상태에 있는 도서 국가를 말한다. 김진호, 「태평양 도서국가의 국제관계: 국제환경의 변화와 국제기구를 통한 자구노력을 중심으로」, 『동아시아연구논총』 제7집, 제주, 1996, pp. 172.

란은 피하기 어려울 것으로 예상된다.

이러한 태평양 프랑스어권들의 실정에 대한 이해가 없다면, 오늘날에 와서 식민 및 제국주의는 옛 지배국들에겐 향수이며, 피지배국에는 아픈 추억으로 이미 끝나버린 시대적 불행 정도로 이해할 수 있을 것이다. 하지만, 진정 식민 제국주의는 끝나버린 문제인가를 다시금 생각해 본다면, 경제적 신식민주의 형태를 두고 아직도 열강의 제국주의는 진행 중이라고 볼 수도 있을 것이다. 태평양 프랑스어권의 경우를 보더라도 경제적인 종속뿐만 아니라 비록 자치권이 보장된다 할지라도 국가의 주권 자체가 프랑스에 있기 때문에 결코 끝나버린 과거의 문제가 아니라 엄연히 현실이며 또한 그들이 극복해야 할 문제임을 알 수 있다. 프랑스 해외영토의 주민들이 독립을 원하든 그렇지 않던 그들 뒤에는 경제적 윤택함을 제공하는 형태로 프랑스가 있고 신식민주의 진보처럼 여러 장치로 그들의 주권이 유린 되었으며, 또한 그 과정에서 완전히 벗어나지 못한 것 또한 사실이다. 다행히, 2004년 2월 27일 해외영토국이 된 프랑스령 폴리네시아의 경우처럼 프랑스 공화국 내부에 있지만 한 해가 다르게 해외영토는 완전한 독립을 향해 나아가고 있다. 이 경우 국제적인 도움과 선의의 원조가 지속적으로 필요한 상황이 되므로, 먼저 그들과의 선린 우호 관계를 발전, 유지시킬 경우 과거 식민제국과는 전혀 다른 상호 호혜적이고 미래지향적인 관계를 만들어 갈 수 있을 것이다.

지금까지 태평양 프랑스어권이라는 주제로 4지역의 상황을 다루는 것은 단순히 각 지역의 역사나 경제적 상황 등의 간략히 소개하는 정도의 내용에 그칠 수도 있다는 취약성을 가지고 있다. 그럼에도 이 지역들의 정보, 특히 프랑스어권이라는 중심 테마를 두고 관련 국가를 조명하는 것은 이들 국가들의 근원적이고도 다양한 문제를 보다 심층적으로 이해할 수 있는 기반이 될 것이다. 또한, 국제관계의 이해나 경제적인 발전 그리고 해외 취업확대 등의 세 가지 관점에서도 우리에게도 실질적인 도움을 줄 수 있을 것이다. 먼저 국제관계에서 보면 UN에서 다수의 잠재적 표결 권한을 가진 태평양 프랑스어권 국가는 앞으로 독립과 아울러 더 영향력 있는 정치적 실체로 등장할 것이며, 이에 우리나라가 선린외교를 유지 한다면 APEC과 같은 국제무대에서 원활한 협력을 통해 우리나라의 역할 선점에 도움을 줄 수 있을 것이다.

그 다음으로는 이 지역의 경제적 잠재력이다. 태평양의 관광객이 1,000만 명을 넘어섰지만 그 중 약 70%가 하와이이고 약 20%가 괌이나 사이판 등이며 프랑스어권을 비롯한 남태평양지역의 관광은 빼어난 자연경관에도 10% 정도의 관광객 밖에 유치하지 못하는 상황이다. 하지만, 이곳에 대한 관광 투자를 늘리고 개발할 경우, 차후 관광업을 통한 발전 잠재력은 매우 높다고 하겠다. 특히 한국인들에게 태평양 프랑스어권은 매우 낯선 곳이다[61]. 우리 실정에 맞는 관광 프로그램의 개발과 세계인들을 겨냥한 관광 상품을 개발한다면 그 발전 가능성은 점쳐 볼만 하다. 마지막으로 이러한 태평양 프랑스어권의 지역정보는 최근에 늘고 있는 해외취업에도 다양한 형태의 기회를 제공한다. 왜냐하면, 태평양 도서국

61) 예를 들어 영어권인 미국령 사모아의 경우 상권을 쥔 아시아인들 중 대부분이 한국인인 반면 프랑스어권 지역의 상권은 유럽인들 및 중국인들이 대부분이기 때문이다. 그리고 프랑스어권에 대한 우리나라 사람들의 낮은 인식은 비단 태평양뿐만 아니다. 예를 들면 캐나다의 경우에도 프랑스어권의 퀘벡으로의 이민은 다른 영어권 캐나다에 비해 훨씬 적은 수이다.

가들 중에서도 특히 프랑스어 문화권의 지역에 대한 정보는 매우 미흡하기에 이러한 연구가 지속될 경우 미래의 잠정적인 이민 및 해외취업 희망자들에게도 유용한 정보를 제공할 수 있기 때문이다.

참고문헌

권주혁, 『여기가 남태평양이다』, 서울, 지식산업사, 2002.

김승렬, 「유럽통합과 식민지체제: 유럽정치공동체 계획(1952-1954)과 프랑스」, 『서양사론』68권, 서울, 한국서양사학회, 2001.

김승민, 이복남, 한양환, 『세계 프랑스어권 지역연구』, 서울, 푸른길, 2003.

김진호, 「태평양 도서국가의 국제관계: 국제환경의 변화와 국제기구를 통한 자구노력을 중심으로」, 『동아시아연구논총』7집, 제주, 1996.

미래사편집부(편역), 『현대 제국주의의 정치경제학』, 서울, 미래사, 1986.

브라이언 · 페이건 공저, 『고대세계의 70가지 미스터리』, 서울, 오늘의 책, 2003.

외교통상부, 『외국의 통상환경』, 2004년 판, 서울, 2004.

이창순, 『프랑스어사 개요』, 서울, 신아사, 2000.

이호영, 「프랑스 정부의 대외원조정책: 세력권 견지」, 『사회과학연구』 3집, 창원, 창원대학교사회과학연구소, 1996.

패리, 『약탈의 역사』, 서울, 신서원, 1998.

허만, 『드골의 외교정책론』, 서울, 집문당, 1997.

ANGLEVIEL Frédéric, Historiographie de la Nouvelle-Calédonie, Paris, EPU, 2003.

BELORGEY Gérard, Dom Tom, Paris, La Découverte, 1994.

BLANCHERE-DELAHAYE Mi, Outre-mer, outre-vie, Paris, L'Harmattan, 2000.

BLANCPAIN Marc, Une langue: le français aujourd'hui dans le monde, Paris, Hachette, 1976.

BOYER Alain, Le statut constitutionnel des territoires d'outre-mer et l'Etat unitaire, Paris, Economica, 1998.

BRABAN André, Les marchés publics et privés dans la C.E.E. et Outre-Mer, tome 1, Paris, Emile Bruylant, 1992.

BRIAL Fabien, Décentralisation territoriale et coopération internationale:

le cas de l'outre-mer français, Paris, L'Harmattan, 2000.
CORNEVIN Robert et CORNEVIN Marianne, France et les français Outre-Mer, Paris, Jules Tallandier, 1990.
DOUMENGE Jean-Pierre, L'Outre-Mer français, Paris, Armand Colin, 2000.
FABERON Jean-Yves, La mer outre-mer, Paris, L'Harmattan, 2001.
FEDERINI Fabienne, La France d'Outre-Mer: critique d'un volonté française, Paris, L'Harmattan, 2000.
FRED Constant et JUSTIN Daniel, 1946-1996: cinquante ans de départementalisation outre-mer, Paris, L'Harmattan, 2000.
GIRARDIN Brigitte, L'outre-mer français dans le Pacifique, Paris, L'harmattan, 2003.
HAUT CONSEIL DE LA FRANCOPHONIE, État de la francophonie dans le monde: données 2004-2005, Paris, Larousse, 2005.
JACQUEMART Sylvie, La question départementale outre-mer, Paris, Presses Universitaires de France PUF, 1983.
MARIELLO Philippe, Nos départements et territoires d'outre-mer. en questions-reponses, Paris, L'Harmattan, 2001.

인터넷 참고사이트

뉴칼레도니아 정부 사이트, http://www.gouv.nc.
바누아투 정부 사이트, http://www.vanuatugovernment.gov.vu.
위키메디아 지역정보, http://fr.wikipedia.org.
프랑스 외무부, http://www.diplomatie.gouv.fr.
프랑스 정부 해외영토 부, http://www.outre-mer.gouv.fr.
프랑스 해외영토 라디오방송RFO(lesradios de Reseau France Outre-mer: http://polynesie.rfo.fr, http://wallisfutuna.rfo.fr, http://nouvellecaledonie. rfo.fr).
프랑스령 폴리네시아 공식사이트, http://www.polynesie-francaise.gouv.fr.

제6장

카리브의 정신세계

들어가며

카리브지역의 구성은 아주 다양하지만, 역사와 과정에 있어서는 큰 유사성을 보여주고 있다. 이들의 과거는 유럽 식민세력 사이의 갈등과 플랜테이션 제도에 바탕을 둔 경제건설을 위한 노예제도의 도입 등의 특징을 갖고 있다. 이런 대립은 동서 간의 대립에서도 그 연장선을 보여주고 있는데, 쿠바는 이 대립의 목표가 되었던 적이 있었지만 다른 섬들은 그냥 수동적으로 지켜보고만 있었다. 사회적인 면뿐 아니라 인간적인 면에서도 그다지 영광스러울 것이 없는 이같은 역사적인 변혁으로부터 카리브의 나라들은 오늘날도 잘 지워지지 않는 흔적을 강하게 갖고 있다. 그 중에서도 가장 깊은 흔적은 이 섬 지방이 처해있는 종속 상태일 것이다. 유럽과 미국이라는 두 축에 대한 경제적, 정치적, 문화적인 종속일 뿐 아니라 심리적인 것이기도 한 이 종속에는 이 지방의 인적 분산(diaspora)과 함께 도서지방이라는 지리적인 분열도 겹쳐 있다. 게다가 이 지역은 이들의 협소한 지리적 환경과 연관되어 있는 구조적인 경제문제에 직면해 있다. 인구 증가와 사회적 불편에 대한 반응으로 과거뿐 아니라 지금도 계속되고 있는 대량 이주는 강대국에 대한 카리브의 종속상태를 더 강화시키고 있다.

카리브 지역에 대한 이해에는 이상의 지리적, 역사적, 경제적 상황에 대한 이해도 물론 중요하지만, 결국은 지역민과의 만남을 통해서 모든 절차가 시작되고 또 마무리된다는 점에서 지역민 특히 이들 주민의 정신세계에 대한 이해는 무엇보다도 긴요하다고 할 수 있다.

카리브 지역의 프랑스어권 형성배경과 개요에 대해서는 1부 1장 3절 2항에서 살펴보았기에, 여기서는 카리브를 이해하기 위한 기초적인 단계로 이 지역의 언어와 함께 이들의 일상에 끊임없이 영향을 끼치고 있는 민담과 우화와 전설 등을 통해 카리브지역의 문화와 이들의 정신세계를 살펴보고자 한다.

I. 카리브의 언어 : 크레올(créole)어

서인도제도의 카리브를 프랑스인들은 자주 앤틸리스 제도(Les Antilles)로 부르는데, 과들루프, 마르티니크제도들은 프랑스가 1635년부터 점령을 시작하였다. 현재 이 지역은 프랑스해외영토로 편입되어 있으며 그 지리적 위치는 아래의 지도와 같다.

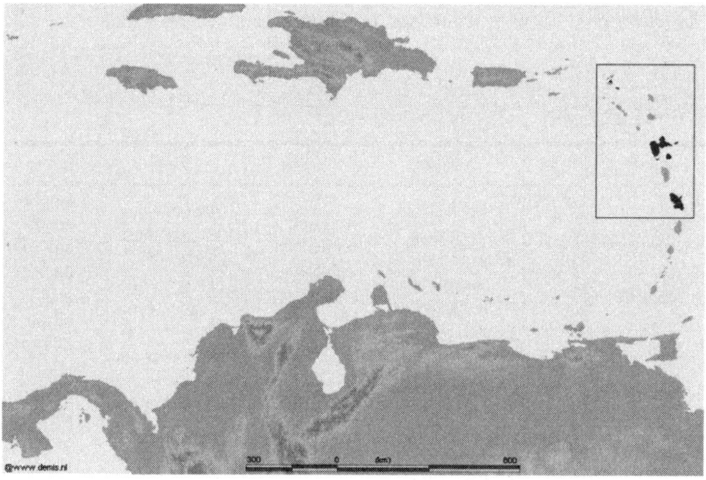

[그림 6-1] 카리브의 프랑스 해외영토1)

이 지역에서 사용하는 언어는 크레올어로 이 언어는 문화적 다양성 속에서 공통의 언어를 창조하고자 한 노예들의 필요성에 의해 생겨난 언어이다. 주로 프랑스 식민들의 지배를 받던 노예들은 프랑스어와 흑인들의 언어가 하나로 용해된 혼종의 언어를 사용하던 것이 크레올어의 기원인데, 이것은 또 혼혈을 칭하는 이름으로도 쓰인다.

지금도 앙티유-기이아나 대학, 엑스, 레위니옹이나 누벨 오를레앙의 대학(à l'université Antilles-Guyane, à Aix, à la Réunion ou à la Nouvelle-Orléans)에서는 크레올어를 가르치고 있다. 우리에게는 매우 생소한 이 언어의 숫자와 기본적인 단어 및 표현에 대해 간략히 살펴보자.

---

1) http://fr.wikipedia.org 참조.

1) 크레올어 첫걸음(Faire ses premières gammes en créole)[2)]

[표 6-1] 크레올어 숫자(Les chiffres en cr□ole)

fran□ais	cr□ole	fran□ais	cr□ole	fran□ais	cr□ole
0 z□ro	z□ro	21 vingt et un	vent□en	101 cent un	san-en
1 un	yonn	22 vingt deux	vennd□	102 cent deux	sand□
2 deux	d□	23 vingt trois	venntwa	108 cent huit	san-uit
3 trois	twa	30 trente	trant	111 cent onze	san-onz
4 quatre	kat	31 trente un	trant□en	200 deux cents	d□san
5 cinq	senk	32 trente deux	trannd□	201 deux cent un	d□san-en
6. six	sis	40 quarante	karant	300 trois cents	twasan
7. sept	s□t	50 cinquante	senkant	400 quatre cents	katsan
8. huit	uit	60 soixante	swasant	500 cinq cents	senksan
9. neuf	n□f	70 soixante dix	swasanndis	600 six cents	sissan
10. dix	dis	71 soixante onze	swansant□onz	700 sept cents	s□tsan
11 onze	onz	80 quatre vingts	katr□ven	800 huit cents	uitsan
12 douze	douz	81 quatre vingt un	katr□ven-en	900 neuf cents	n□fsan
13 treize	tr□z	90 quatre vingt dix	katr□vendis	1,000 mille	mil
14 quatorze	kat□z	100 cent	san	10,000 dix mille	dis-mil
15 quinze	kenz			100,000 cent mille	san-mil
16 seize	s□z			1,000,000 un million	on milyon
17 dix-sept	dis□t				
18 dix-huit	dizuit				
19 dix-neuf	dizn□f				
20 vingt	ven				

2) 유익한 크레올어 몇 마디(Mots créoles utiles)

〈français〉	〈créole〉
Oui	wè
Non	awa
Bonjour	bonjou
Bonsoir	bonswa
Merci	mèsi
Merci beaucoup!	mèsi onpil!

2) 참고자료 : Syviane Telchid et Hector Poullet, *Le créole Guadeloupéen de poche*, Assimil, 2004.

Ça va?-Oui,ça va.	Sa kay?-Wè,sa kay
Excusez-moi!	Eskisé!
Au revoir!	Ovwa!
À la prochaine!	A ondòt solèy!
À demain!	A dèmen!
À tout à l'heure!	A talè!
Je ne sais pas parler créole.	An pa sa palé kréyòl
Comment dit-on?	An kijan yo ka di?
Je n'ai pas compris	An pa ka konpwann
Où puis-je trouver?	Ola an pè touvé ?
Pourrais-tu me dire?	Es ou té ké pé dimwen?
Quel est son prix?	Ki pri a-y?
Où pourrais-je voir?	Ola an té ké pé vwé?

3) 크레올어 속담(Proverbes créoles à connaître)

⟨créole⟩	⟨français⟩
Dotwa tipawòl pou sav	Deux ou trois paroles à savoir
Zafè kabrit, pa zafè mouton	Il ne faut pas mélanger les torchons avec les serviettes
Chak bougo ka halé zékal a-y	Chacun pour soi, Dieu pour tous
Apatoudi kouri, sé rivé ki tout	Rien ne sert de courir, il faut partir à point
Ravèt pa jan ni rézon douvan poul	La raison du plus fort est la meilleure
Pawòl an bouch pa chaj	Les paroroles s'envolent
Pli ou chiré, pli chyen chiré-w	Un malheur n'arrive jamais seul
Ri diri, ou ké pléré lanti	Qui rit vendredi, dimanche pleurera
Jaden lwen, gonbo gaté	Loin des yeux, loin du coeur
Tanbou olwen tini bon son	Mieux vaut en rire
À beau mentir qui vient de loin	Le mal d'autrui n'est qu'un songe.
Dan ka ri mizè	
Moun an hanmak pa konnèt longèa chimen.	

Ⅱ. 카리브의 전통 인사

카리브지역 역시 산업화 및 세계화 등의 영향으로 점차 전통문화가 소실되는 경향을 보이고 있는데, 일상에서 마주치는 사람들 간의 인사에서도 변화를 보이고 있다. 예를 들면 어떤 사람이 일을 보러 시내에 나오면 길을 가다가 많은 사람과 만나게 된다. 때로는 잘 아는 친구도 있지만 모르는 사람들도 있다. 하지만 그들은 남자와 여자가 있을 때, 큰 목소리로 "메쉬에-담므 봉주 Messieur-Dames Bonjou"라고 인사하거나 특별히 한 사람을 알고 있을 때는 "봉주 만 비텡 Bonjou Man Bitin"이라고 인사하였다. 그리고 때로는 인사한 그 사람에게서 다른 소식을 듣기 위해 잠깐 서서 기다리기도 하였다. 과거에는 이런 식으로 인사를 하고 또 인사를 바라는 것은 자연스러운 것이었다.

그 당시에는 인사를 하지 않는 것은 좀처럼 보기 힘든 현상이었다. 만약 어떤 이웃사람 두 사람이 인사를 꺼린다면 이것은 곧 서로에게 화가 나 있다는 표시였다. 어떤 사람에게서 인사를 받아낸다는 것은 그로부터 나에 대한 존경을 받아내는 것이었다.

특히, 어린아이들은 어른에게 존경의 표시로서 먼저 인사해야 했다. 어른에게 인사하지 않는다는 것은 불손한 행동으로 따귀(palaviré=gilfle, carotte)를 얻어맞을 위험을 무릅쓰는 것과 같았다. 심지어는 부모가 이웃사람과 사이가 나쁘다 하더라도 아이들은 그 이웃사람에게 인사를 해야 했다. 왜냐하면, "어른들 사이의 일은 아이들과는 무관하기 때문"이었다.

그러나 오늘날은 하루하루 살아가는 일에 워낙 휘둘리다 보니 더 이상 인사를 기대하기 위해 기다리지도 못하고 있는 실정이다.

Ⅲ. 카리브의 속담

속담은 지식이라기보다는 자연발생적으로 형성된 지혜이다. 일상에서 자연적으로 닦아지는 이 지혜는 민중의 다양한 경험을 바탕으로 비유와 은유의 형식으로 된 관용구이다. 이러한 속담은 그 민족의 지혜를 대변하는데, 아래의 카리브 속담을 통하여 이 지역의 전통적인 지혜를 살펴보자.

- 너무 잘하려다 보면 다 망친다.
- 오늘을 이용하라. 그러나 앞날에 당신에게 무엇이 닥칠 것인지 모른다는 것도 생각하라.
- 원한다고 다 할 수 있는 것이 아니다.
- 신중한 것과 나태한 것은 다르다.
- 희망은 멋진 것이다.
- 아주 아름답고 아주 새롭다.
- 잔치는 끝났다.
- 일찍 온 손님이 대접이 좋다.
- 결혼이 멋지다고 부부생활이 좋은 것은 아니다.
- 자신의 뜻대로 행동해야 한다.
- 누구에게나 자기 차례가 있다.
- 친한 친구도 화를 낼 수 있다.
- 약삭빠른 게 죄악은 아니다.

- 재산 많은 것이 해롭지는 않다.
- 권력을 공유할 수는 없다.
- 때로는 뒷걸음질 칠 수가 없다.
- 복수하려면 기다릴 줄 알아야 한다.
- 곰을 죽이기 전에는 곰 가죽을 팔 수 없다.
- 대장장이는 쇠를 벼리면서 된다. (그냥 되는 것이 아니다).
- 개를 자주 만나면 개벼룩이 옮는 법이다.
- 가난한 사람은 힘든 일을 하지 않는다.
- 가난한 집 애들은 힘든 일을 하지 않는다.
- 강한 자의 논리는 항상 더 좋다.
- 벽에도 귀가 있다.
- 진실을 말하는 것은 화가 났을 때다.

Ⅳ. 카리브의 민담

전통과 민중에 뿌리를 내리고 있는 이야기인 민담은 그 지역의 인간과 환경 사이의 관계를 반영하고 또한 일상의 삶을 배경으로 한다. 따라서 세속적인 모티브와 마법적인 모티브들이 결합된 민담은 지역과 민족의 정서를 매우 자연스럽게 표현한다. 카리브의 대표적인 민담 〈티 포캄 이야기〉와 〈세 형제 이야기〉를 통하여 카리브의 서민적이고 지역적인 정서를 살펴보자.

1. 〈티 포캄 이야기〉

키가 큰 고아 티 포캄은 고모 집에서 살고 있었습니다. 고모는 포캄을 아주 싫어하여 포캄보다는 자신의 두 딸을 더 좋아하였습니다. 딸에게는 풀을 먹인 멋진 옷을 입히면서 티 포캄에게는 헌 옷만 주고, 딸에게는 좋은 살코기를 주면서 티 포캄에게는 뼈다귀만 주고, 딸에게는 온갖 맛난 음식을 주었지만 티 포캄에게는 되려 강에 물을 길러 심부름 보내거나 돼지나 닭에게 먹이 주는 일이나 야채 손질하는 일만 시켰습니다. 고모는 별다른 이유도 없이 티 포캄에게 벌을 주면서 "악마에게 보내버리겠다"고 종종 협박하기도 하였는데, 그때마다 포캄은 아주 무서웠습니다.

그렇지만 용기도 있던 티 포캄은 절대로 불평하지 않았습니다. 그는 대모(代母)를 자주 생각하였는데 언젠가 대모 집으로 가고 싶어했습니다.

어느 날 저녁 식사 도중에 고모는 포캄에게 요리의 맛을 돋우기 위해 고추 하나를 따오라고 시켰습니다. 이미 밤이 이슥하던 때였습니다. 포캄은 "드디어 고모가 날 악마에게 보내려하는구나"라고 생각했습니다.

집을 나서기 전에 티 포캄은 대모가 새해선물로 주었던, 행운을 갖다 준다던 오렌지 씨 일곱 개를 챙겨서 호주머니에 넣는 것을 잊지 않았습니다.

밖에 나서자 한밤의 어둠이 그를 완전히 둘러싸고 있었다. 악마가 알아채지 못하도록 포캄은 아무 소리도 안 내려고 조심하였습니다. 그때 작은 불빛이 나타났는데, 그것은 사람에게 달려드는 것을 제외하고는 꼭 반딧불 같았습니다.

"악마구나" 그는 생각했습니다.

어떤 생각을 할 겨를도 없이 거의 본능적으로 그는 호주머니에 있던 오렌지 씨앗을 땅바닥에 내던지면서 이렇게 노래하기 시작했습니다.

"오렌지나무야, 어서 어서 자라거라 / 나쁜 악마가 날 먹으려한단다"

바로 그때였습니다. 오렌지나무 한 그루가 티 포캄 바로 앞 땅에서 솟아나더니 쑥쑥 자라나는 것이었습니다. 포캄은 깜짝 놀랄 수밖에 없었습니다.

티 포캄은 공 모양을 한 그 둥근 불빛이 무서웠습니다. 그래도 또 이렇게 빌었습니다.

"오렌지나무야, 너의 가지를 뻗어라, 가지를 뻗거라. / 나쁜 악마가 날 먹으려 하는구나!"

그러자 오렌지 나무에서 가지가 뻗어 나오기 시작하였습니다.

점차 다가오면서 자신을 위협하는 그 불공을 피하려고 티 포캄은 나무 가지를 타고 꼭대기까지 기어 올라갔습니다. 거기서 이렇게 외쳤습니다.

"오렌지나무야, 너의 꽃을 피우거라, 꽃을 피우거라. / 악마가 날 잡아먹으려 하는구나!"

그러자 그 나무의 가지가지마다 향기로운 수천 개의 꽃들이 피어났는데, 티 포캄은 기쁨을 참을 수 없었습니다.

하지만, 그 순간 커다란 불공이 터지면서, 손가락 끝마다 털이 무성히 난 털 복숭이의 흉측한 악마가 나타났습니다. 악마는 이렇게 고함쳤습니다.

"티 포캄아, 널 산채로 잡아먹을 테다!"

그렇지만 용기를 잃지 않은 티 포캄은 더 당당하게 이렇게 노래하였습니다.

"오렌지나무야, 너의 오렌지를 다오, 오렌지를 다오 / 악마가 날 먹으려 한단다!"

이 노래를 마치자마자 꽃이 피었던 자리에서 멋진 오렌지가 열리기 시작했습니다. 티 포캄은 오렌지를 따서 악마를 향해 내던졌습니다. 악마를 향해 여기저기 던졌지만 오렌지는 끝이 없었습니다. 하나를 따면 그 자리에서 곧 다른 열매가 솟아났습니다.

밤새 이 싸움은 계속되었습니다. 티 포캄은 던지는 재주도 좋아서 던지는 오렌지마다 악마를 맞추어서, 동이 틀 무렵 그 악마는 마술의 힘을 가진 그 오렌지에 완전히 파묻혀 있었습니다.

아침 햇살이 비쳐오면서 악마는 사라졌습니다.

자신을 구해준 그 나무에서 티 포캄이 내려오자 그 나무도 사라졌습니다. 호주머니를 뒤져보니 처음에 넣었던 오렌지 씨앗 일곱 개가 그대로 있었다. 티 포캄은 대모 마렌이 생각났습니다. 대모 집으로 가기로 결심했습니다.

이리하여 티 포캄은 길을 떠났습니다. 오렌지 씨앗 일곱 개는 분명 앞으로도 티 포캄을 여러 가지 위험으로부터 지켜줄 것입니다.

2. 〈세 형제 이야기〉

옛날 옛날에 파트펭, 그랑젤, 그로부뎅 이라는 세 아들을 둔 어머니가 있었다. 파트펭은 다리가 가늘면서 달리기를 좋아하고, 입이 큰 그랑젤은 웃기를 좋아했고 그로부뎅은 아주 배가 커서 무엇이든 잘 먹어치웠다. 그래서 사람들이 이렇게 이름을 붙였던 것이다.

어느 날, 점심을 준비하던 어머니는 이 아이들에게 가게에 가서 기름 반 리터와 대구 한 쪽을 사오라는 심부름을 시켰다. 중간에서 한눈팔지 말고 빨리 다녀오라는 당부와 함께.

이리해서 세 아들은 집을 나섰다. 길을 가다가 잘 익은 망고가 가득 열린 망고나무 앞에서 그로부뎅이 멈추어 섰다. 먹고 싶은 마음을 참지 못한 그는 돌을 던져 망고를 떨어뜨려 하나하나 다 먹어치웠다. 하지만, 떨어진 망고가 너무 많아서 그의 배가 터질 지경이었다. 아니 그냥 터져버렸다.

이를 본 그랑젤은 웃음을 터뜨렸다. 너무도 크게 웃다보니 그의 입이 귀까지 쫘-악 찢어져 버렸다. 연이은 형들의 불행을 본 파트팽은 곧장 집으로 뛰어와 어머니께 이 소식을 전했다. 어머니는 한걸음에 달려오다가 개미집에 발이 빠져 다리가 그만 '탁'하고 부러져버렸다.

V. 카리브의 종교

카리브 지역의 종교는 이 지역의 발생과 마찬가지로 서구의 기독교와 토착민 특히 아프리카에서부터 전래된 토착종교가 하나로 합쳐진 하나의 혼합종교이다. 신세계로 이주한 흑인노예들을 통해 전해온 아프리카의 종교들이 그대로 전승된 것으로서, 브라질의 '캄듐블레', 쿠바의 '산테리아' 등이 있지만 아이티에서부터 시작되어 카리브 전역은 물론 쿠바와 미국 뉴올리언스에까지 전파된 '부두'교가 가장 널리 알려진 종교일 것이다.

1) 부두교(Voodoo)

넓은 뜻으로는 서인도제도와 미국의 흑인들 사이에 행해지는 악마숭배·주물(呪物)숭배·주술(呪術) 등을 포함하는 관습을 말하기도 한다. 쿠바의 산테리아교(Santeria), 브라질의 마쿰바교(Macumba)와 유사하다. 아이티의 부두교는 아프리카 서부에서 서인도제도로 팔

려온 흑인노예들이 퍼뜨렸기 때문에, 초자연에 관한 근본적 관념은 아프리카에서 유래한다. 이 일반적인 테두리 안에 여러 가지 서로 다른 신념과 숭배 양식이 존재하거니와, 여기에서는 서인도제도 토착민 특유의 종교에서 오는 요소와 함께, 묵주기도와 같은 가톨릭교적 의식(儀式)의 강한 영향을 엿볼 수 있다.

부두교의 중심을 이루는 것은 로아(Loa)라고 하는 정령(精靈)과 사령(死靈)에 대한 숭배이고, 고유의 농경의례(農耕儀禮)·통과의례(通過儀禮)·주술 등도 있다. 로아는 주로 아프리카의 신들이지만, 가톨릭의 성인(聖人)이 로아와 동일시되고, 때로는 그들 자신이 로아의 신으로 숭배되는 경우도 있다. 부두교에는 중앙 조직 또는 성직(聖職)의 계급제도는 없으나, 남성 또는 여성 제사(祭司)를 중심으로 한 자치적·자발적 집단을 이룬다. 의식은 대개의 경우 밤중에 특정의 성소(聖所)에서 행하고, 동물 등의 산 제물을 바친다. 로아와 사령에 대한 공포감은 절대적인 것인 만큼 이 정령들을 진정시키기 위해서는 산 제물의 역할이 크다. 이 의식에서 행해지는 성스런 북의 리듬에 맞추어 추는 춤이나 로아에 홀렸을 때의 엑스터시 상태는 유명하다. 아프리카적인 요소로는 북을 치면서 춤을 추거나 공양을 바치는 의식에서 우리의 샤머니즘을 연상케하는가 하면 성인이나 축일을 기리는 면에서는 카톨릭적인 요소를 읽을 수 있다.

부두교의 정신이 침투되어 있고, 또한 구아델루프에서 일상적으로 행해지는 지역민들의 신앙생활을 통해서 그들의 정신세계를 구체적으로 살펴보자.

2) 구아델루프 Guadeloupe의 신앙 세계

구아델루프에서 사거리, 오두막집, 묘지는 마술적 퍼포먼스(굿)를 행하는 인기 있는 장소이다. 아프리카에서 들어온 초자연적인 신앙은 인간과 함께 어떤 특별한 동물에게는 다소 신성한 정신이 존재한다는 사실에 기초해 있다. (그래서, 두꺼비가 똬리를 틀고 있거나 검은 암탉의 발을 묶어놓은 것 등은 피해야 한다.) 수쿠냥(soucougnan)[3]이 하늘로 날면 불신을 완성하는 것이고, 민달팽이는 밤마다 잠자는 여자를 찾아와서 능욕한다.

변신도 있는데, 사람은 동물로 변하고 마침내는 죽은 자의 정신이 되고 좀비가 된다. 켐부아 의식은 어떤 무생물, 심지어는 어떤 물건에게 마술적인 힘을 부여하는 의식이다. 이 의식을 집행하는 사람은 '켐부아죄르'나 '세앙시에' 혹은 '가데자페'라 불린다. 바늘로 인형을 찔러 그 대상을 방자, 저주할 때에 미약(마술적인 힘을 발휘하는 음료)이 쓰인다. 시장에서도 볼 수 있는 이 미약은 켐부아죄르들이 강물과 만나는 바닷물에다가 야채와 동물 성분을 섞어서 직접 만들기도 한다.

3) 마술을 행하는 장소

구아델루프에서 마술(굿)을 행하는 장소는 마라부(marabout)와 같은 마술사들의 법령(처방전)에 등재되어 있다. 켐부아는 그 지점에 이미 준비한 물건들을 놓거나 파묻으라고 권한다. 이런 곳에는 사

---

3) 사람 가죽을 벗기는 귀신을 두고 수쿠냥(SOUCOUGNAN)이라 부른다. 수쿠냥은 밤이면 위해 불덩어리로 변해서 사람들에게 겁을 준다고 알려져 있는데, 한밤중에 밖으로 나가는 아이들에게 어느 어른인들 이런 말을 하지 않았겠는가!

거리, 오두막집, 묘지, 교회당 등이 있다.

4) 부적의 왕국

의식에 의해 제의집행관이나 그것에 마술적이거나 보호의 힘을 부여할 목적으로 만든 물건이나 그림은 구아델루프에서 아주 많이 사용되고 있다. 그래서 구아델루프에서는 “ayen pé ké rivé mwen, kar an tini on protègement 아이엥 페 케 리베 므엥, 카르 앙 티니 옹 프로테즈망” 즉, “보호책을 강구했으니 나한테는 어떤 일도 일어나지 않을 거야”라는 말을 여기저기서 자주 듣게 된다. 흔히는 돌을 감싸고 있는 이 물건들을 사람들은 팬티나 내복에 핀으로 꿰매어 지니고 다닌다.

이런 보호 신화와 연관된 다른 관습도 있는데, 그것은 가데자페의 집에서 사고를 막기 위해 자동차에 축복을 내리는 의식이다. 왜냐하면, 아주 사소한 사고도 마술적으로 해석되고 있기 때문이다. 아이를 잃어 슬픔에 잠긴 어머니는 흔히 “불길한 기운(악당)이 내 아들을 죽였다”고 고함치면서 다닌다.

5) 묵주기도(로사리오)의 일상화

구아델루프의 나이든 사람은 묵주를 쥐지 않고서는 교회든, 여행이든 길에 나서든 간에 장소를 옮기지 않는다. 묵주신공은 일련의 기도로 이루어져 있는데, ‘주를 믿나이다.’ ‘우리 아버지’ 한번과 ‘구원을 청하나이다’ 열 번과 마지막으로 ‘아버지에게 영광을’로 끝난다. 한 번의 묵주신공은 이것을 5번 해야 한다. 이것은 성모 마리아에게 올리는 기도이다.

어떤 사람들은 ‘안 케 프랑 챠플레 안 므웽 시 테트 아우’(머리속에 묵주를 품고 있나이다)라고 말하면서 유익한 편에서 해로운 쪽으로 방향을 돌린다. 묵주는 또 자동차의 앞창을 장식하고 있다.

6) 네벤느(Les neuvaines 9일기도)

네벤느는 사랑, 돈, 건강, 시험, 결혼 등의 이로움을 얻기 위해서 행해지는 9일 동안의 기도를 말한다. 매일 저녁, 정오, 아침의 정해진 시간에 촛불을 켜고 무릎을 꿇고서 기도를 올리는데, 집안에서도 하지만, 집밖에서도 한다. 가령, 성 앙투완 드 파두의 네벤느는 정신적, 시간적(일시적)인 도움을 청할 때 행해지고, 성 조르주와 성 조셉의 네벤느는 일자리, 도움과 시험을 위해 행해진다. 성녀 안느와 성 엘렌의 네벤느는 부부(결혼)을 위해 올린다.

7) 좀비(zombis)

특히 시골에서는 공포에 놀란 아이를 두고 부모가 '좀비 라 케 샤웨 (좀비가 씌었구나)'라는 말을 아직도 들었을 수 있다. 모든 정령들 중에서도 좀비가 가장 널리 알려지고 또 가장 무서운 정령이다. 모습은 아주 키 큰 남자인데 머리는 아예 없거나 나무로 대체되어 있기도 하다. 팔도 없다. 좀비는 끝없이 지상을 떠돌아 다녀야 하는 형벌을 받은 존재이다. 오두막집의 구석에는 좀비를 물리치기 위해 항상 모래가 있는데, 좀비는 문지방을 넘기 전에 이 모래를 헤아리는 것으로 여겨지고 있다.

8) 도를리스 혹은 막대 남자(Le dorliis ou l'homme au bâton)

도를리스 신화 혹은 '막대 남자' 신화는 잠자는 여자를 범하는 꽤많은 귀신이야기이다. 도를리스는 구아델루프의 유명한 시인인

에른스트 페펭의 유명한 책『막대 남자』(1992)의 중심을 이루고 있다. 이것은 리자라는 명문가의 처녀의 이야기인데, 밤이면 누군가가 이 처녀를 찾아오는데, 그러고 나서 임신을 하게 된다. 이 소식을 듣고서 정말 집단적인 정신병에 걸린 사람들이 막대 남자 추방에 뛰어드는데 이 추방은 곧 하나의 폭동으로 변질된다.

여기에도 막대남자를 쫓아내기 위한 성 아타나스 기도가 행해지는데 이것은 불순한 악령, 도둑, 도들리르, 소리, 냄새 등의 없애는 기도이다. 오래된 꿈, 악몽, 밤마다 깨어나는 것과 도를리스 등을 막기 위한 성 마르쿨의 기도도 유명하다.

9) 악령

민간신앙에서는 악령을 두고서 그들의 큰 불행을 유혹하기 위해서 밤마다 남자들을 염탐하는 아주 예쁜 여인으로 통하고 있다. 이 귀신은 북을 치면서 아주 빠른 속도로 달리는 마차에 탄 모습으로 그려지고 있다.

10) 신들린 집

모양이 제대로 된 제발로에서부터 단순한 오두막집에 이르기까지 이유도 없이 불이 나는 집을 두고 신들린 집이라 부르는 풍습은 지금도 많이 행하지고 있다. 예전에 살인이 일어난 곳이거나 큰 싸움이 있었던 곳이 흔히 신들린 곳으로 통하고 있다.

11) 캠부아 혹은 가데자페(Le quimbois ou gadèzafè)

백인이든 흑인이든, 부자든 가난한 사람이든 모든 사람들은 다 캠부아죄르를 찾아간다. 떠도는 말에 의하면 아주 유명한 정치인들도 특히 선거철에는 켐부아를 받는다고 한다. 이런 현상을 두고 〈프랑스-앙티유〉라는 신문은 〈켐부아와 점쟁이 집의 정치인들〉이라는 제목을 붙이기도 하였다. 사람들은 사랑, 사업, 돈에 대해 충고를 듣고 또 나쁜 기운을 피하기 위해 또 소위 자신의 적에게 마법을 걸기 위해서 이런 곳을 찾아간다.

켐부아 중에는 아프리카 계통의 사람, 특히 푸엥트 아 피트르에 정착했던 아이티 사람들이 많다. 일간지 〈프랑스-앙티유〉지는 마법의 기사를 자주 싣고 그냥 '선생'으로 불리는 마라부들의 주소도 광고를 하고 있다. 복채에 드는 비용 때문에 가정이 파탄이 나기도 한다. 이 사기꾼들은 인생의 어떤 순간에 절망, 문제에 대해 돈을 건다. 다음은 한 마라부(marabout)의 명함이다.

[표 6-2] 마라부 명함

Professeur X, Grand voyant m□dium

22 ans d'exp□rience. R□sout vos probl□mes : Amour, Mariage, Chance, Examens,
Commerce, Probl□mes de famille, protection contre tous les dangers, impuissance
sexuelle, maladies inconnues, retour rapide de la personne aim□es.
LE SPECIALISTE QUI RESOUT VOS PROBLEMES.
TRAVAIL SERIEUX, EFFICACE, GARANTIE 100%, N'HESITEZ
PAS A ME CONTACTER, PAIEMENT APRES RESULTATS, RESULTATS
DANS TROIS JOURS-DEPLACEMENT POSSIBLE, DISCRETION ASSUREE

12) 개시 목욕

관습에 따르면, 새해에 모든 불운을 멀리하기 위해서는 개시목

욕만큼 좋은 것이 없다. 이 제의는 12월 31일 자정에 강의 포구나 바다에 몸을 담그는 것으로 시작한다. 그리고는 지나간 해의 나쁜 기운을 몰아내기 위해 대구의 꼬리로 몸을 두드린다. 집으로 돌아와서는 나뭇잎 목욕으로 제의의 두 번째 단계가 시작한다. 아주 잎이 무성한 식물을 카나리에서 끓여서 목욕을 한다.

물과 불과 럼주로 세 번 정화한 다음에 온 가족이 콜롬보(혹은 샨블라니)라는 한해 첫 번째 식사를 같이 하는 힌두교의 개시목욕도 참조할 만하다(한국의 '목욕재개' 풍습과 유사).

13) 제단

여기저기 흩어져 있는 자연 상태 그대로의 나무 등걸이나 피난처(동굴)에는 성모마리아나 여러 성인들의 입상이 세워져 있는데, 길가는 사람들이 꽃으로 장식도 하고 촛불을 밝혀놓거나 한다. 이런 곳들 또한 은총을 빌거나 기도를 올리는 곳이 된다.

14) 성수(聖水)

이 물은 악을 씻어내고 악령을 몰아내는 역할을 한다. 요컨대 사람을 나쁜 기운으로부터 지켜준다. 같은 식으로 성스러운 빵은 위안과 보호를 보장해준다. J-B 라바의 기록에 따르면 "몸이 좋지 않거나 두려움이 있을 때면 모든 흑인들은 모두 성수를 마셨다."

15) 해로운 동물

현지 일간지는 이 지역의 동물과 마법 이야기를 전하고 있는데, 이것들은 사람들을 보호하고 병세를 약화시켜서 낫게도 한다는 것이다. 이들의 믿음이 애니미즘, 즉 어떤 동물에게는 다소 신성한 정신이나 혼이 들어있다는 생각에 바탕을 두고 있다. 동물희생이 대단한 종교적이며 마술적인 의미를 갖는 것도 이런 생각에서 나온다. 구멍이 나 있는 두꺼비, 발이 묶여 있는 검은 닭, '닮은 게'라고 불리는 검은 게 같은 것들은 지금도 여전히 마력을 지닌 존재로 여겨지고 있다. 그 외에도 나비, 거미, 잠자리, 염소(크레올 카브리트)도 있다.

16) 미약(媚藥)(Les philtres ou pobans)

이것은 마법사의 이름으로 마술적인 음료로, 〈방자를 이기는 물, 승리의 물, 강한 사람의 물, 다리가 날씬한 물, 성 미카엘의 물, 강력한 손의 물〉과 같이 다양한 이름으로 불린다. 이 물은 방자를 걸거나 푸는 데에 사용된다. 아무 시장에서도 살 수 있지만, 키부아죄르가 주는 처방에 따라 제조되기도 한다. 이들은 여러 가지 나뭇잎과 미약과 시편으로 이루어진 진짜 처방전을 전해준다.

나오며

오늘날 경제개발의 수준은 프랑스령 카리브지역을 제외하고는 서인도 제도 전체적으로 저개발국가의 수준이다. 프랑스령 카리브(구아델루프, 마르티니크, 기아나: 프랑스해외영토 France d'Outre-mer)는 본토로부터의 대량의 재정지원 덕분에 예외적인 모습을 보여주고 있다. 이 섬들 전체는 최근 20여 년 동안에 대단한 신장을 보인 관광과 서비스 분야에 의해 지배받고 있다. 농업은 위기를 맞고 있긴 하지만, 바나나와 사탕수수를 생산하는 섬들에서 여전히 상당한

부분의 인력을 동원하고 있다. 지난 십 년 동안 이 지역 섬들은 전체가 관광과 서비스 분야의 발전에 유리한 건전한 경영과 안정된 정치여건을 채택함으로써 다른 개발도상국에 비해 규칙적인 경제적 진보를 보았다. 하지만, 90년대는 카리브에게 아주 중요한 도전이 예고되던 시기였다. 왜냐하면, 이들 지역들은 가트(GATT) 협상, 유럽 단일시장 설립, 동유럽국가의 대두, 북미자유무역지대와 같은 문제에 직면해 있던 시기였기 때문이다. 이 모든 사건들은 이들이 갖고 있던 전통적인 무역특권을 심각하게 침식해 들어오면서 국제경쟁이 강해지고 공공지원의 감소가 일어날 우려가 있다.

이러한 경제적 사회적 문제에도 카리브인은 자신들의 언어인 크레올어를 사용하고, 또한 자신들의 전통과 문화를 유지한다. 일상에서 쉽게 전통 인사를 하는 그들을 볼 수 있으며, 어린이들은 어른에게 존경의 표시로서 먼저 인사한다. 그리고 자신들의 정서와 소통을 더욱 용이하기 위해 속담을 일종의 메타언어처럼 사용하고, 또한 민담은 그들의 정체성을 더욱 공고하게 한다. 그리고 종교는 그들의 정신적 지주로 자리잡고 있는데, 이 종교들은 서구의 기독교와 토착민 특히 아프리카에서부터 전래된 토착종교가 하나로 합쳐진 일종의 혼합종교 형태로 전해지고 있다. 이 중 카리브 전역은 물론 쿠바와 미국 뉴올리언스에까지 전파된 '부두'교가 가장 널리 알려진 종교이며, 이 종교는 아직도 카리브의 정신세계를 든든하게 지키는 중심에 있다.

참고문헌

Ambros Eva, Guadeloupe Martinique, Nelles, 2002.

Bertrand Michel, Hazaël-Massieux Marie-Christine, Langue et identité narrative dans les littératures de l'ailleurs : Antilles, Réunion, Québec, Publications de l'Université de Provence, 2005.

Blachere-Delahaye, Outre-mer, outre-vie, L'Harmattan, 2000.

Delisle Philippe, Histoire religieuse des Antilles et de la Guyane françaises: Des chrétientés sous les tropiques? 1815-1911, Karthala, 2000.

Hazaël-Massieux Marie-Christine, Ecrire en créole: Oralité et écriture aux Antilles, L'Harmattan, 2000.

Miège Jean-Louis, Histoires d'Outre-Mer. Mélanges en l'honneur, Pu Provence, 2000.

Moreau Jean-Pierre, Un flibustier français dans la mer des Antilles, Payot, 2002.

Pimont. Y, Les territoires d'outre-mer, Presses Universitaires de France (PUF), 1994.

Raymond Boutin & Jean-Pierre Sainton, Histoire et civilisation de la Caraïbe(Guadeloupe, Martinique, Petites Antilles) : Tome 1, Le temps des Genèses ; des origines à 1685, Maisonneuve & Larose, 2004.

Rosello Mireille, Littérature et identité créole aux Antilles, Karthala, 1992.

Syviane Telchid et Hector Poullet, Le créole Guadeloupéen de poche, Assimil, 2004.

Teulières A., Outre-mer français et exploitation des océans, Orstom, 2000.

Thérèse Georgel, Contes et légendes des Antilles, Brodard & Taupin, 1994.

Verrand Laurence, La Vie quotidienne des Indiens Caraïbes aux Petites Antilles : XVIIème siècle, Karthala, 2003.

인터넷 참고사이트

http://guadeloupetraditions.free.fr/croyance.htm
http://www.antanlontan-antilles.com/portraits.htm
http://www.potomitan.info/
http://www.voxlatina.com/
http://www.cr-guadeloupe.fr/html/guadeloupe.htm
http://www.info-antilles.mq/
위키메디아 지역정보, http://fr.wikipedia.org.
프랑스 외무부, http://www.diplomatie.gouv.fr.
프랑스 정부 해외영토 부, http://www.outre-mer.gouv.fr.

제7장
프랑스어권의 반세계화 담론

들어가며

2002년 프랑스 일간지들은 유럽연합(EU)에서 농산물 수출품에 붙이는 라벨에 생산국가 언어를 사용하는 것을 금한 것을 두고 항변의 소리를 외친 적이 있다. 피가로 지는 “프랑스는 이제 더 이상 프랑스어를 보호할 권리를 잃었다!”(La France n'a plus le droit de défendre sa langue)고 외쳤으며, AFP 통신은 〈프랑스는 식품에 프랑스어표시를 할 수 없다(La France ne peut pas imposer l'étiquetage en français de l'alimentation)〉는 사실을 한탄하였다.

유럽연합(EU) 집행위는 2002년 7월 27일 조만간 EU 규정에 근거해 식음료 제품에 ‘소비자들이 쉽게 알 수 있는 언어’를 사용하는 것을 금하지 말라고 프랑스에 요청할 계획이라고 밝혔다. 유럽 소비자들에게 낯익은 식음료 단어가 영어라는 점을 감안하면 프랑스가 EU 요구를 받아들일 경우 식음료 광고 선전물에 영어 표기가 봇물 터지듯 쏟아질 것으로 예상된다.

> 영어의 세계화가 가속화되고 있는 가운데서도, walkman(워크맨)은 balladeur(발라되르: 산책자)로, software(소프트웨어)는 logiciel(로지시엘)로, VTR은 Magnetoscope(마네토스코프)로, 컴퓨터(PC)는 ordinateur(오르디나퇴르)로 부르면서, 전세계적으로 보편화된 영어 단어조차 거부하고 자국어를 고집하고 있던 프랑스의 자국어 보호에 비상이 걸렸다. 유럽연합(EU) 집행위원회가 식음료 제품에 영어 표기를 금지하지 말 것을 프랑스에 요구할 예정이기 때문이다.[1)]

유럽연합 이사회는 자국에서 생산하여 외국에 수출하는 식료품 라벨에도 더 이상 생산국의 모국어만으로는 기록하지 못한다고 금지한 것이었다. 가령 닭 날개 상자에는 〈chicken wings〉라는 영어도 병기되어 있어야 한다는 것이다. 세계화와 인터넷 때문에 프랑스어의 권위와 영역이 점차 줄어들어 가고 있는 것을 안타까워하고 있는 프랑스인들에게는 정말 청천벽력 같은 소식이었을 것이고, 이런 지경에 달한 프랑스인들의 심정은 실로 착잡하였을 것이다. 하지만, 이런 상황은, 한국에 진출해 있는 유수한 프랑스 기업인 유통업체 〈까르푸Carrefour〉의 지점간 회의에서도 주로 영어를 사용하고 있는 것을 보더라도, 비즈니스 계에서는 일찍이 예견된 것이라고 말할 수 있다. 현실적인 측면에서 말하자면, 한마디로 말해 프랑스에서도 '세계화가 진행되고 있다'고 말할 수 있을 것이다.

이것은 결국 효용성과 경쟁력, 즉 상대적 우위를 지닌 것이 전부를 다 차지하는 비교우위론 등으로 대변되는 신자유주의, 또 이런 사상으로 무장되어 전세계에 퍼져가고 있는 세계화의 위력이

---

1) "EU '식음료 영어표기 금지 말라' 곧 요청, 佛 자국어 보호비상", 중앙일보 2002년 7월 29일자.

그만큼 대단하다는 것을 말해주는 것이다. 우리 한국도 세계화의 파고에서 자유롭지 못할 뿐 아니라 때로는 세계화 대열에 앞 장서야 한다는 주장이 나오는 것은 이런 사정을 무시하지 못한 결과일 것이다.

그렇다면 같은 세계화를 겪고 있는 프랑스 그리고 나아가서는 프랑스어권이 세계화를 바라보는 시각은 어떠할까? 이를 살펴보는 것은 똑 같은 현상에 대한 우리와 프랑스어권의 생각을 비교해 보는 것이어서 프랑스어권 세계에 대한 보다 생동감 있는 이해를 도와주고 나아가서 여기서 우리가 받을 교훈을 찾아보는 기회가 될 것이다. 우리가 다른 나라를 연구하는 것은 물론 좁게는 그 나라에 대한 이해를 위한 것이라 할 수 있다. 하지만, 단순히 '이해를 위한 이해'는 불가능한 것인지도 모른다. 결국은 우리 자신에게로 귀납할 수밖에 없다는 생각을 전제로 하고, 타자를 고찰하는 것이 다른 나라에 대한 연구란 것이 우리 생각이다.

I. 프랑스의 반세계화 담론과 대안

그렇다면 프랑스인들의 세계화에 대한 입장은 어떤 논리에 입각해 있을까? 프랑스인들의 세계화에 대한 입장은 언뜻 보면 반미국화처럼 보인다. 프랑스인들의 인식에서 세계화는 곧 미국주도의 추세라는 생각이 짙게 깔려 있고, 미국 주도의 추세는 곧 타기의 대상인 것이다. 미국주도의 세계화 추세에 대한 프랑스의 태도는 크게 보아서 미국의 군사·외교적 행동에서 잘 드러나고 있는 일방주의에 대한 비판이 하나의 흐름이라면, 그 역시 미국 주도로 진행되고 있는 세계화의 문제점을 비판하면서 여기에 대한 대안을 제시하고자 하는 것이 또 다른 흐름이라고 구분할 수 있을 것이다. 군사·외교적인 측면을 다루기에는 우리의 능력이 모자라기 때문에 해당 전공자들의 영역으로 남겨두고, 여기서는 세계화를 반대하는 프랑스 지성계의 입장을 살펴보고 이런 반세계화에 반대하면서 대안으로 제시하는 대안이 무엇인지를 '시민지원을 위한 금융거래과세추진협회(Association pour une Taxation des Transactions financieres pour l'Aide aux Citoyens.: 이하 아탁ATTAC으로 약칭) 운동과 또 이런 대안들을 널리 전파시키고 있는 대표적인 매체인 〈Le Monde Diplomatique〉지를 중심으로 살펴보고자 한다.

세계화에 반대하는 프랑스인들의 생각은 미국의 맥도날드 햄버그점 신축공사장을 파괴한 1999년의 유명한 조제 보베 사건으로 널리 알려져 있다. 프랑스 농민연맹의 대표였다는 그의 신분을 통해서 우리는 프랑스 민중들이 세계화에 대해 어떤 시각을 갖고 있는지를 충분히 짐작할 수 있었다. 그러나 이들은 자신들의 이해관계에 직접 연관된 반응을 나타내고 있다는 점에서 세계화에 대해서 이성적인 대안을 제시하는 데에는 이르지 못하고 있다. 세계화의 문제를 지적하고 대안을 제시할 수 있는 역할은 지식인들의 몫일 것이다. 그래서 우리는 프랑스 지식인들은 과연 세계화에 대해 어떻게 생각하고 있으며 또 대안으로는 어떤 것을 제시하고 있는지 살펴보기로 하자.

우선 프랑스 지식인들이 세계화에 대해 어떤 태도를 갖고 있는지를 파리사회과학대학원(EHESS)의 마르크 오제(Marc Augé) 교수를 통해 살펴보기로 하자.[2)]

---

2) 마르크 오제가 프랑스 지성계를 '대표'하고 있다고 장담할 수는 없지만, 프

마르크 오제는 우선, 현재의 세계화가 너무나 일방적으로 진행되고 있는 것을 지적한다.

> 지금 진행되고 있는 세계화는 대의제 민주주의와 시장경제 사이의 사전합의를 추정하고 있어 마치 모든 사람들 사이에 동의가 성립된 것처럼 보인다. 그러나 이것은 사실이 아닌 이데올로기에 불과한 것이다. 이런 방식은 마치 문제의 해결책을 포고형식으로 선포하여 진실한 논의를 막아버린 것이나 다름이 없다. 또 마치 자연적 진리, 당연한 진리 같은 것이 존재하여 이에 거슬리는 것은 모두 역사에서 제거해버리는 것과 마찬가지다.[3)]

여기서 특기할 만한 것은 세계화 혹은 신자유주의 자체의 자기모순에 대한 지적이다. 다음과 같은 오제의 주장은 우리로 하여금 현재와 같은 세계화는 결국 지구상에 더 많은 욕구불만자를 양산하여 그 결과 우리의 삶을 더 윤택하게 한다는 것이 궁극에는 더 불행하게 할지도 모른다는 위험을 느끼게 한다.

> 세계화 이데올로기의 또 다른 면은 시장법칙에 관한 것인데 여기에도 모순이 보인다. 가령 기업집중은 자유주의 논리에 합당하다고 하기 어렵다. 자유주의 세계화에 자유주의가 지켜지지 않은 것이다. 또 하나의 현상은 빈곤의 악화 문제인데, 이것은 인류의 중요한 일부분이 경제능력 부족으로 시장에서 소외돼버린 것이다.

랑스 지성계의 한 '부분'임에는 틀림없다. 더군다나 그는 1985년에서 1995년까지 파리사회과학대학원의 총장을 역임하였으며, 아프리카와 라틴아메리카 등지에서 수많은 현장연구를 수행하는 등 현실문제에 직접 뛰어들어 많은 업적을 남겨놓고 있어 '현실에 입각한 사회과학자'로 통하고 있다는 것을 염두에 둔다면 이 사람을 프랑스 지성계 입장의 하나로 간주하는 데에 큰 무리는 없을 것 같다.

3) 마르크 오제 '세계화 본질은 제국주의' (한겨레신문 2000년 1월30일)

> 이것은 무엇을 의미하는가? 시장자체의 기능장애인가, 혹은 능력 있는 자들만 받아들여 기능하는 것으로 충분하다는 말인가? 여하튼 이러한 상황에서는 장기로 보아 구매자 부족현상이 일어나는 것은 상상하기 어렵지 않다. 문제는, 인류의 많은 부분이 소외된 상태에서 기능한다 하더라도 소외자들은 영원히 소외자로 있으려 하지 않을 것이다. 욕구불만자의 수는 지구에서 수 십억에 달할 것이다.[4)]

세계화에 대해 이런 생각을 갖고 있는 프랑스 사람들의 실천적 대안은 구체적으로 어떻게 나타나고 있을까? 그 대표적인 대안으로 우리는 〈아탁 운동〉을 들 수 있을 것이다. 그리고 이런 생각을 널리 알리는 대표적인 언론으로 〈르몽드 디플로마티크〉를 통해 프랑스 반세계화 담론의 단면을 확인할 수 있을 것이다.

- ATTAC

우리에게는 비교적 덜 알려져 있는 '시민 지원을 위한 금융거래 과세 추진협회' 혹은 흔히 '금융거래 과세 추진협회'로 통하고 있는 아탁은 1998년 6월 3일 프랑스에서 탄생하여 전세계적으로 40여개의 지부를 거느린 세계적인 반세계화 운동 단체이다. 프랑스에서만 전국 250개 지부에 3만5000명의 회원을 두고 있다

아탁은 1999년 미국 시애틀에서 열린 세계무역기구(WTO) 회의를 기점으로, 스웨덴 예테보리의 EU 정상회담, 이탈리아 제노바의 G7 정상회담 등 대규모 국제회의장에서 벌어진 반세계화 시위를 주도하기도 했다.

이 단체가 주장하는 목표는 '시민 지원을 위한 금융거래 과세 추

---

4) *Ibid.*

진협회'라는 단체의 이름에 나타나 있는 대로, '무역상품과 마찬가지로 국경 없이 넘나드는 금융거래에 대해서도 과세를 하여서 그 재원으로 시민을 지원하자는 것'이다. 이 발상은 미국의 경제학자 토빈(Tobin) 박사의 생각에서 힌트를 얻은 것이라서 흔히 '토빈세 Tax Tobin'라고 부르고 있다.[5)]

금융거래에 대해 과세를 하자는 주장의 타당성은 금융거래의 실상과 조세의 원칙 등에 관한 전문적인 지식이 필수적이겠지만, 그보다 먼저 (혹은 그 옆에서) 이것이 끼치는 결과에서부터 이 경제활동의 속성을 짐작해 낼 수 있을 것이다.

아탁의 회장이자 파리 8대학 유럽연구소의 교수인 베르나르 카생(Bernard Cassen)의 주장을 살펴보자. 그는 "금융세계화는 경제불안정과 사회불평등을 악화시킬 뿐 아니라 국민의 선택, 민주주의 제도, 일반이익의 수호자로서의 주권국가를 해체하는 것"이라고 주장하고 있다. 카생은 세계화의 본질을 다음과 같이 아주 선명하게 규정하고 있다.

> 세계화의 본질은 금융시장의 완전 개방이며, 미국의 이익에 알맞게 꾸며져 있는데, 세계자유주의 질서의 세 가지 기본 틀에 입각하고 있다. 곧, 자본이동 자유, 투자 자유, 자유무역이 그것이

---

5) 토빈세의 기본 아이디어는 외환거래에 세금을 부과하게 되면 이에 따른 비용이 높아지기 때문에 투기성 단기거래는 크게 줄어들 수 있다는 것이다. 아시아, 중남미 등 개도국들이 외환위기를 겪으면서 토빈세 도입에 대한 논의가 활발하게 이뤄지고 있다. 그러나 아탁의 목표는 단순한 국제금융과세에만 머무는 것이 아니다. 이를 달성한다는 것은 곧 다음과 같은 목표로 이어지고 있다. 대표적인 것으로는 '빈국(남부와 동부나라)의 부채탕감, 유럽을 비롯한 전 지구상에서 일어나고 있는 금융천국과 다국적기업, 의료와 교육을 비롯한 공공서비스 전체의 상품화, 신자유주의라는 유일 사상, 문화의 획일화, 전 지구의 금융시장화 등과 싸우는 것'이다.

다. 이 가운데 자본이동의 자유는 아시아 · 브라질 · 러시아 등에서 금융위기를 일으켜 그 파괴력을 온 세계에 과시한 동시에 취약성도 드러냈다. 신자유주의자들이 주장한 자원의 최적배분 현상은 나타나지 않은 반면, 자본은 이윤창출이 가능한 10개국 정도에만 집중되었고, 그것을 필요로 하는 다른 나라들로는 이동하지 않았다. 자본이동이라는 것이 매우 불안정하여 장기적 전략이 부재하고, 언제든 들어왔다 나갔다 하며 불안전 상태를 악화시키고, 직접투자는 적고 대부분이 투기성 투자다.[6)]

카생은 또 우리나라도 구제금융을 받았던 IMF의 존재의의에 대해 기존에 알려진 것과는 다른 비도덕성을 신랄하게 비판하고 있다.

국제통화기금의 정책은 한국 등 아시아국가를 돕는 것이 아니다. 나는 이것이 명백한 사실이라고 본다. 국제통화기금은 100% 미국의 산하기관이다. 미국은 기금의 17%밖에 부담하지 않고 있지만 모든 중요한 결정권을 독차지하고 있다. 미국이 내건 조건, 곧, 시장개방, 외국자본 도입 완전자유화 등은 명백히 한국의 이익과 무관하며, 프랑스를 포함한 주요 국가들의 은행, 다국적 기업들의 이해와는 밀접한 관계가 있음도 자명한 사실이다.

국제통화기금은 위기에 처한 국가를 구하기 위하여 존재하는 기구가 아니라 채권자를 구출하기 위하여 행동하는 것이다. 국제통화기금은 어떤 점에서는 공산주의 체제와 흡사하다. 일종의 자본사회보장제도 같은 것이다. 그 목적은 무모한 빚쟁이가 그의 행동 결과에 대해서 책임을 지지 않아도 되도록 하는 것이다. 소위 구제금융이라는 것은 빚쟁이에게 빚을 갚게 하기 위한 것이며, 계산서는 그 나라의 시민이 치르게 하는 시스템이다. 미국은 이러한 과정에서 공기업 민영화, 구조조정, 공공예산 지출감소 등의 조건을 붙인다.

많은 정부가 세계화를 신념, 또는 불가피한 것이라는 인식 아

---

6) 베르나르 카생 '세계화 종점은 암울' (한겨레신문 2000년02월03일)

래서 받아들였다. 그런데 내가 알기로는 아시아의 문화적 특징 중 하나가 장기적 안목으로 사물을 본다는 것이다. 좀더 원대한 목표를 위해서는 5~10년 손해를 보더라도 참는다는 것이다. 그러나 이러한 사고방식은 무슨 방법으로든 당장 이윤을 창출해야 하는 금융시스템과는 양립하지 않는다. 그러므로 시장개방을 함으로써, 세계화를 함으로써 자신의 문화적 특수성을 포기하지 않으면 안 된다는 것이다.

지금까지의 세계화의 결과를 보면 파국적이다. 이것은 유엔 기구들의 보고서만 보더라도 누구나 알 수 있다. 이중현상이 일어나고 있는 것이다. 한편으로 부가 늘어나면서 다른 한편으로는 빈곤자가 늘어나고 있는 것이다. 세계화가 세계를 위기로 몰아가고 있다는 것은 다시 설명할 필요조차 없다.[7]

세계적인 금융자본에 대해 "일종의 '저항인터내셔널' 같은 것을 창설하도록 노력"하고 "세계 주요 금융기관들이 함부로 투기행위를 하는 것을 막아내기 위하여 애쓰겠다"는 카생의 생각은 위 발언의 연장선에서 이루어진 것이다.[8] 이런 생각이 구체화된 것이 바로 아탁 운동이다. 말하자면 카생이 찾아낸 해법은 미국의 토빈 교수가 그 가능성을 제시한 바 있던 그 제도, 즉 전 지구를 떠도는 금융자본(핫머니)에게 무역에서 관세를 내는 것과 같은 성격의 세금을 부과하자는 안을 구체화한 것이다. 그런데 카생의 이런 인식과 대안의 제시는 우리 나라의 태도와는 큰 차이가 있다.

알다시피 1997년 말에 우리나라를 강타한 외환위기는 한국의 실물경제 자체의 허약성보다는 이른바 '유동성'이라 부르고 있는 현금, 정확히 말해 국제적으로 통용이 되는 달러화의 부족 때문이었다. 이런 유동성의 위기가 갑자기 한국에 나타난 이유에는 많은

---

7) *Ibid.*

8) *Ibid.*

학자들이 거론하고 있듯이, 우리나라 주식시장에서 주식투자로 수익을 올리거나 환차익을 올리려고 자본자유화라는 명분아래 들어와 있던 미국 투자회사의 자본의 움직임이 적지 않은 영향을 끼쳤던 것이다. 이런 핫머니의 폐해로부터 개발도상국의 경제안정을 지키기 위한 조치가 바로 토빈세의 취지이고 이를 추진하는 운동이 ATTAC이다.

그런데 흥미로운 것은 물론 아쉽게도 그 후속조치는 없었지만, 1997년 말 외환위기로 인한 IMF사태 시에 한국 정부도 토빈세 과세를 검토한 적이 있다는 것이다. 특히 우리나라가 외환위기를 맞이하기 전에 이미 '외환거래서'의 도입을 한국은행이 검토하고 있었다는 것이다.[9] 또 외환위기 중이던 1997년 12월 8일에 정부는 자본시장 대폭 개방에 따른 핫머니 유입에 대비해 비상조치로 활용할 수 있는 외환거래세 내지 외환차익세 도입을 검토하고 있다고 발표한 바 있다.[10]

아탁의 시각에 의하면, 현재의 세계화는 사람들과 민주적인 제도와 주권국가의 선택권을 왜곡하면서 그 주권을 줄이고 있고, 오

---

9) "16일 한국은행은 「파생금융상품 거래확대에 따른 영향과 정책당국의 대응」이라는 보고서에서 금융시장이 불안한 상태에서 파생금융상품의 거래가 늘어나면 통화정책의 효율적 수행이 어렵게 될 가능성이 높다고 분석했다. 이와 관련, 한은은 파생금융상품의 안정성을 높이기 위해서는 시장안정을 도모하는 것이 최선이지만 시장에 투기적 거래가 성행할 경우에는 이를 막기 위한 **외환거래세를 도입할 필요**가 있다고 주장했다." [매일경제] 1995년 5월 17일.

10) [한국경제] 1997년 12월 09일. 또한, 우리는 우리나라에서도 아탁과 유사한 민간차원의 운동이 있었다는 것을 잊어서는 안될 것이다. 이 기구의 조직위원장인 김영호 교수가 주창하였던 「대구라운드」가 그것이다. 이 기구는 "핫머니와 단기·악성외채, 적대적 기업인수합병 등을 당연시하는 채권국의 일방적 논리에 대응, 국제기구 차원의 규제와 운동"을 전개할 계획이다. [한국일보] 1999년 5월 28일자 참조.

늘날 금융의 모든 영역에서 나타나고 있는 범죄적인 금융의 발전과 일치하고 있으며, 국가의 주권과 민주제도들을 다국적기업과 금융시장의 이익을 대변하는 아주 사변적인 논리로 대체하고 있다.

'다른 세계화'를 향하고 있는 아탁은 현재의 세계화에 대한 주장을 펼치면서 자신들의 근거로 1999년에 발표한 '유엔개발프로그램'의 보고서를 자주 인용하고 있다. 이 보고서에 의하면, 하나의 다국적기업의 매출액이 한 국가의 총생산량을 능가하고 있다는 것이다. 가령 제너럴모터스사의 매출액은 노르웨이, 그리스, 이스라엘, 베네수엘라 등의 국내총생산양보다 많다.[11]

아탁은 지금의 세계화가 주장하는 시간, 거리의 단축이 과연 무엇을 위한 것인지 의문을 제기하면서 '유엔개발프로그램'의 보고서를 인용하고 있는데, 이 보고서는 우리가 과연 어떤 목적으로 세계화를 하고 있는지에 대해 따져보게 한다는 점에서 커다란 울림을 주는 것 같다.

> 시간의 단축, 거리의 축소, 국경의 소멸, 하지만, 이것은 누구를 위한 것인가? (…) 공간과 시간과 국경의 소멸은 분명 지구촌을 만들고 있다. 하지만, 모든 개인들이 다 거기에 속하는 것은 아니다. 세계적으로 볼 때 엘리트는 아무런 국경 없이 지낼 수 있지만 그보다 훨씬 많은 사람들에게 있어 국경은 여전히 존재할 뿐만 아니라 뛰어넘을 수 없는 것이다.[12]
>
> - 〈Le Monde Diplomatique〉: 이나시오 라모네

---

11) '유엔개발프로그램'의 「세계인간적개발보고서」, 1999, in 〈http://attac.org/fra/themes/mondialisation.htm〉

12) 「세계 인간적개발보고서」,PNUD, 1999, in 〈http://attac.org/fra/themes/mondialisation.htm〉

프랑스 대표적인 일간지 〈Le Monde〉의 자매지인 월간 〈Le Monde Diplomatique〉는 "경제가 사회에 이바지하는 것이지, 그 역은 아니다"라는 말로 요약할 수 있는[13] 시각에서 편집되고 있어 유럽의 5개 나라에 번역되고 있을 만큼 많은 사람들의 주목의 대상이 되면서 〈디플로 Diplo〉라는 애칭으로 불리고 있다.

이 월간 신문에는 사장 겸 주필인 이나시오 라모네(Ignacio Ramonet)의 생각이 그대로 나타나 있다. 한 신문의 입장을 한 사람으로 환원하는 것이 과한 것 같지만, 실상 이 신문의 주장 특히 사설의 대부분이 라모네에 의해 씌어지고 있다는 것을 감안하면, '이나시오 라모네가 곧 르몽드 디플로마티크'라고 얘기해도 과언이 아닐 것이다.

이나시오 라모네는 오늘날의 세계화를 본질적으로 '경제의 금융화'로 보고 있다. 왜냐하면, 세계화 추진세력이 취하고 있는 많은 결정은 결국 세계 금융활동을 촉진하기 위한 것이기 때문이다. 그러므로 세계화의 핵심 추진력은 금융시장이라는 것이다. 그런데 이 금융시장은 어떠한 규제나 정치의 통제도 받지 않고 기능하며, 국가 위에 서서 국가에 지시를 내리고 국가는 이에 복종할 수밖에 없다. 결국 시장은 민주적 선거를 통해 선출된 정부기구 위에 존재하면서, 국가를 자신의 명령에 복종하도록 요구함으로써 민주주의의 기본원칙을 짓밟는 셈이다.[14] 라모네의 이런 생각은 앞에서 말한 바 있는 토빈세라 불리는 외환거래세의 도입으로 이어진다.

---

13) "Il considère que l'economie doit être mise au service de la société, et non l'inverse"〈Le Monde Diplomatiqtue〉, 1997 6월호 14면. 〈La mondialisation est-elle inévitable?〉

14) "르몽드 디플로마티크 사장 겸 주필 이나시오 라모네 특별인터뷰", 한겨레신문, 1997년 12월 31일.

> 자유주의자들은 시장이 자유로우면 자유로울수록 문제가 없어진다며, 정치적 차원에서 시장을 통제하려는 것에 반대한다. 그러나 앞에서 설명했듯이 시장의 지배란 약육강식의 정글법칙의 지배를 의미한다. 세계가 정글로 화하는 것을 피하려면 우리는 이런 시장의 기능을 교정하기 위해 모든 노력을 다해야 한다. 이를 위해서는 자본도피처가 되는 금융 파라다이스를 없애고, 자본소득에 대한 과세를 강화하며, 72년 노벨 경제학상 수상자인 미국의 제임스 토빈 교수가 제의했듯이 모든 자본거래에 과세하는 방안을 고려할 수 있다.[15]

라모네는 신자유주의의 세계화가 맹위를 떨치고 있는 지금의 세상에서는 인터넷과 같은 정보통신기술의 발달에 힘을 얻고 있는 금융자본에 의해 전통적인 국가, 즉 국민국가의 주권마저 침해를 받는다는 경고를 하고 있다.

> 오늘날 세계에서 국민국가의 힘을 약화시키는 것은 이뿐만이 아니다. 인터넷 등 정보통신 기술의 발달 등으로 국가는 점점 더 자신의 국경에 대한 통제력을 상실한다. 또 앞에서 지적했듯이 **금융자본의 힘 앞에서 국민국가는 경제주권을 행사하지 못한다**. 국제상거래에 대해서도 국가는 별다른 힘을 행사할 수 없다. 국제상거래에 대해서도 국가는 별다른 힘을 행사할 수 없다.[16]

기사의 기획방향에서부터 독창성이 드러나고 있는 이 잡지는 편집장 이나시오 라모네의 주도 아래에 전세계상의 경제문제, 특히 강대국들에 의해 자행되는 세계화나 경쟁논리의 독선과 그 위험을 파헤치고 있다. 이 잡지가 세계화와 연관되어 최근에 실은 기사들

---

15) *Ibid.* 라모네의 이런 생각으로 미루어 볼 때 〈르몽드 디플로마티크〉가 토빈세 도입운동의 중요한 매체가 된 것은 너무나 당연한 것 같다.

16) *Ibid.* 강조는 필자.

중 대표적인 것으로, 1997년 6월호에 실린 "세계화는 피할 수 없는 것인가?"라는 기사는 흔히 '피할 수 없다고'들 보고 있는 세계화의 필연성에 대해 의문을 제기하고 있으며, 2002년 1월호의 "포르토 알레그르에서, 새로운 세계화를 위하여"라는 기사는, 미국을 위시한 금융강대국들이 매년 정초에 스위스의 휴양도시 다보스에 모여 세계경제의 대강을 논의하는 '세계경제포럼'(WEF: 일명 다보스 모임)에 대항하여 이 포럼과 같은 시기에 브라질의 포르토 알레그르라는 도시에서 전세계 대안세력들의 모임인 '세계사회포럼'(FSM)이 생겨난 배경과 그 의의와 아울러 여기서 주장하고 있는 ATTAC 운동의 의의 등을 소상히 다루고 있고, 2002년 3월에 실린 "악의 축"이라는 기사는, 9.11사건 이후 부시 대통령이 이라크, 이란, 북한을 싸잡아서 '악의 축'이라고 불렀던 것을 패러디한 기사로, 그 내용은 "사실은 미국 주도의 세계화야말로 진짜 '악의 축'"이라고 주장하고 있다.

II. 프랑스어권국가연합(OIF)의 입장: 『세계화와 프랑코포니』

그렇다면 프랑스만이 아니라 전세계의 프랑스어권국가(프랑코포니)의 연합체인 〈프랑스어권국가연합기구(OIF)〉는 세계화에 대해 어떤 입장을 갖고 있을까? 〈블어권국가연합기구〉가 세계화를 어떻게 보고 있는지를 한눈에 보여주는 자료가 있다면, 그것은 〈프랑스어권국가연합기구〉의 한 산하기구가 세계화라는 주제를 놓고 개최한 토론회에서 발표된 논문을 한데 모은 책자이다.

〈블어권국가연합기구〉의 산하기구인 '프랑코포니대학위원회(Agence

universitaire de la Francophonie)'는 1998년 베이루트에서 〈세계화와 프랑코포니〉라는 주제의 대토론회를 개최하여 그 결과를 『세계화와 프랑코포니』라는 제목의 책으로 발간한 바 있다.[17] 이 주제의 토론회를 개최하였다는 사실은 프랑스어권 국가들이 미국 주도의 세계화에 대해 일찍부터 큰 관심을 갖고 있었다는 것을 말해주고 있는데, 여기서 발표된 프랑스어권 국가 전문가들의 논문을 통해 우리는 세계화를 대하는 프랑스어권 국가의 입장을 한눈에 살펴볼 수 있을 것이다.

우선 『세계화와 프랑코포니』의 머리말은 프랑스어권이 왜 세계화를 문제삼게 되었는지 그 이유를 밝히고 있다.

> (세계화 과정에서) 이런 편리함을 촉진하고 이용하고 또 여기서 이익을 보는 사람들은 바로 세계화되어 있는 금융, 무역, 경제 영역에서의 경쟁의 주역들이다. **이 주역들은 문화, 사회 혹은 환경에 대한 배려에는 분명히 별 관심이 없다. 그런데 세계화는 또한 이런 영역도 포함하고 있고 그리고 모든 사회에 대해 가공할 만한 문제를 제기하고 있다. 그렇다면 이런 문제는 누가 맡아야 할까? 이런 문제에 대한 독점도 없고 완전한 책임도 없지만 대학(고등교육기관)이 이 문제를 맡아서 지금 진행되고 있는 이 과정의 의미를 조사해야 하는 것은 분명한 것 같다.** 이는 고등교육기관 자신을 위해서도 그러하지만, 모든 면에 있어서 시민들을 위해서도 그러하다.[18]

이 서문이 밝히고 있는 이런 토론회를 열기로 한 이유는 다음과

17) Agence universitaire de la Francophonie, *Mondialisation et Francophonie*, (Ellipses, 1998)

18) Agence universitaire de la Francophonie, *Mondialisation et Francophonie*, (Ellipses, 1998) p.9. Avant-propos 강조는 인용자.

같이 요약될 수 있을 것 같다:

① 진정한 세계화에는 경제만의 세계화가 아닌 문화, 환경, 사회 혹은 인권 등의 세계화도 포함되어야 한다.

② 그런데 현재의 세계화에서 이익을 보고 있는 사람들은 경제에만 관심을 기울일 뿐 다른 영역에는 관심이 없다.

③ 경제를 제외한 다른 영역에서도 진정한 세계화가 이루어지도록 노력해야 하는데, 이런 데에 관심을 불러일으키도록 노력해야 하는 주체는 바로 대학이다.

④ 그래서 국제프랑스어권대학연합회에서 이 문제를 갖고 토론회를 갖기로 했다.

①은 '세계화 = 경제의 세계화'라는 등식에 젖어있던 우리의 태도를 반성하게 한다. 진정한 세계화라면 '인권의 세계화'나 '교육의 세계화' 혹은 '환경의 세계화'도 있어야 한다. 그리고 이런 문제에 대한 주의를 환기시키는 것은 각 나라의 정부가 아니라 바로 고등교육을 담당하고 있는 대학의 역할이라는 ③은 우리 대학의 역할을 되돌아보게 한다. 과연 한국의 대학들은, 지금 진행 중인 세계화의 의미는 무엇인지, 그 방향은 과연 제대로 가고 있는 것인지? 등에 관한 차분한 검토를 하였는지, 아니면 그런 검토 없이 미국의 입장을 그대로 옮기는 듯한 시중 언론의 태도를 무비판적으로 받아들이지 않았는지, 그래서 교육 현장에서도 비교우위론에 편승하여 단기간의 효용성이라는 잣대로 모든 것을 재단한 적은 없었는지 반성하게 만드는 게 ③의 내용이다. 나아가서 이 서문은 대학의 이런 역할은 정확히 말해서 '인문학적 가치'를 증진시키는 것이

라고, 아니 인문학적 가치를 증진시키는 것이야말로 대학의 존재가치라고 주장하고 있다.

> 그리하여 세계화 안에 있는 긍정적인 기여는 무엇인지 찾아보고 부정적인 결과들을 경고해야 할 것이다. 한 마디로 그것이 바로 그 존재이유인 인문학적 가치를 증진시키거나 지키기 위해, 대학의 임무, 대학 활동의 장, 그 관습에 대해 다시 정의를 내려보아야 한다는 말이다.[19]

그렇다면 프랑코포니의 학자들은 과연 현재의 세계화에 대해 어떤 점을 우려하고 있는 것일까? 이들은 현재의 세계화는 언어와 문화를 하나로 획일화시킬지도 모른다는 우려 속에서 이러한 때일수록 프랑스어의 전파를 통한 다언어주의를 넓혀갈 것을 주장한다.

> 하나의 언어와 문화가 주도권을 잡는 것이 새로운 체제의 특징이라면, 여기에는 전지구적인 획일화와 그 결과인 전체의 빈곤화를 불러올 위험이 분명히 있다. 이 때문에 프랑스어권의 대학은 우선 이런 현실을 자각하고 그 다음에는 구체적인 전략을 수립해야 한다. 그러할 때 비로소 프랑스어와 프랑스어의 가치들이 계속해서 국제적인 지식의 발생과 전파의 매개물이 될 수 있을 것이다. 이런 전략은 다언어주의의 증진을 지지하는 자발적인 과정에 들어가야 한다.[20]

서문에서 확인할 수 있던 프랑스어권학자들의 이런 우려는 개별 논문에서 다시 확인할 수 있다. 가령 리카르도 페트렐라는 "다른 세계화를 향하여"라는 논문에서 세계화가 만들어놓은 사회는 우선

---

19) *Ibid.*

20) *Ibid.*

연대의식을 상실한 사회라고 주장하고 있다. 그러면서 그는 사람들이 세계화의 경쟁논리를 '자연스러운 것인 양' 받아들이고 있는 것을 통탄하고 있다.

> 현재의 경제는 우리들로 하여금 '함께 존재하고, 함께 하고 함께 살아가는' 것의 의미를 잃어버리게 한다. (…) 경쟁논리는 사회와 경제의 '자연스런' 명령의 반열에 올랐다. 그런데 이 명령의 '피할 수 없는' 종말은 타인에 대한 일인의 승리, 타인의 제거이다. 이때부터 사람들은 연대의식을 기업의 세계시장 경쟁력에 너무 과중한 부담을 주는 참기 힘든 비용으로 받아들이고 있다. (…) 이런 사회는 사회적 연대의식을 상실한 사회이다. 그리고 길게 보면 생존하기 위해 강자의 문화적 지배와 정복을 받게 되는 사회이다.[21]

페트렐라의 지적에 따르면, 이 세계화 아래에서는 인간도 하나의 '자원'으로 변하고 만다. 자원이 된 인간은 "더 이상 권리와 욕망과 필요를 가진 사회적 주체가 아니"고 "기업의 생산활동을 지배하는 사람들이 규정해 놓은 효율성의 기준에 따라 기업의 다른 자원과 비교를 받는 하나의 '비용'일 뿐이다".[22]

이처럼 부작용이 많은 세계화에 대해 그렇다면 페트랄라가 제시하는 대안은 어떤 것이 있을까? 그는 우선 '공통의 부'에 대한 관심을 주장한다. 그것은 곧 '함께 존재하고, 함께 하고 함께 살아가는' 것의 의미를 되살릴 수 있는 것을 말한다. 그가 예로 들고 있는 것

---

21) Riccardo Petrella, "Vers une autre mondialisation de l'économie", dans Agence universitaire de la Francophonie, *Mondialisation et Francophonie*, (Ellipses, 1998), p.86.

22) *Ibid.* p.91.

은 물이다.

> 세계 '공통의 부'의 개발은 연대적이고 상호 협력적인 새로운 경제형태를 통해서 가능하다. 물의 '시장'을 자유화하고 물에 대한 규제를 없애고 민영화하는 대신에 오래전부터 모든 문명권에서 인류의 공통유산으로 생각하고 있던 물이야말로 협력과 연대와 상호원조의 원칙에 따라 관리되어야 할 세계공통 재산의 좋은 본보기가 될 수 있고 또 되어야 한다.[23]

이런 생각은 인류가 살아가는데 없어서는 안 되는 필수적인 재화인 경우에는 사유권에 제한을 가함으로써 인류전체가 공존할 수 있는 길을 열었던 선조들의 지혜를 이어받는 생각이라 할 수 있다. 가령 오늘날 누구나 사용하고 있는 중요한 에너지원인 석유가 무기로 화한 것이 현실이듯이, 물이 하나의 사유물로 점점 굳어져가고 있는 현재 상황으로 미루어 볼 때, 지금의 석유처럼 물도 하나의 무기(武器)로 변할 날도 머지 않았는지 모른다. 바로 이렇게 나아가는 것이 지금의 세계화라면 그런 불행을 막자는 것이 페트렐라가 주장하는 진정한 세계화라 할 수 있다.

페트렐라는 그 외에도 토빈세 신설, 은행거래의 비밀해제, 금융천국의 폐지, 부의 재분배 등을 대안으로 제시하고 있다.[24]

세계화에 대한 프랑코포니의 입장을 엿볼 수 있는 또 다른 자료로 우리는 〈프랑코포니대학위원회〉의 위원장인 미셸 기이유(Michel Guillou)가 발표한 '21세기를 위한 꿈과 상상'이라는 논문을 들 수 있다. 그는 지금의 세계화는 무엇보다 각국의 문화정체성을 상실하게 한다는 전제에서 출발하고 있다. 자국의 문화정체성을 옹호

23) *Ibid.* p.93.

24) *Ibid.* pp.93-96.

하기에는 개별국가만으로는 힘에 부친다는 것을 인정하면서, 국제기구의 책임자답게 기이유는 각국의 문화를 지켜내기 위해 '연합을 해야 한다'고, 그 중의 한 연합이 바로 프랑코포니라는 기구이며 나아가서는 〈프랑코포니대학위원회〉 같은 산하기구를 통해 이런 '꿈'을 키워나가야 한다고 주장한다.

> 개별 국가가 자신의 문화적 독립을 옹호하다가는 벌칙을 당할 수도 있다. 그러므로 **같이 연합하는 것만**이 이들 국가들의 목소리를 알릴 수 있는 길일 것이다.[25)]

현대사회를 움직여나가는 꿈으로 기이유는 두 가지가 있다고 보고 있다. 하나는 미국의 꿈이요, 다른 하나는 개인, 민족, 사회의 문화적 특성을 유지하려는 꿈이다. 전자의 꿈은 세계최대경제대국이 전파시키고 있는 '국경없는 세계'를 향한 꿈이다. 그런데 미국의 꿈이 추구하는 "성적과 이윤과 경쟁이라는 가치가 통용되고 있는" 세상에서는 또한 "개인의 자유가 지배하고 있다".[26)] 기이유는 바로 이 때문에 전세계의 젊은이들이 이 꿈에 매료당한다고 보고 있다. 그러나 기이유는 이 꿈은 다른 가치에 기반을 두고 있는 다른 문화와 만날 때 불안을 낳게 된다고 본다. 그뿐 아니라 이 꿈은 필시 실망만 줄 것이라고 기이유는 단언한다.

---

25) Michel Guillou, "Rêves et imaginaires pour le 21e siècle" in Agence universitaire de la Francophonie, *Mondialisation et Francophonie*, Ellipses, 1998. p.117.

26) *Ibid.* p.118.

그러므로 발전 수준이 다른 여러 사회에 똑 같이 이 꿈을 적용하는 것은 어림도 없는 짓이다. 이 미국식 꿈은 가난한 나라를 약하게 만들고 사회조직을 위험하게 할 것이다. 그뿐 아니라 이런 기도는 세계경제대국 내에서도 빈곤과 배제를 낳는다. 세계 전역에서 심한 불평등을 유발할 이 꿈은 필시 실망만을 안겨줄 것이다.[27]

이처럼 부정적인 세계화의 꿈, 그러나 현실적으로 대세처럼 굳어지고 있는 꿈에 대항해서 자국의 정체성을 보호하려는 꿈은 성공하기 힘들다.[28] 이 두 극단 사이에서 기이유는 프랑코포니가 또 다른 '하나의 꿈'(프랑코포니의 꿈)을 제시하는데, 이 꿈은 '자기 정체성 존중'과 '세계화에의 동참'을 접합하려 한다.

기이유에 따르면 프랑코포니(세계프랑스어권국가연합)는 인문학적인 정신적 가치를 보장하기 위해 '공통 가치'를 제시한다. 프랑코포니의 꿈은 우선 자유와 개인 자발성에게 모든 여지를 제공하고 있는데, 이는 곧 '공유'와 '연대'를 암시하는 '공동체적 의미'를 주장하는 것이다.

프랑코포니는 문화적 자유를 존중하라는 요구를 주장함과 동시에 정치적, 경제적 자유도 촉진하고 있다. 프랑코포니는 일방적으로 어떤 문화를 강요하는 것이 아니라 문화 간의 대화를 주장한다. 또 프랑코포니는 행동과 소비 방식의 획일화에 대항해서 세계화의 대안과 평등조항도 주장하고 있다.[29]

27) *Ibid.*

28) "각각의 문화와 정체성이 지금의 지배문화의 대결한다는 것은 이미 실패가 예정되어 있는 자멸의 길이다." *Ibid.* p.120.

29) *Ibid.* p.120.

문화의 획일화 못지않게 언어의 단일화 현상에 대해서도 기이유는 큰 우려를 표하면서 다언어주의를 주장한다. 그는 '사실 여러 개의 언어를 말하지 않으면서 다른 문화를 파악하고 미래의 세계에서 살아가기를 어떻게 바랄 수 있단 말인가?'라고 반문하고, 또 하나의 언어만을 사용할 때 맞이하게 될 참상에 대해서도 이렇게 묻고 있다.

> 인류가 단 하나의 언어에 만족한다면 한 세기가 지난 뒤 우리 언어와 문화들은 어떻게 될까? 젊은이들이 단 하나의 방법과 단 하나의 언어를 통해 인터넷, 영화, 음악, 일자리에 접근할 수 있다면 우리는 이들에게 어떤 시각을 제공해 줄 수 있을까?[30]

기이유의 주장대로 다언어주의를 고집하게 되면 우리에게는 많은 외국어를 배우는 쉽지 않은 문제가 남게 된다. 그러나 이에 대해 기이유는 (가령, 인터넷상의 동시번역기처럼) 언어습득 방법과 기술이 점점 발전하고 있어 쉽게 해결될 수 있을 것이라고 보고 있다. 언어의 다양성은 그런 단순한 용이함뿐 아니라 이것을 통해 '전지구적인 꿈'과 '다양한 문화의 꿈' 그리고 '민족의 꿈'을 가능하게 해주고, 이는 곧 문화 간의 대화로까지 이어질 수 있는 조건이 된다고 기이유는 주장한다.

> 그 반면에 다언어주의는 외국어를 배우는 많은 노력을 필요로 할 것이다. 하지만, 이 노력은 오늘날의 신기술이 제공하고 있는 언어습득 방법의 편의를 고려해 볼 때, 아주 용이한 것이 될 것이다.
>
> 다언어주의는 '전지구적인 꿈'과 '다양한 문화의 꿈'과 각기 자기의 언어와 문화에 뿌리내리고 있는 '민족의 꿈'이라는 세 가지

30) *Ibid.*

형태의 꿈에 이르는 길이다.

자기의 정체성을 잃을지도 모른다는 두려움 없이 세계 시민이 되고 단순한 소비자만 되는 것을 피하기 위해서는, 민족의 정체성과 하나로 세계화된 문화 사이에서, 우리는 하나의 지역적 혹은 언어적 공간에 모여서 문화 간의 대화를 할 것을 주장해야 한다.[31]

III. 프랑스어권 반세계화 담론의 정신

미국 주도의 세계화에 대한 프랑스어권국가연합의 입장은 프랑코포니(프랑스어권국가연합기구)의 사무총장인 부트루스-갈리(Boutros Boutros-Ghali)의 "세계의 인간적인 모습을 옹호한다"는 발언에서 드러나고 있듯이 '인간의 모습을 한 세계화'를 지향하고 있다.[32] 프랑코포니의 공식입장이나 여기에 동조하는 사람들을 통해서 프랑스어권 국가의 전문가들이 보고 있는 세계화와 프랑스어권 단체가 지향하는 세계화의 모습을 요약하면 다음과 같다.

첫째는, 다언어주의와 복합문화주의, 즉 다방면에 있어서의 다원주의이다. 프랑스어권국가연합은 미국 주도의 세계화에 대항해서 언어와 문화의 다원주의를 주장하고 있다. 그런데 우리가 여기서 주목해야 할 것은 이런 주장이 자국어와 자국문화를 영어나 미국문화로부터 지켜내겠다는 폐쇄주의에서 나온 것이 아니라, 하나의 언어나 하나의 문화만이 횡행할 때 도래하게 될 우리 사회의 비민

---

31) *Ibid.* pp.120-121.

32) Zeina El-Tibi(La Revue du Liban), Entretien avec le Secrétaire Ggénéral de L'ORGANISATION INTERNATIONALE DE LA FRANCOPHONIE, BOUTROS BOUTROS - GHALI, source: http://www.sommet2001.org/revue%20de%20presse/revue_19_5_ghali.htm

주성에 대한 우려에서 나왔다는 점이다. 이런 생각은 곧 민주주의와 인간문명의 옹호로 이어진다. '야만의 얼굴'을 하고 있는 세계화에다가 인간의 모습 즉 '문명의 얼굴'을 돌려주자고 주장하는, 부트로스 갈리의 다음 지적이 프랑코포니의 이런 입장을 잘 보여주고 있다.

> 언어의 다원성을 옹호하는 것은 민주주의를 옹호하는 것에 다름 아니다. 한 나라의 민주화에 있어 다당제가 중요한 것처럼, 나라간의 민주화에 있어서 다언어주의와 문화적 다양성도 정말 중요한 것이다. 다언어주의를 옹호하고 문화의 다양성을 옹호할 때, 실은 우리는 **국제관계의 민주화에 이바지**하고 있는 것이며 결국 세계화에다가 복합문화의 얼굴, 즉 **'문명의' 얼굴**을 부여하는 데 공헌하고 있는 것이다.[33]

전지구상에서 보자면 부트로스-갈리가 변방의 한 집단이라고도 볼 수 있을 프랑스어권국가연합의 사무총장이라는 점에서, 우리는 프랑스어권국가연합의 이런 주장의 설득력에 대해 충분히 의문을 제기할 수 있다고 본다. 그렇다면 전지구상의 국가들이 가장 많이 가입되어 있는 주류집단인 유엔의 입장은 어떠할까?

이런 점에서 유네스코 국제대화국장인 두두 디엔느(Doudou Diène)의 생각을 살펴보는 것은 의미가 있을 것이다. 두두 디엔느는 "문화적 다양성-문화의 대화와 문화적 오해"라는 글에서 '다양성에서 다원주의와 보편성으로'까지 이어지기를 주장하고 있다.

> 나는 문화의 대화는 다양한 종의 존재와 상호교류가 생존조건

---

33) "Civiliser la mondialisation", Les ambitions de Boutros Boutros-Ghali: http://www.voxlatina.com/vox_dsp2.php3?art=670. 이하 강조는 필자.

> 의 기원이며 모든 종이 소멸하게 되면 환경전체에 치명적이 된다는 '생명다양성'의 초보적인 교훈에서 영감을 얻어야 한다고 제안하는 바이다. '공존'의 장으로 옮겨간다는 이 교훈은 우리로 하여금 서로 다른 문화 사이의 상호수태가 생명체, 나아가서는 인류 전체가 존속하기 위한 본질적인 조건을 이루고 있다는 것을 이해하게 한다. 이런 의미에서 문화간 대화는 일종의 '생명-문화 Bio-Culture'라고 표현할 수 있다.[34]

이렇게 문화간 대화를 주장하는 디엔느는 경제교역도 이런 문화간 대화의 한 수단으로 보고 있다, 아니 그렇게 되어야 한다고 바라고 있다. 개발과 경제성장이라는 것도 더 이상 시장논리에 휩쓸리는 것이 아니라 다양한 삶의 존재방식을 수용하는 한 과정이 되어야 한다는 말이다.

> 경제적 교류 또한 대화의 좋은 도구가 된다. 무역은 어느 시대 어느 대륙에서나 예술적이나 정신적인 문화의 만남과 확산 및 상호교류의 매개수단이었다. 그러므로 우리의 관심은 끌지만 사실은 잘못된 생각인, 문화와 무역은 적대관계라는 이론에서 한 걸음 더 나아가서, 우리는 교역의 핵심인 교류의 잘 드러나지 않는 부분에는 대화의 가치가 들어있다는 사실을 명심해야 할 것이다. 그러므로 개발과 성장이라는 것이 더 이상 시장의 어떤 논리나 모델에 부응하는 것이 아니라, 존재와 삶의 방식들의 다성성(多聲性: polyphonie)을 읽어낼 수 있도록 해주는 것이다.[35]

디엔느의 이런 주장은 우리가 보기에는 결국 앞선 부트로스-갈

---

34) Doudou DIÈNE(Directeur de la Division du dialogue interculturel de l'UNESCO), "DIALOGUE CIVILISATIONNEL ET MALENTENDU CULTUREL", in http://www.voxlatina.com/vox_ dsp2.php3? art=1459

35) *Ibid.*

리의 생각과 다르지 않고, 이런 점에서 프랑스어권국가연합의 이런 생각은 적어도 그 명분과 논리에 있어서는 설득력을 획득하고 있다고 말할 수 있을 것 같다.

이질적인 집단 사이의 차이를 인정하는 다원주의 혹은 문화간 대화에 대한 부트로스-갈리와 디엔느의 주장은, 현재의 세계가 이런 다원성과 대화를 허용치 않고 있다는 세계인식에서 나온 것이다. 프랑스어권 지식인들의 세계화에 대한 비판은 이런 단계에만 머물러 있지 않다.

두 번째로 프랑스어권 국가에서 보여주는 입장은 첫 번째 다원주의의 연장선에서 영어나 미국 독점에 대한 강한 반발이다. 도미니크 다게(Dominique Daguet)는 샤를르-싸비에 뒤랑(Charles-Xavier Durand)의 『지식독점의 대두 La mise en place des monopoles du savoir』에 대한 논평을 하면서, 영어 독점으로 인한 지식사회 자체의 미국독점 현상을 비판하면서 여기에 저항할 필요성을 주장하는 "지식독점대항연맹의 필요성"이 그 좋은 예가 될 것이다.[36] 이 글에서 도미니크 다게는 영어의 독점은 곧 지식사회의 독점으로 이어지고 있는데, 특히 아프리카 권에서의 영어의 독점 현상은 자연발생적인 것만은 아니라는 것을 암시하고 있다.

> 그런데 영어권이 누리고 있는 이 패권은 압력에 의해 얻은 것인데, 아프리카 전역을 돌아다니면서 프랑스어권국가연합과의 단절을 획책하는 이런 압력은 예전 프랑스에 있었던 고대 프랑크 왕이 지방을 감독하기 위해 파견하였던 지방감찰사를 연상시킨다. 그러나 미국은 이런 압력을 인정하지 않고 있는데, 물론 인정할 수도

36) Dominique Daguet, "UNE NÉCESSAIRE UNION FACE AU MONOPOLE DU SAVOIR" 09/07/2002, in http://www.voxlatina.com/vox_dsp2.php3?art=1478

없을 것이다. 이렇게 얻은 패권은 그래서 더욱 더 세련되게 보이고 있다. 명예롭지 못한 이런 굴복은 미래의 지식이 형성되고 있는 세계의 무대에서 우리 스스로를 추방하고 있는 것과 같다.[37)]

또 그는 학술집단에서의 영어 독점현상도 미국이 의도한 바가 없지 않다고, 비판한다. 지금 세계적인 학술행사장에서는 거의 모두 영어만 쓰이고 있는 현상에도 당연히 원인이 있다는 것이다.

우리는 우리에게 행해지는 이 폭력이 성공하는 것을 천박한 노예처럼 감수하거나, 아니면 이 새로운 유형의 세계적 식민주의에 대항하는 레지스탕스를 결성하여 책임감 있게 대응해야 할 것이다. 심지어는, 자기들 앞에서 당하기만 하는 양과 같은 소비자만 갖길 원하는 다국적기업과 같은 미국 대학과 연구소들도 이런 유형의 식민주의를 취하고 있다. 이 식민주의는 사실, 미국의 이과대학들이 그때까지 학생들에게 부과하였던 영어 외에 프랑스어를 포함한 하나 이상의 외국어를 필수로 듣게 했던 제도를 폐기하던 35년 전에 이미 시작되었다. 그러자 곧 강한 압박이 행사되면서, 지구 도처에서 열리는 세계적인 학술토론회나 학술행사는 순전히 영어만 쓰이는 단일 언어의 장이 되었다.[38)]

그렇다면 도미니크 다게가 내놓는 해법은 과연 어떤 것일까? 영어를 버리고 자국어로 돌아가자는 것일까? 그런 것은 아닌 것 같다. 그의 말대로 그가 주장하는 것은 "외국을 혐오하는 십자군"을 하자는 것도 아니고, "반미를 하자는 것"도 아니다. 그 대신 그는 "언어의 독점을 반대하는 다수가 참여하는 연맹"을 만들기를 제안하면서 "언어는 인간이 가진 가장 소중한 자산"이라고 주장한다.

---

37) *Ibid.*

38) *Ibid.*

그것은 "바로 이 언어의 다양성을 통해서 우리는 인류의 뛰어난 다양성을 가장 잘 경험할 수 있기" 때문이다. 여기서 도미니크 다게는 우리도 결코 간과하기 힘들 샤를르 뒤랑의 주장을 인용하고 있다.

> 몇몇 사람들에 의해 받아들이기를 거부당하고 있는 영어권이 장악하고 있는 현대의 기술과학 지식이 지금과 같이 영어권 연구자들에 의해 거의 독점되어 있는 상황은 이들 연구자들의 우수성에서 나온 것만은 아니다. 그 대부분은 해당 기술과학 영역의 국제어를 영어로 채택한 데서 온 것이다. 그 결과 타 언어에 비해 영어가 뛰어난 호환성을 지닌 언어로 통용되게 된 것이다.
>
> 결국 자유로 선택한 것이든 부과된 것이든, 연구실에서 점점 더 많이 영어가 사용되게 되면, 모든 연구주제들이 영어권 연구주제로 자동정렬 되면서, 창조 과정이 정말 황폐화에 이르게 된다. 영어 외의 다른 언어들이 모든 연구영역에서 탐구와 의사전달의 도구의 지위를 얻지 못하는 한 과학적 사고는 아마도 고인 물처럼 썩게 될 것이다.[39]

지금까지 살펴본 프랑스어권국가연합의 부트로스-갈리 사무총장과 또 여러 프랑스어권 지식인들의 세계화에 대한 견해에는 '현재의 세계화가 인간의 모습에 반하고 있다'는 생각이 공통적으로 들어 있다. 프랑스어권의 세계화 비난의 제일 큰 근거는 무엇보다 현재 세계화의 핵심은 '획일주의'와 미국 주도의 '일방주의'에 있다는 것이다.

---

39) *Ibid.* Charles-Xavier Durand *La mise en place des monopoles du savoir*, L'Harmattan,

나오며

지금까지 살펴본 프랑스어권의 반세계화 담론을 통해 우리는 한국에 편재(遍在)해 있는 세계화에 대한 미국 편향의 시각을 달리 생각해 보는 기회를 얻을 수 있을 것이다.

어쩌면 지구상에서 세계화의 영향에서 자유로운 곳은 찾아보기 힘들지도 모른다. 이런 현상을 두고 한국에서는 '세계화는 대세'라고 믿어버리는 추세가 특히 기업인들을 중심으로 유포되고 있는데, 기업인의 입장에서 미국주도의 경쟁원리를 추종하는 것은 어쩌면 당연할 태도일지도 모른다.

> 미국의 경영기법을 대체할 더 나은 경영학 이론이나 교육방법은 아직 없다. 전세계 비즈니스 스쿨 상위 20개 중 유럽의 2~3개를 제외하고는 모두 미국이 차지한다. 이는 미국식 경영기법을 세계 기업전문가들이 공인하고 있다는 증거다. 또 현재 세계적인 다국적기업 대다수가 이를 이용하고 있다. 미국식 경영기법은 이제 미국식이라기보다 글로벌 스탠더드 경영기법으로 봐야 한다.[40]

기업인의 이 발언을 보면서 우리는 프랑스어권의 반세계화 담론을 통해 다음과 같은 깊은 생각을 하게 된다.

우리는 우선, 세계화를 미학적인 차원에서 검토해볼 수 있을 것이다. 서로 다양하게 흩어져서 병존하고 있는 것을 긍정적으로 보려는 하나의 시각을 똑같은 것이 한데 묶여 있는 것을 긍정적으로 보려는 또 다른 시각이 일방적으로 자신의 시각을 강요하고 있는 것에 대한 미학적인 차원의 비판을 생각해 볼 수 있을 것이다. 더

40) "그래도 미국식 경영이다"(박용성 대한상공회의소 회장) 중앙일보 2002년 9월 2일.

나아가서는, 그 내면에 들어있는 '똑 같은 것은 서로 다른 것보다 좋다', 와 '한데 통일되어 있는 것은 흩어져 있는 것보다 좋다' 등의 부등호를 강요하는 세력에 대한 정신분석도 가능할 것이다. 여기서 강요하는 세력이 주장하는 방향은 결국 우리 사회가 획일화되어갈수록 살 맛 나지 않는 사회로 만들고 있는 주범일 것이다. 이런 새로운 시각은 가령, 피에르 부르디외의 다음과 같은 지적으로부터 많은 시사를 받을 수 있을 것이다.

> 세계화라는 말 자체가 매우 모호하여 지성적으로나 정치적으로 위험한 말이다. 일종의 통일, 평화적 통합이라는 뜻으로 이해될 수 있기 때문이다. 그러나 망각되고 있는 것은, 통합이란 흔히 지배조건이라는 사실이다. 유사한 예는 유럽역사에서도 찾아볼 수 있다. 12세기의 프랑스나 영국 등 유럽대국의 탄생은 지배의 조건이 충족된 탓이다. 통일을 수행한 사람들이 국가를 창건하고 민족을 통합함으로써 권력을 부여받을 수 있었던 것이다. 성직자·귀족 등이 이들 권력자였다. 그러므로 일반적인 생각과는 달리 통일이 반드시 조화를 의미하지는 않는다. 옛날에 국가 차원에서 일어났던 일이 지금 세계 차원에서도 일어나고 있다. 즉 시장, 특히 금융·문화시장의 통일과 함께 관세장벽 등 모든 장벽의 해체가 진행중이다. 그리고 신통신기술에 의하여 가능하게 된 통신의 가속화 등이 중요한 현상으로 부각하고 있다.[41]

프랑스어권의 세계화 비판은 결국 비인간적인 이 세상(정글)에서 벗어나 인간적인 모습을 한 사회로 만들기 위한 노력이며, 그 대표적인 주장은 우리 세계를 결국 다원화시키는 길밖에 없다는 것으로 요약할 수 있을 것이다.

---

41) 피에르 부르디외 -세계화 뒤켠엔 '세계지배' (한겨레신문 2000년 02월 03일)

참고문헌

강수돌, "IMF시대- 삶의 위기를 삶의 기회로"『녹색평론』39호 1998년 3-4월호.

金秀行, "資本의 世界化 傾向에 관한 一考察," 經濟論集 35劵 第2號 (서울대학교 經濟硏究所, 1996).

권혁범, "시장/경제 숭배시대의 민주주의와 세계화 -어려운 선택을 생각하며"『녹생평론』40호, 1998년 5-6월호.

마르크 오제, "세계화 본질은 제국주의" (한겨레신문 2000년 1월 30일자).

베르나르 카셍, "세계화 종점은 암울" (한겨레신문 2000년 2월 3일자).

이나시오 라모네, "전체주의적 지구촌 체제에 대하여"『신자유주의와 세계민중운동』(한울, 1998).

'유엔개발프로그램', 「세계인간적개발보고서」, 1999, in

〈http://attac.org/fra/themes/mondialisation. htm〉

피에르 부르디외, "세계화 뒤켠엔 세계지배" (한겨레신문 2000년 2월 3일자).

Dominique Daguet, "UNE NÉCESSAIRE UNION FACE AU MONOPOLE DU SAVOIR" 09/07/2002, in

http://www.voxlatina.com.

Doudou DIÈNE, "DIALOGUE CIVILISATIONNEL ET MALENTENDU CULTUREL", in http://www.voxlatina.com.

Ignacio Ramonet, "La Mondialiation est-elle inevitable?" 〈Le Monde Diplomatique〉 1997. 6월호.

Michel Guillou "Rêves et imaginaires pour le 21e siècle" in Agence universitaire de la Francophonie, Mondialisation et Francophonie, Ellipses, 1998.

Riccardo Petrella, "Vers une autre mondialisation de l'économie", in Agence universitaire de la Francophonie, Mondialisation et Francophonie, Ellipses, 1998.

Zeina El-Tibi, Entretien avec le Secrétaire Ggénéral de L'ORGANI-

SATION INTERNATIONALE DE LA FRANCOPHONIE, BOUTROS BOUTROS-GHALI, source:
http://www.sommet2001.org/revue%20de%20presse/revue_19_5_ghali.htm.
"Civiliser la mondialisation", Les ambitions de Boutros Boutros-Ghali: http://www.voxlatina.com.

부록 1

프랑스 해외영토의 주요연표

-15 C-

1493: 11월 4일 크리스토프 콜롬부스에 의해 Guadeloupe 발견.

-16 C-

1502: Christopher Columbus에 의해 Martinique 발견.

1513: 포르투갈 항해사 Pedro de Mascarenhas 가 Réunion 발견.

1535: 6월 쟈크 카르티에가 Jaques Cartier가 St-Pierre-et-Miquelon 발견.

1595: 포르투갈인 들에 의해 Polynésie 군도 발견.

-17 C-

1604: Guyane와 St-Pierre-et-Miquelon에 첫 프랑스 인 이주.

1616: 네델란드 항해사들에게 Futuna 섬과 그 주변의 섬 발견.

1624~1630: 영국인들 다음으로, 네델란드인들 앤틸리스제도(Antilles)를 점령.

1625: Esnambuc 과 Roissey에 의해 영국령의 Saint-Christophe 섬을 프랑스와 나누어 가짐. 이때부터 이 섬은 앤틸리스제도에서 프랑스 식민주의의 요람이 됨.

1633~1664: Guyane에서 프랑스 식민 시도 실패.

1635: Esnambuc에 의해 Martinique 점령, 그리고 Olive와 Du Plessis에 의해 Guadeloupe의 식민지화 실현.

1638: Goubert de Dieppe가 루이 13 세의 명으로 Réunion점유.

1642: Réunion에 프랑스인의 식민이 시작되고 사탕수수 · 카사버 · 바닐라 · 카카오 등 생산.

1643: 마스카레나스 섬이라 불리던 Réunion 섬을 부르봉 섬이라 개칭.

1650년경: 농사일을 시킬 목적으로 아프리카에서 앤틸리스 프랑스령 식민영토로 노예를 데리고 옴.

1660: La Dominique와 Saint-Vincent이 Caraïbes 섬들을 재 탐사(무인도).

1664: 프랑스가 Guyane 점령.

1665: 프랑스가 Réunion을 점령(부르봉 섬이라 개칭).

1666~1667: 영국령 Guyane를 네델란드 령 New-Amsterdam(뉴욕)과 서로 바꿈.

1669: Martinique에 Fort-Royal 설립.

1674: Guadeloupe가 프랑스의 식민지 됨, P. P. Grillet 와 Béchanel가 Guyane 전 지역 탐험.

1684: 앤틸리스제도에서 설탕 정제공장 설립 금지.

1685: Guadeloupe에서 노예 폭동.

-18 C-

1715: Réunion에서 모카커피 재배.

1720: Guyane에서 커피 수입.

1720: Martinique에서 커피 수입.

1756~1763: 7년 전쟁: 영국인들이 Guadeloupe, Martinique 등 프랑스령 영토점령.

1763: 나폴레옹의 부인 조세핀 여왕 Martinique의 트와-릴(Trois-Ilets)에서 출생.

1767: 영국인 S. 월리스에 의해 Wallis섬 과 타히티 섬 발견.

1772: 남극의 îles Crozet와 Kerguelen 군도 발견.

1774: 영국 탐험가 제임스 쿡이 Nouvelle-Calédonie 발견.

1775: 앤틸리스 프랑스령 영토에서 노예제 폐지.

1778: 프랑스 라 페루즈 탐험대 Nouvelle-Calédonie에 내도.

1789: Martinique에서 노예반란 발생.

1790: Martinique, Guadeloupe 그리고 Guyane에서도 소요 발생.

1791~1792: 반 혁명가들이 Martinique와 Guadeloupe 지배.

1793: Martinique와 Guadeloupe에서 혁명가들의 승리(Rochambeau).

1794: Rochambeau와 Collot의 항복, Martinique와 Guadeloupe가 영국에 점령; Victor Hugues가 Guadeloupe에 상륙해 섬을 되찾음.

1798~1800: Guyane가 정치범 수용소 됨.

-19 C-

1801: Lacrosse가 Guadeloupe의 지휘관으로 임명.

1802: Richepanse가 Lacrosse를 이어 Guadeloupe를 맡고, Villaret-Joyeuse가 Martinique 지휘관으로 임명.

1802~1848: 나폴레옹이 다시 노예제를 다시 시작.

1808~1817: 포르투갈인들 Guyane 점령.

1809: 영국인들 Martinique 점령.

1810: 영국인들 Guadeloupe, des îles de France 그리고 부르봉 섬 (Réunion) 점령.

1814: 파리조약에 의해 Martinique, Guadeloupe, Réunion등의 영토 프랑스에 양도.

1815: 영국인들 Martinique, Guadeloupe등의 영토 반환 직후, 다시 재점령. 두 번째 파리조약 추인.

1816: St-Pierre-et-Miquelon 프랑스령으로 복속, 영국인들 Martinique, Guadeloupe를 프랑스에 반환.

1817: 프랑스 Guyane 통치.

1840: 뒤몽 뒤르빌 Dumont d'Urville에 의해 남극의 Terre-Adélie 발견.

1841: 4월 25일 술탄은 Mayotte 및 코모로군도를 프랑스에 인도.

1842: Polynésie 군도가 프랑스의 보호령이 됨. 그리고 프랑스가 Wallis-et-Futuna 점령.

1843: 남극의 île Nouvelle-Amsterdam 그리고 île Saint-Paul 발견.

1848: 빅토르 슈로더의 제안에따라 4월 27일령으로 프랑스 해외영토

의 노예제도 폐지.

1850: 귀이안느 Guyane에서 금 발견된 이후, 실제적 식민 시작.

1852~1938: 나폴레옹3세가 약 7만 명의 죄수를 Guyane로 보냄.

1853: 나폴레옹 3세 Nouvelle-Calédonie를 전략적 요충지로 인식하고 점령.

1863: 프랑스 기사 가르니에가 Nouvelle-Calédonie에서 니켈광을 발견.

1864: Nouvelle-Calédonie가 유형식민지 됨.

1878: Nouvelle-Calédonie에서 유혈 카낙 혁명.

1880: Polynésie군도가 프랑스의 식민지가 됨.

1886: Wallis-et-Futuna섬이 프랑스의 보호령 됨.

1887: Polynésie군도의 Sous-le-vent제도가 프랑스 영토 됨.

1892: 남극의 île Nouvelle-Amsterdam 그리고 île Saint-Paul의 두 번째 점유 확인.

1893: 남극의 Kerguelen 군도 두 번째 점유 확인.

1897: Mayotte가 속한 코모로 제도가 프랑스의 식민지 됨.

-20 C-

1902: 펠레산에(여전히 활화산임) 화산이 폭발, 생-피에르에 살던 3만 명의 주민중 단 한 명만 생존.

1924: 남극의 îles Crozet와 Terre-Adélie 두 번째 점유 확인.

1928: Guadeloupe에서 태풍으로 인한 약 1500명이 희생됨.

1946: 3월 19일 법률인 Principe de la départementalisation에 의해 Guyane, Martinique, Réunion 그리고 Guadeloupe(5개의 작은 섬 포함)가 식민지에서 해외자치도(D.O.M.)로 승격. 그리고 Nouvelle-Calédonie, Polynésie, St-Pierre-et-Miquelon 및 Mayotte가 속한 코모로 제도가 해외자치영토(T.O.M.) 지위를 갖게됨.

1949: 3월19일 Guadeloupe가 프랑스 해외자치도가 됨.

1957: Polynésie군도가 프랑스령 폴리네시아(French Polynesia)라고 명명 됨.

1958: 헌법 제12장 72-75조에서 해외 자치 도(D.O.M.), 즉 Guadeloupe, Guyane, Martinique, Réunion은 본토 프랑스의 주 Région, 도 Département 그리고 코뮌느 Commune와 동일한 지위의 공화국

지방자치단체로 규정 됨. 그리고 9월 28일 국민투표에서 Mayotte가 프랑스 해외자치영토 됨.

1959: Wallis-et-Futuna는 국민투표에 의해 프랑스 해외영토가 됨.

1961: 7월 29일 법령에 의해 프랑스 Wallis-et-Futuna는 해외자치영토(T.O.M.)가 됨.

1974: 코모로군도에서 4개의 섬중의 3개의 섬은 독립을 선택, 마요트는 프랑스령으로 남음.

1976: St-Pierre-et-Miquelon이 해외자치도(D.O.M.)로 Mayotte가 해외자치단체(C.T.O.M.)의 지위를 갖게 됨.

1984: Guyane, Martinique, Réunion 그리고 Guadeloupe 해외주(Région)로 승격. Polynésie Française에서 내부적인 자율권을 인정.

1985: 6월 11일 법률에 의해 St-Pierre-et-Miquelon은 해외자치도(D.O.M.) 신분에서 해외자치단체(C.T.O.M.)로 변경.

1996: 4월 12일 헌법의 부속법에 의해 내부자치법령이 새롭게 제정. Polynésie Française 자치권을 얻음.

1998: 누메아 협정(Accords de Nouméa)으로 Nouvelle-Calédonie는 C.T.O.M.이란 지위를 가짐, Mayotte는 프랑스 행정구역인 도로 편입되기 위한 절차를 밟음.

-21 C-

2001: 7월 11일의 2001/616 법령으로 Mayotte는 해외자치단체(C.T.O.M.)에서 "준해외자치도 Collectivité Départementale d'Outre-Mer (C.D.O.M.)"이 된다.

부록 2

프랑스 해외영토의 일반지표

1) 과들루프 Guadeloupe

위치: 서인도제도의 소(小)앤틸리스제도 북부, 면적: 1,780㎢, 인구: 40만 7,719명(2006), 인종: 아프리카흑인(노예의 후손)·백인·메스티조·원주민, 언어: 프랑스어·크레올 어, 주도(主都): 바스테르Basse-Terre.

2) 마르티니크 Martinique

위치: 서인도 제도의 동부 소(小)앤틸리스 제도, 면적: 1,128㎢, 인구: 40만 3,820명(2006), 인종: 아프리카흑인(노예의 후손)·백인·메스티조·원주민, 언어: 프랑스어·크레올 어, 주도(主都): 포르드프랑스 Fort-de-France.

3) 프랑스령 기아나 Guyane

위치: 남아메리카 북동부, 면적: 8만 6,504㎢, 인구: 20만 8,171명(2006), 인종: 물라토·프랑스인·중국인·동인도인·아이티인 등, 언어: 프랑스어·크리올어·아메리칸인디언어, 주도(主都): 카옌 Cayenne.

4) 레위니옹 Réunion

위치: 인도양 서부 마다가스카르섬의 동쪽 약 720㎞의 화산섬, 면적 2,510㎢, 인구 79만 1,321명(2006), 인종: 아프리카흑인(노예의 후손) · 백인 · 메스티조 · 원주민, 언어: 프랑스어공용어) · 크리올, 주도(主都): 생-드니Saint-Denis.

5) 뉴칼레도니아 Nouvelle-Calédonie

위치: 태평양 남서부, 면적: 1만 8,576㎢, 인구: 19만 6,836명(1996), 인종: 카나크인(멜리네시아 인종) · 프랑스인 · 아시아 인(베트남인 · 인도네시아인 등), 언어: 프랑스어 · 말레이시아 및 폴리네시아 방언, 주도(主都): 누메아Nouméa.

6) 프렌치 폴리네시아 Polynésie Française

위치: 태평양 폴리네시아 중부에 있는 프랑스령, 면적: 4,000㎢, 인구: 21만 9,521명(1996), 인종: 폴리네시아인 · 프랑스 인, 언어: 프랑스어 · 타히티어, 주도(主都): 타히티섬의 파페에테Papeete.

7) 왈리스퍼투나 Wallis-et-Futuna

위치: 서남태평양, 폴리네시아의 사모아제도의 서쪽에 있는 프랑스령 제도, 면적: 61㎢, 인구: 약 1만 4,166천(1996), 인종: 멜라네시아 인 · 프랑스인, 언어: 프랑스어 · 말레이시아 및 폴리네시아 방언, 주도(主都):마타우투Mata-Utu.

8) 남극대륙 및 남빙양 제도 Terres Australes et Antarctiques Françaises

위치: 남극대륙 및 남빙양 제도, 면적: 440,000㎢, 인구: 약 200명(1999), 인종: 프랑스 인, 언어: 프랑스어, 주도(主都): 테르-아델리Terre-Adélie.

9) 마요트 Mayotte

위치: 아프리카 코모로제도 남동단에 있는 섬, 면적: 374㎢, 인구: 13만 7,684명(1997), 인종: 코모로 인(회교도), 언어: 코모로어(상용어) · 프랑스어(공용어), 주도(主都): 자우지(Dzaoudzi).

10) 생-피에르-에-미클롱 섬 St-Pierre-et-Miquelon

위치: 북아메리카의 캐나다 뉴펀들랜드 남쪽, 면적: 242㎢, 인구: 약 33,692명(2006), 인종: 프랑스 인 · 아카디아 인, 언어: 프랑스어, 주도(主都): 생-피에르 Saint-Pierre.

부록 3

프랑코포니 관련 약어와 용어

Accpuf	Association des cours constitutionnelles francophones
ACP	Pays du groupe Afrique Caraïbes Pacifique
AEC	Association des Etats de la Caraïbe
Afaa	Agence française d'action artistique
Afec	Association francophone d'éducation comparée
Afnor	Association française de normalisation
Aidus	Association internationale des diplômés de l'Université Senghor
AIF	Agence intergouvernementale de la Francophonie
Aimf	Association internationale des maires et responsables des capitales et métropoles partiellement ou entièrement francophones
Ajoa	Association des jeunes d'origine africaine
AJPF	Association des journalistes de la presse francophone
Ajucaf	Association des hautes juridictions de cassation des pays ayant en partage l'usage du f français
AMJ	Association mondiale des journaux
AOA-HJF	Association ouest-africaine des hautes jurisdictions francophonres
APDF	Association pour le progrès et la defense des femmes
APF	Assemblée parlementaire de la Francophonie
Asean	Association des Nations de l'Asie du Sud-Est
AUF	Agence universitaire de la Francophonie
BAD	Banque africaine de développement

Bief	Banque internationale d'information sur les Etats francophones
Biga	Banque internationale des gens d'affaires
BIT	Bureau international du travail
Bonuca	Bureau des Nations Unies pour la consolidation de la paix en République centrafricaine
Cafed	Centre africain de formation à l'édition et à la distribution du livre
CAI	Centre d'accès à l'information
Cames	Conseil africain et malgache pour l'enseignement supérieur
CCI	Centre de commerce international
CE	Commission européenne
CEA	Commission économique pour l'Afrique
Cedeao	Communauté économique des Etats de l'Afrique de l'Ouest
Cediv	Centre de documentation et d'information virtuel
Celf	Centre européen de langue française
Celhto	Centre d'études linguistiques et historiques par tradition orale
Cerdotola	Centre régional de recherche et de documentation sur les traditions orales et pour le Développement des langues africaines
CFB	Communauté française de Belgique
CFC	Conseil francophone de la chanson
Ciaver	Centre international audio-visuel d'études et de recherches
CIB	Conférence internationale des barreaux de tradition juridique commune
CICR	Comité international de la Croix rouge
CID	Centre d'information et de documentation
Cidif	Centre international pour le développement des inforoutes en français
CIE	Comité intergouvernemental d'experts
Cierro	Centre interafricain d'études en radios rurales de Ouagadougou
CIF	Centre d'innovation financière
Cifdi	Centre international francophone de documentation et d'information
Cifla	Conseil international francophone des langues
CIJF	Comité international des Jeux de la Francophonie
Ciltade	Centre international des langues, literature et traditions d'Afrique

Cirtef	Conseil international des radios et televisions d'expression française
Cisac	Confédération internationale des sociétés d'auteurs et de compositeurs
Clac	Centre de lecture et d'animation culturelle
CMF	Conférence ministérielle de la Francophonie
CNF	Campus numérique francophone
Cnuced	Conférence des Nations Unies sur le commerce et le développement
Cogedi	Collecte, gestion et diffusion du droit
COI	Commission de l'océan Indien
Conféjes	Conférence des ministres de la Jeunesse et des Sports des pays d'expression française
Confémen	Conférence des ministres de l'Education des pays ayant le français en partage
Confémer	Conférence des ministres francophones de l'Enseignement supérieur et de la Recherche
CPF	Conseil permanent de la Francophonie
CPLP	Communauté des pays de langue portugaise
CRDI	Centre canadien de recherche et de développement international
Crefap	Centre régional francophone d'Asie-Pacifique
Crefoi	Centre régional d'enseignement du français dans l'océan Indien
Cresa	Centres régionaux d'enseignement specialize en agriculture
Crufaoci	Conférence des recteurs d'universités francophones d'Afrique et de l'océan I Indien
DID	Développement international Desjardins
Ecomog	Force Ouest-africaine d'interposition
FAO	Organisation des Nations Unies pour l'alimentation et l'agriculture
Fati	Fonds d'aide à la traduction et à l'interprétation
FED	Fonds européen au développement
FEM	Fonds pour l'environnement mondial
Fespaco	Festival panafricain du cinéma de Ouagadougou
FFA	Forum francophone des affaires
FFD	Fonds francophone de développement
FFPO	Fonds francophone de préparation olympique
FFS-PME	Fonds francophone de soutien à la petite et moyenne entreprise

FIDH	Fédération internationale des droits de l'homme
FIJ	Fonds d'insertion des jeunes
FIPF	Fédération internationale des professeurs de français
FMI	Fonds monétaire international
FMU	Fonds multilatéral unique
Fnuap	Fonds des Nations Unies pour la population
Fondem	Fondation énergies pour le monde
HCR	Haut Commissariat des Nations Unies pour les réfugiés
Icaf	Institut pour la coopération audiovisuelle francophone
Iccrom	Centre international d'études pour la conservation et la restauration des biens culturels
Idea	Institut international pour la démocratie et l'assistance électorale
IDLI	Institut international du droit du développement
IEPF	Institut de l'énergie et de l'environnement de la Francophonie
Ifag	Institut de la Francophonie pour l'administration et la gestion
IFE	Institut de la Francophonie pour l'entrepreneuriat
IFI	Institut de la Francophonie pour l'informatique
IFMT	Institut de la Francophonie pour la médecine tropicale
Igadd	Autorité intergouvernementale contre la sécheresse et pour le développement en Afrique de l'Est
IHEF	Institut des hautes études de la Francophonie
IIAP	Institut international d'administration publique
Intif	Institut francophone des nouvelles technologies de l'information et de la formation
IRD	Institut de recherche pour le développement
Iric	Institut des relations internationales du Cameroun
Isesco	Organisation islamique pour l'éducation, la science et la culture
ISO	Organisation internationale de normalisation
ITC	Institut de technologie du Cambodge
IUHEI	Institut universitaire de hautes études internationales
Juia	Association ≪Les jeunes unis pour l'intégration africaine≫
LEA	Ligue des Etats arabes
Masa	Marché des arts du spectacle africain
Mica	Marché international du cinema et de la télévision d'Afrique
Midem	Marché international du disque et de l'édition musicale

MIF	Marché international du film
Minurca	Mission des Nations Unies pour la République centrafricaine
Mip-Com	Marché international des produits de communication
MiP-TV	Marché international des produits de télévision
Misab	Mission interafricaine de surveillance des accords de Bangui
Nafsa	Association américaine des éducateurs
NTIC	Nouvelles technologies de l'information et de la communication
OCI	Organisation de la conférence islamique
OEA	Organisation des Etats américains
Ohada	Organisation pour l'harmonisation en Afrique du droit des affaires
OIF	Organisation internationale de la Francophonie
OIM	Organisation internationale des migrations
OING	Organisation internationale non gouvernementale
OIPC	Organisation internationale de la protection civile
OIT	Organisation internationale du travail
OMC	Organisation mondiale du commerce
Ompi	Organisation mondiale de la propriété intellectuelle
OMS	Organisation mondiale de la santé
OMTC	Organisation mondiale contre la torture
ONG	Organisation non gouvernementale
ONU	Organisation des Nations Unies
Onudi	Organisation des Nations Unies pour le développement industriel
Opad	Observatoire panafricain de la démocratie
Orfad	Observatoire des ressources francophones pour la formation à distance
OSCE	Organisation pour la sécurité et la cooperation en Europe
Otan	Organisation du Traité de l'Atlantique Nord
OUA	Organisation de l'unité africaine
Paje	Points d'accès aux inforoutes pour la jeunesse
Pamef	Programme de mobilisation de l'épargne francophone
Pardoc	Programme d'appui à l'organisation des services documentaires
Pasec	Programme d'analyse des systèmes éducatifs de la Conférnen
PMA	Pays les moins avancés
PMJ	Programme de mobilité des jeunes
Pnud	Programme des Nations Unies pour le développement

PPTE	Pays pauvres très endettés
Prisme	Programme international de soutien à la maîtrise de l'énergie
PSD	Programme spécial de développement
Radel	Réseau africain pour le développement local
RCA	République centrafricaine
RDC	République démocratique du Congo
Recef	Réseau francophone de compétences électorales
Refer	Réseau électronique francophone
Relief	Réseau de liaison et d'échange de l'information environnementale francophone
Resafad	Réseau africain de formation à distance
Rifal	Réseau international francophone d'aménagement linguistique
Rifram	Réseau international du français dans le monde
Rilac	Réseau international des langues africaines et créoles
RINT	Réseau international de néologie et de terminologie
Riofil	Réseau international des observatories francophones des industries de la l langue
RSF	Reporters sans frontières
SCIC	Service commun d'interprétation de conférences
SGAV	Association internationale structuro-globale audio-visuelle
Siffa	Secrétariat international du forum francophone des affaires
SMSI	Sommet mondial sur la société d'information
Syfed	Système francophone d'édition et de diffusion
UE	Union européenne
Uemoa	Union économique et monétaire de l'Afrique de l'Ouest
UIJPLF	Union internationale des journalistes de la presse de langue française
UIT	Union internationale des télécommunications
Unesco	Organisation des Nations Unies pour l'éducation, la science et la culture
Unitar	Institut des Nations Unies pour la formation et la recherche
UVF	Université virtuelle francophone
Vifax	Système multimédia pour l'apprentissage du français

부록 4
그림 및 표 목록

그림 목록

표 목록

주석의 표

후기

지금까지 세계 프랑스어권에 대한 전반적인 이해에 도달하기 위해 제1부에서는 세계 프랑스어권의 형성에서 현황까지를 살펴보았다. 세계의 프랑스어권 국가와 프랑스의 해외영토는 일반적으로 17세기와 19세기에 프랑스의 식민주의와 제국주의에 의해 탄생되었다. 그 예외가 있다면 유럽 프랑스어권 국가로 유럽에서는 프랑스 국경 부근에 산재해 있던 갈로-로망 방언 사용지방이 국가로 형성되면서 자연적으로 현재의 프랑스어권 국가가 되었다는 차이점이 있다. 19세기는 특히 프랑스의 식민영토 확장과 산업혁명 이후 시장의 원료확보라는 서구 제국주의 국가와 같은 전형적인 경제 침략에 그 기원을 두고 있다.

현대에 들어오면서 해외영토의 가치는 전략적 목적이 추가되는데, 이것은 드골의 "강대국 정책"과 깊은 관련이 있다. 프랑스는 제3세계, 특히 프랑스어권 국가의 후원에 힘입어 국제무대의 강국으로 그들의 발언권을 높이기 위해 노력하는 입장이며, 그 과정에 프랑스어권국가연합OIF의 탄생을 보았다. 이 국제기구는 프랑스어권 경제영역(EEF-Espace Economique Francophonie) 등이 활성화될 경우 정치, 경제, 사회, 문화를 포괄하는 거대 공동체로 탈바꿈할 가능성도 있다. 이럴 경우 아프리카 및 아시아 프랑스어권 등 그 잠재력은 대단하다. 아시아의 예를 들면 우리나라와도 가까운 아시아 프랑스어권 국가는 개발 및 투자 1순위로 거론될 수 있다. 왜냐하면, 1억이 넘는 인구의 시장규모와 한반도와 그리 멀지 않다는 지리적 장점도 있으며, 또한 서방 국가보다 한국, 중국, 일본 등 아시아인들에 더 많은 문화적 동질성을 보이고 있어, 진출에 더욱 호의적이기 때문이다.

또한 카리브의 연구는 이 지역의 심층적 이해는 물론, 요즘 우리 주위에서도 익히 듣는 다문화가정, 다문화교육, 다문화청소년 등에 대한 대안을 제시할 수 있을 것이다. 우리 사회에 약 100만을 차지하는 외국인 이주노동자와 국제결혼 가정 그리고 유학생, 상사주재원, 외교관과 그 가족들이 있으며, 이들은 현재 우리 사회에서 "이방인"으로 살아가며, 타향살이를 하고 있다. 말하자면 타민족, 타인종에 대한 우리 사회의 뿌리 깊은 편견과 차별 등으로 인해 정체성의 확립에 어려움이 있는데, 이러한 시점에 아메리카 프랑스어권의 다문화에 관한 연구는 우리의 상황에 적지 않은 해결 가능성을 제시할 것이다.

이처럼 프랑스어권에 대한 연구는 그 다양성만큼이나 다양한 가능성을 제시할 수 있을 것이다. 21세기는 하나의 이념이 다른 것들 위에 군림한다기보다는 다원적이고 다차원적인 가치들이 공존하는 세기가 될 것이다. 그러나 현재 우리나라의 산업계나 학계를 비롯하여 제반 영역에서 보여주고 있는 다변화, 혹은 다원적인 움직임은 거의 전무하다할 정도로 미천한 단계인 것이 또한 부인하기 어려운 사실이다. 언론에서부터 시작하여 나라 밖으로 향하는 시선의 방향도 하나의 방향 일변도며 새로운 영역에의 도전도 하나의 방향으로만 치닫고 있는 것이 우리의 모습니다. 세계화의 물결이 가속화되고 있는 이 시점일수록 세상을 향해 더 넓고도 깊게 이해할 필요하다는 것은 더 말할 나위도 없다.

이러한 시점에 프랑스어권에 대한 연구는 프랑스학과에서 프랑스 지역학의 교재 역할은 물론, 우리나라의 학계 그리고 더 나아가 산업계에도 큰 기여를 할 수 있을 것이라 예상된다.